Giordano Bruno

Über das Unendliche, das Universum und die Welten

Aus dem Italienischen übersetzt
und herausgegeben von
Christiane Schultz

Reclam

RECLAMS UNIVERSAL-BIBLIOTHEK Nr. 5114
1994, 2022 Philipp Reclam jun. Verlag GmbH,
Siemensstraße 32, 71254 Ditzingen
Bibliographisch ergänzte Ausgabe 2022
Druck und Bindung: Esser printSolutions GmbH,
Untere Sonnenstraße 5, 84030 Ergolding
Printed in Germany 2024
RECLAM, UNIVERSAL-BIBLIOTHEK und
RECLAMS UNIVERSAL-BIBLIOTHEK sind eingetragene Marken
der Philipp Reclam jun. GmbH & Co. KG, Stuttgart
ISBN 978-3-15-005114-6
www.reclam.de

GIORDA-
NO BRVNO
Nolano.

De l' infinito vniuerso
et Mondi.

All' illustrissimo Signor di
Mauuissiero.

Stampato in Venetia.
Anno. M. D. LXXXIIII.

Einleitungsschreiben

an den erlauchten Herrn Michel von Castelnau
Seigneur de Mauvissière, Concressault und Joinville
Ritter des Ordens des Allerchristlichsten Königs,
Mitglied Seines Geheimen Rats,
Hauptmann über fünfzig Wachleute
und Botschafter bei der
Allerdurchlauchtigsten Königin von England

Wenn ich, erlauchter Ritter, den Pflug über das Feld führte, eine Herde weidete, einen Garten bebaute, ein Gewand flickte – niemand würde nach mir hinsehen, wenige würden auf mich aufmerksam, von den allerwenigsten würde ich mit Vorwürfen bedacht, und ich hätte es leicht, allen zu gefallen. Da ich aber nun das Feld der Natur abschreite, um die Erquickung der Seele bemüht bin, guten Samen in das Erdreich des Verstandes zu senken begehre und statt auf die Trachten der Menschen auf das Trachten des Intellekts mich verstehe – gleich bedroht mich jeder, kaum daß er mich erblickt; fällt mich an, kaum daß er mich näher ansieht; beißt mich, kaum daß er mich erreicht; verschlingt mich, kaum daß er mich zu fassen bekommt. Und es ist nicht einer allein, nicht einige wenige sind es – es sind viele, ja fast alle. Wollt Ihr verstehen, woher das kommen mag, so sage ich Euch, daß der Anlaß dafür die Allgemeinheit ist, die mir mißfällt, das gemeine Volk, das ich verabscheue, die große Menge, die mich unbefriedigt läßt – die eine, die mich entflammt: durch sie bin ich auch in der Untertänigkeit frei, auch im Leid zufrieden, in der Bedürftigkeit reich und lebendig auch im Tode; um ihretwillen fühle ich keinen Neid auf jene, die bei aller Freiheit Knechte sind, in aller Lust nur leiden, bei allem Reichtum arm sind und im Leben tot; denn sie haben im Körper die Kette, die sie fesselt, im Herzen die Hölle, die sie niederdrückt, in der Seele den Irrtum, der sie krank macht, im Geist die Trägheit, die sie tötet. Denn da ist kein großer Sinn in ihnen, sie zu befreien, keine Langmut, sie emporzuheben, kein Glanz, sie zu erleuchten, kein Wissen, sie zu beleben. So kommt es, daß ich nicht – gleichsam müde geworden – den Fuß von dem rauhen Pfad zurückziehe; auch nicht – gleichsam entmutigt – die Arme sinken lasse vom Werk, das zu tun ist; auch nicht – gleichsam der Verzweiflung erlegen – mich zur Flucht wende vor dem Feind, der sich mir entgegenstellt; auch nicht – gleichsam geblendet – die Augen von dem göttlichen Gegenstand fortwende. Doch höre ich mich dafür zumeist einen Sophisten nennen, der mehr darauf bedacht sei, scharfsinnig zu scheinen als wahrhaftig zu sein, mehr darauf aus, neue und falsche Lehre ins Leben zu rufen, als darauf, die alte und wahre zu stärken; oder einen Vogelsteller, der auf der Jagd nach dem Glanz des Ruhms die Finsternis des Irrtums verbreitet; oder einen ruhelosen Geist, der die Gebäude wohlgeordneter Wissenschaften umstürzt und an ihrer Stelle Gebilde der Verderbtheit aufrichten will. So mögen denn, Herr, die heiligen Mächte alle die von mir fernhalten, die mich unrechterweise hassen, mein Gott sei mir immer geneigt, die Herrscher unsrer Welt mögen mir günstig sein, und die Gestirne mögen mir die Saat für das Feld und das Feld für die Saat so bereiten, daß der Welt nützliche und rühmliche Frucht meiner Arbeit werde – in der Erweckung des Geistes und der Aufschließung der Empfindung bei denen, die des Lichts beraubt sind: Wie ich denn ganz gewiß mich nicht verstelle und – sollte ich irren – doch wahrhaftig glaube, nicht zu irren, und im Sprechen wie im Schreiben nicht bloß disputiere, um Sieger zu bleiben (denn ich achte allen Ruhm und Sieg für Feinde Gottes und für ganz und gar verächtlich und ehrlos, wo die Wahrheit fehlt). Sondern ich mühe, plage und quäle mich um des wahren Wissens willen und bemüht um die wahre Anschauung der Dinge. Dies werden die Beweisführungen zeigen, die von gewichtigen Gründen abhängen, welche aus geschulter Sinneswahrnehmung stammen, welche hinwiederum geleitet ist durch fehlerfreie Gattungsbegriffe, die sich als wahrhafte Sendboten von den Naturdingen aufschwingen und sich denen zeigen, die sie suchen, sich denen offenbaren, die auf sie den Blick richten – klar für den, der sie auffaßt, und gewiß für den, der sie begreift. In Eure Hände gebe ich hier also meine Betrachtung über das Unendliche, das Universum und die unzähligen Welten.

Inhalt des ersten Dialogs

Ihr findet also im ersten Dialog *erstens*, wie die Unbeständigkeit der Sinneswahrnehmung beweist, daß sie keine Quelle der Gewißheit ist und keine Gewißheit verschafft, es sei denn auf dem Wege des Vergleichs und der Übertragung zwischen dem einen Wahrnehmungsgegenstand und dem anderen, zwischen dem einen Sinn und dem anderen; und es wird abgeleitet, in welcher Weise die Wahrheit in unterschiedlichen Trägern [*sogetti*] ist.

Zweitens wird damit begonnen, die Unendlichkeit des Alls zu beweisen, und es wird der erste Grund vorgebracht, der daraus abgeleitet ist, daß die es nicht verstehen, sich die Welt endlich vorzustellen, die mittels der Phantasie Mauern um sie errichten wollen. *Drittens* wird daraus, daß es unangemessen ist, zu sagen, die Welt sei endlich und sei in sich selbst (denn letzteres kommt nur dem Unermeßlichen zu), der *zweite* Grund entnommen. Darauf wird der *dritte* Grund aus der unpassenden und unmöglichen Vorstellung entnommen, die Welt sei an keinem Ort, denn daraus würde in jedem Fall folgen, daß sie kein Sein hat, da ja jedes Ding, sei es körperhaft oder unkörperlich, an einem Ort ist, sei es in körperhafter oder in unkörperlicher Weise. Der *vierte* Grund wird einer sehr eindringlichen Beweisführung oder Problemstellung entnommen, welche die Epikureer vorbringen:

Nimirum si iam finitum constituatur
Omne quod est spacium, si quis procurrat ad oras
Ultimus extremas iaciatque volatile telum,
Invalidis utrum contortum viribus ire
Quo fuerit missum mavis longeque volare,
An prohibere aliquid censes obstareque posse?
Nam sive est aliquid quod prohibeat officiatque,
Quominu' quo missum est veniat finique locet se,
Sive foras fertur, non est ea fini' profecto.[1]

[Außerdem, gesetzt, man nähme als endlich den ganzen / Raum, der ist; wenn dann zuäußerst einer zum fernsten / Saume rückte vor und würfe den flüchtigen Wurfspieß / willst du dann mehr, daß von starker Kraft er geschleudert / fliege, wohin er geschickt, und weiter beschwingt sich entferne / oder meinst du vielmehr, es kann etwas hindern und trotzen? / Denn mag sein etwas, was hindert und wirksam vereitelt / daß, wohin er geschickt, er komme und ruhe am Ende, / mag er fliegen hinaus: Er ist nicht vom Ende gekommen.]

Der *fünfte* daraus, daß die Definition des Orts, die Aristoteles gegeben hat, dem ersten, schlechthin größten und allgemeinsten Ort unangemessen ist und daß es unzulässig ist, die Oberfläche als an das Enthaltene unmittelbar angrenzend anzunehmen, und dergleichen Leichtfertigkeiten mehr, durch welche der Ort etwas Mathematisches wird, und nicht etwas Physikalisches; ganz zu schweigen davon, daß zwischen der Oberfläche des Enthaltenden und dem Enthaltenen, das sich in dieser bewegt, immer ein Zwischenraum notwendig ist, dem es eher zukommt, Ort zu

1 Vgl. Lukrez, *De rerum natura* I, 968–973, 977–979. V. 968 beginnt: *praeterea si iam . . .*; V. 971 beginnt: *id validis . . .*; V. 979 endet: *non est a fine profectum.* – Dt. Übersetzung von K. Büchner: Lukrez, *De rerum natura. Welt aus Atomen*, Lat./Dt., Stuttgart: Reclam, 1973 [u. ö.].

sein. Und wenn wir vom Raum allein die Oberfläche nehmen wollen, müssen wir auf der Suche nach einem endlichen Ort bis ins Unendliche fortschreiten. Der *sechste* daraus, daß man, wenn man die Welt endlich setzt, nicht vermeiden kann, auch das Leere anzunehmen, wenn denn leer das ist, in dem nichts ist.

Der *siebte* daraus, daß in derselben Weise, wie dieser Raum, in dem diese Welt ist, als leer angesehen würde, wenn diese Welt sich nicht darin befände, ganz so auch der Raum dort, wo diese Welt nicht ist, als leer gilt. Außerhalb der Welt ist somit ein Raum ununterschieden vom anderen; folglich hat jede Eignung [*attitudine*], die der eine hat, auch der andere; und folglich hat er auch die Wirklichkeit [*atto*], denn keine Eignung besteht in Ewigkeit ohne Wirklichkeit und hat daher von Ewigkeit die Wirklichkeit bei sich; mehr noch, sie ist selbst Wirklichkeit, denn im Ewigen sind Sein und Sein-Können nicht unterschieden. Der *achte* daraus, daß kein Sinn dem Unendlichen widerstreitet, da wir es ja nicht schon deshalb abstreiten können, weil wir es mit den Sinnen nicht erfassen; da aber die Sinne vom Unendlichen umfaßt werden und die Vernunft es bestätigt, müssen wir es annehmen. Mehr noch: Genauer betrachtet, setzen schon die Sinne den Raum unendlich; denn wir sehen immer eins von einem anderen umfaßt, und niemals erfahren wir – weder durch einen äußeren noch durch einen inneren Sinn – etwas, das nicht von einem anderen umfaßt wäre, oder dergleichen.

Ante oculos etenim rem res finire videtur:
Aer dissepit colleis atque aera montes,
Terra mare et contra mare terras terminat omneis:
Omne quidem nihil est quod finiat extra.
Usque adeo passim patet ingens copia rebus,
Finibus exemptis, in cunctas undique parteis.[2]

2 Vgl. Lukrez, *De rerum natura* I, 998–1001, 1006f. (V. 998 lautet: *postremo ante oculos res rem finire videtur*). – Dt. Übersetzung von K. Büchner (s. Anm. 1).

[Schließlich: Vor Augen begrenzt, so sieht man's, Ding sich mit Dinge: / Luft trennt Hügel ab voneinander, Berge den Luftraum, / Erde begrenzt das Meer, das Meer alle Länder dagegen. / Nichts aber gibt es jedoch, was das All von außen begrenzte. / So sehr breitet sich rings den Dingen gewaltige Fülle / überall hin nach allen Seiten ohne ein Ende.]

Aufgrund dessen also, was wir sehen, müssen wir eher unendlich argumentieren, denn es begegnet uns nichts, was nicht an anderes angrenzte, und von nichts erfahren wir, was durch sich selbst begrenzt wäre. Der *neunte* daraus, daß man den unendlichen Raum bloß mit Worten leugnen kann, wie die Starrköpfe es tun, wenn man einmal erwogen hat, daß der übrige Raum – wo keine Welt ist, und welcher das Leere genannt wird oder *etiam* [auch] fälschlich als das Nichts dargestellt wird – nicht aufgefaßt werden kann ohne die Eignung zum Enthalten – um nichts geringer als die, die tatsächlich enthält. Der *zehnte* daraus, daß ganz ebenso, wie es gut ist, daß diese Welt ist, es in gleicher Weise gut ist, daß jede der unendlich vielen anderen Welten ist. Der *elfte* daraus, daß die Gutheit dieser Welt einer anderen Welt, die sein kann, nicht mitteilbar ist, ganz so wie mein Sein dem Sein dieses oder jenes anderen nicht mitteilbar ist. Der *zwölfte* daraus, daß es keine Vernunft noch Sinneswahrnehmung gibt, die nicht ebenso, wie ein schlechthin einfaches und einfaltendes [*complicante*] unendliches Unteilbares gesetzt wird, auch zulassen würde, daß ein körperhaftes und ausgefaltetes [*esplicato*] Unendliches sei. Der *dreizehnte* daraus, daß dieser Raum der Welt, der uns so groß erscheint, nicht Teil noch Ganzes ist im Hinblick auf das Unendliche und nicht Gegenstand unendlichen Handelns sein kann; und daß im Verhältnis zum letzteren der Raum, der von uns mit unseren schwachen Sinnen erfaßt werden kann, ein Nicht-Seiendes ist; und auf gewisse Vorhaltungen wird erwidert, daß wir das Unendliche nicht um der Würde des Raumes willen annehmen, sondern um der Würde der Wesen willen, denn aus demselben Grund, aus dem dieser eine Raum ist, muß jeder andere sein, der sein kann und dessen Seinsmächtigkeit [*potenza*] nicht schon dadurch Wirklichkeit wird, daß dieser eine Raum ist – so wie die Seinsmächtigkeit von Elpinos Sein nicht schon durch das Wirklichwerden von Fracastorios Sein selbst auch wirklich wird. Der *vierzehnte* daraus, daß das körperhaft ausgedehnte Sein notwendig unendlich sein muß, wenn die unendliche aktive Potenz es schafft; andernfalls verunglimpft man Wesen und Würde dessen, der schaffen kann, und dessen, das geschaffen werden kann. Der *fünfzehnte* daraus, daß man von diesem Universum, wie es gemeinhin verstanden wird, nicht anders sagen kann, es schließe in sich die Vollkommenheit aller Dinge, als in dem Sinne, wie ich die Vollkommenheit aller meiner Glieder in mir schließe und wie jede Weltkugel alles in sich schließt, was darin ist; was soviel heißt wie: daß jeder reich ist, dem nichts von dem fehlt, was er hat. Der *sechzehnte* daraus, daß ohne die Wirkung das wirkende Unendliche in jedem Fall wirkungslos wäre und daß wir nicht begreifen können, daß diese Wirkung allein es selbst ist. Dem wird hinzugefügt, daß deshalb – wenn es wäre oder wenn es ist – dem nichts genommen wird, was in dem ist, was wahrhaft Wirkung ist, und wo die Theologen von übergreifender Einwirkung *ad extra* [nach außen], über die immanente Einwirkung hinaus sprechen; weshalb angemessen ist, daß die eine wie die andere unendlich sei.

Der *siebzehnte* daraus, daß dann, wenn man die Welt als unbegrenzt setzt in der Weise, wie wir es tun, Frieden im Intellekt einkehrt, während aus dem Gegenteil immer unzählige Schwierigkeiten und Nachteile folgen. Außerdem wird das wiederholt, was im zweiten und dritten Argument gesagt worden ist. Der *achtzehnte* daraus, daß die Welt, wenn sie kugelförmig ist, auch gestaltet und begrenzt ist; und ebenso ist dann auch die Grenze, die jenseits dieses Begrenzten ist – und die du immerhin Nichts nennen magst – so begrenzt und gestaltet, daß ihre Innenwölbung an die Außenwölbung jenes Begrenzten angefügt ist; womit dein Nichts dort, von wo es seinen Anfang nimmt, eine Innenwölbung ist – durch nichts unterschieden zumindest von der Oberfläche der Außenwölbung dieser Welt. Der *neunzehnte:* Es wird wiederholt, was im zweiten gesagt worden ist. Der *zwanzigste:* Es wird wiederholt, was im zehnten gesagt worden ist.

Im *zweiten* Teil dieses Dialogs wird das, was für die passive Potenz des Universums bewiesen wurde, für die aktive Potenz des Bewirkenden bewiesen, aus mehreren Gründen, deren erster daraus entnommen wird, daß die göttliche Wirkkraft nicht müßig sein darf – und dies um so mehr, wenn man die Wirkung außerhalb ihrer eigenen Substanz annimmt (gesetzt, ihr kann etwas äußerlich sein), sowie daraus, daß sie nicht weniger müßig und neidisch ist, wenn sie Endliches, als wenn sie gar nichts schafft. Der *zweite* aus der Praxis, denn durch die gegenteilige Behauptung wird der Grund der göttlichen Größe und Gutheit [*bontade*] aufgehoben, während aus unserer Behauptung nichts Nachteiliges für irgendein Gesetz oder für irgendeinen Inhalt der Theologie folgt. Der *dritte* ist die Umkehrung des zwölften aus dem ersten Teil; und es wird der Unterschied zwischen dem unendlichen Ganzen [*il tutto infinito*] und dem umfassend Unendlichen [*totalmente infinito*] eingeführt. Der *vierte* daraus, daß es keinen geringeren Tadel der Allmacht darstellt, zu sagen, sie habe die Welt nicht unendlich schaffen wollen, als zu sagen, sie habe sie nicht unendlich schaffen können und sei ein unendliches Einwirkendes in einem endlichen Zugrundeliegenden. Der *fünfte* folgert, daß Gott, wenn er die Welt nicht unendlich schafft, dies auch nicht vermag, daß er, wenn er nicht das Vermögen [*potenza*] hat, die Welt unendlich zu schaffen, auch nicht die Kraft [*vigore*] hat, sie bis ins Unendliche zu erhalten, und daß er, wenn er in einer Hinsicht endlich ist, es dann auch in jeder anderen ist, denn in ihm ist jeder Modus ein Ding, und jedes Ding und jeder Modus ist ein und dasselbe mit jedem anderen. Der *sechste* ist die Umkehrung des zehnten im ersten Teil. Und es wird die Ursache dafür genannt, daß die Theologen – nicht ohne zweckdienlichen Grund – das Gegenteil vertreten; und von der Freundschaft zwischen diesen Gelehrten und den gelehrten Theologen.

Der *siebte* daraus, daß der Grund, der die aktive Potenz von ihren verschiedenen Handlungen unterscheidet, vorgelegt und dieser Streitpunkt gelöst wird. Weiter wird die unendliche Potenz intensiv wie extensiv in viel höherem Maße erwiesen, als die Theologengemeinde dies jemals getan hat. Der *achte*, mittels dessen gezeigt wird, daß die Bewegung unendlich vieler Welten nicht von einem äußerlichen Beweger herrührt, sondern von ihrer Seele, und wie bei alledem ein unendlicher Beweger ist. Der *neunte*, woraus bewiesen wird, wie die unendliche Bewegung intensiv in jeder der Welten statthat. – Wozu hinzuzufügen ist, daß daraus, daß ein Bewegbares im gleichen Augenblick sich bewegt und bewegt wird, folgt, daß es an jedem Punkt des Kreises zu sehen ist, den es um den eigenen Mittelpunkt bildet; und diesen Einwand werden wir ein anderes Mal auflösen, wenn es passend sein wird, die Lehre in größerer Breite vorzutragen.

Inhalt des zweiten Dialogs

Der zweite Dialog führt zu demselben Schluß. Dazu bringt er zunächst vier Gründe vor, deren erster daraus entnommen ist, daß alle Attribute Gottes wie jedes einzelne sind. Der zweite daraus, daß unsere Vorstellungskraft sich nicht weiter erstrecken können darf als das göttliche Handeln. Der dritte aus der Ununterschiedenheit des Intellekts Gottes und seines Handelns und daraus, daß er das Unendliche nicht weniger als das Endliche will. Der vierte aus folgendem: Wenn die körperliche Qualität unendliche aktive Potenz hat (und ich meine die Qualität, die für uns wahrnehmbar ist), wie verhält es sich dann mit der gesamten Qualität, die in der absoluten aktiven und passiven Potenz insgesamt ist? *Zweitens* führt der Dialog den Beweis daraus, daß nichts Körperhaftes durch etwas Unkörperliches begrenzt werden kann, sondern nur vom Leeren oder vom Vollen; und in jedem Falle ist außerhalb der Welt Raum, welcher am Ende nichts anderes ist als Materie und die passive Potenz selbst, wo die weder neidische noch müßige aktive Potenz Akt werden muß. Und es wird die Hinfälligkeit der Beweisführung des Aristoteles aus der Unvereinbarkeit der Ausdehnungen [*dimensioni*] erwiesen. *Drittens* wird der Unterschied gelehrt, der zwischen der Welt und dem Universum besteht, denn wer das unendliche Universum eines nennt, unterscheidet notwendig zwischen diesen beiden Namen. *Viertens* werden die Gegengründe genannt, aus denen das Universum für endlich gehalten wird: Hierbei bringt Elpino alle Lehrmeinungen [*sentenze*] des Aristoteles vor, und Theophilo untersucht sie. Von diesen sind einige aus der Natur einfacher Körper hergenommen, andere aus der Natur zusammengesetzter Körper; und es wird die Hinfälligkeit von sechs Argumenten gezeigt, die der Definition der Bewegungen entnommen sind, welche nicht bis ins Unendliche stattfinden können, sowie aus anderen ähnlichen Sätzen, die ziel- und haltlos sind, wie man aus unseren Gründen sieht. Letztere lassen den Grund für die Unterschiede und die Grenze der Bewegung auf natürlichere Weise schauen und erweisen die wirklichere Kenntnis von schwerem und leichtem Antrieb [*appulso*], soweit Ort und Gelegenheit dies gestatten. Denn mittels dieser Gründe zeigen wir, daß der unendliche Körper weder schwer noch leicht ist; und wie der endliche Körper Unterschiede dieser Art empfängt und wie nicht. Und daraus wird die Nichtigkeit der Argumente des Aristoteles offenbar, welcher in seiner Argumentation gegen diejenigen, welche die Welt unendlich setzen, Mittelpunkt und Außenkreis [*cir-*

cumferenza] zugrunde legt und will, daß, im Endlichen oder Unendlichen, die Erde den Mittelpunkt einnehmen soll. Es gibt am Ende keinen Gegenstand, sei er groß oder klein, den dieser Philosoph angeführt hat, um die Unendlichkeit der Welt zu zerstören (sowohl aus dem ersten Buch der Schrift *Über Himmel und Erde* als auch aus dem dritten Buch der *Physikvorlesung*), von dem nicht mehr als ausreichend gehandelt würde.

Inhalt des dritten Dialogs

Im dritten Dialog wird *erstens* jenes üble Phantasiegebilde hinsichtlich der Gestalt, der Kugelschalen und der Verschiedenheit der Himmel zurückgewiesen. Und es wird bekräftigt, daß der Himmel einer ist, ein Gesamtraum [*spacio generale*], der die unendlich vielen Welten umfaßt; obgleich wir nicht mehrere, ja: unzählig viele Himmel abstreiten, da wir dieses Wort gemäß einer anderen Bedeutung nehmen; und zwar deshalb, weil ebenso, wie diese Erde ihren Himmel hat, welcher der Bereich ist, in dem sie sich bewegt und ihre Bahn zieht, auch jedwede all der anderen unzähligen Erden ihren Himmel hat. Es wird deutlich gemacht, woher die Vorstellung von diesen bewegbaren Deferenten[3] rührt, welche so gestaltet sind, daß sie zwei äußere Oberflächen und innen eine Höhlung haben; sowie weitere Rezepte und Medizinen, die selbst denen Übelkeit erregen, die sie verordnen und bereiten, nicht anders als den Ärmsten, die sie schlucken.

3 Die Deferenten sind Trägerkörper von Bahnen, deren Zentrum außerhalb der Erde liegt. Sie gehören zusammen mit den Epizykeln zu den geometrischen Hilfskonstruktionen bei der Darstellung der Unregelmäßigkeiten in den Planetenbewegungen innerhalb des geozentrischen Modells. Eingeführt wurden sie in die Astronomie von Apollonius und Hipparch Mitte des dritten bis Ende des zweiten vorchristlichen Jahrhunderts, also *nach* Aristoteles. – Vgl. T. Kuhn, *Die kopernikanische Revolution*, Braunschweig 1980, Kap. 2.

Zweitens wird darauf aufmerksam gemacht, daß die allgemeine Bewegung, die der sogenannten Exzenter und was immer sich an Bewegungen auf das sogenannte Firmament beziehen mag, daß diese alle Ausgeburten der Phantasie sind und in Wirklichkeit von der Bewegung abhängen, welche die Erde mit ihrem Mittelpunkt durch die Ekliptik vollführt, sowie von weiteren vier Unterschieden der Bewegung, die sie um ihren eigenen Mittelpunkt vollführt. Daher bleibt nur noch, daß die Eigenbewegung jedes Sterns von dem Unterschied hergenommen wird, der sich subjektiv in diesem Stern als in einem an sich selbst im weiten Raum Bewegbaren verwirklicht. Diese Überlegung macht uns deutlich, daß alle Gründe bezüglich des Bewegbaren [*mobile*] und der unendlichen Bewegung hinfällig und auf die Ignoranz hinsichtlich der Bewegung unseres Globus gegründet sind. *Drittens* wird vorgetragen, daß es keinen Stern gibt, der sich nicht bewegte, ebenso wie dieser und andere, die uns durch ihre Nähe zu uns die Ortsunterschiede ihrer Bewegungen sinnlich erkennen lassen; daß aber die Sonnen – welche Körper sind, in denen das Feuer vorherrscht – sich in einer Weise bewegen, und in einer anderen die Erden, in denen das Wasser vorherrschend ist. Und darauf wird deutlich gemacht, woher das Licht kommt, das die Sterne verbreiten, von denen die einen von sich aus leuchten und die anderen durch anderes.

Viertens, in welcher Weise Körper, die sich in ungeheurer Entfernung von der Sonne befinden, im gleichen Maße wie die, welche ihr am nächsten sind, an der Wärme teilhaben können; und der Epikur zugeschriebene Satz wird aufs neue bewiesen, nach welchem eine Sonne ausreichend sein soll für das unendliche Universum. Und es wird der wahre Unterschied kenntlich gemacht zwischen den Sternen, die funkeln, und denen, die dies nicht tun. *Fünftens* wird das Urteil des Cusaners über die Materie und die Bewohnbarkeit der Welten sowie über die Ursache des Lichts untersucht. *Sechstens*, wie ungeachtet dessen, daß die einen unter den Körpern leuchtend und heiß sind, dennoch nicht schon deshalb die Sonne der Sonne noch die Erde der Erde selbst, noch das Wasser dem Wasser selbst leuchtet, sondern das Licht immer von dem entgegenstehenden Gestirn kommt – so wie wir von hochgelegenen Orten aus, wie zum Beispiel von Bergen, das ganze Meer leuchten sehen; wenn wir aber selbst auf dem Meer sind und in dem Bereich selbst, sehen wir keinen Widerschein, außer so weit in einer gewissen geringen Ausdehnung das Licht der Sonne und des Mondes uns entgegensteht. *Siebtens* wird von der Nichtigkeit der fünften Essenzen [*quinte essenze*] gehandelt: Es wird erklärt, daß alle sinnlich wahrnehmbaren Körper nicht anders sind und aus keinen anderen nächsten und ersten Grundstoffen [*principii*] bestehen als diese, die nicht anders bewegbar sind, sowohl geradlinig als auch kreisförmig. Dabei wird alles nach Gründen abgehandelt, die dem gesunden Menschenverstand angemessener sind, während Fracastorio sich den Geistesgaben Burchios anpaßt; und es wird völlig offenbar, daß es kein Akzidens gibt, das sich hier findet, was nicht auch dort angenommen würde, so wie es nichts gibt, was man von hier aus dort erblickt, was man nicht auch, bei rechter Betrachtung, von dort aus hier sähe, und daß folglich jene schöne Ordnung und Stufenleiter der Natur nur ein schöner Traum ist und ein törichtes Altweibergeschwätz. *Achtens*, daß, so wahr die Unterscheidung zwischen den Elementen ist, doch in keiner Weise jene Ordnung der Elemente wahrnehmbar oder einsehbar ist, wie sie gemeinhin angenommen wird; und selbst nach Aristoteles sind die vier Elemente in gleichem Maße Teile dieses Globus, wenn wir nicht sagen wollen, das Wasser sei mehr; deshalb werden die Gestirne sowohl von wirklichen Naturphilosophen als auch von göttlichen Propheten und Dichtern angemessen Feuer- und Wasserkörper genannt. Und diese erzählen, was dies betrifft, keine Märchen, noch reden sie in Metaphern, sondern lassen dies durch jene Möchtegernweisen [*sofossi*] besorgen. Und somit werden die Welten als heterogene Körper aufgefaßt, als Lebewesen, als große Globen, in denen nicht die Erde schwerer ist als die anderen Elemente und die Partikel sich alle bewegen und Ort wie Anordnung ändern, nicht anders als das Blut und die anderen Körpersäfte, die Lebensgeister [*spiriti*] und die kleinsten Teile, welche alle in uns und anderen kleinen Lebewesen hin- und zurück-, ein- und ausfließen. Hierzu wird der Vergleich angeführt, nach dem die Erde durch den Trieb [*appulso*] zum Mittelpunkt aufgrund ihrer Masse [*mole*] sich nicht als schwerer erweist als ein anderer einfacher Körper, der in eine solche Zusammensetzung eingeht; und daß die Erde von sich aus weder schwer noch leicht ist, weder auf- noch absteigt; und daß das Wasser dasjenige ist, was die Verbindung, Dichte und Schwere hervorruft.

Neuntens: Daraus, daß die berühmte Ordnung der Elemente als hinfällig erkannt ist, wird der Grund dieser sinnlich wahrnehmbaren zusammengesetzten Körper hergeleitet, welche als Lebewesen und Welten in dem weiten Raum sind, welcher die Luft oder der Himmel oder das Leere ist. Wo alle jene Welten sind, die so gut Lebewesen und Bewohner enthalten, als es diese Welt kann, da sie ja weder geringere Kräfte [*virtù*] haben noch anderer Natur sind. *Zehntens:* Nachdem deutlich geworden ist, in welcher Weise die starrköpfigsten Anhänger und die übelgesonnenen Ignoranten zu disputieren pflegen, wird auch gezeigt, wie sie in den allermeisten Fällen die Disputationen zu beschließen pflegen; allerdings sind einige so umsichtig, daß sie, ohne sich eine Blöße zu geben, durch ein hämisches Lächeln, durch ein Kichern, durch eine gewisse harmlose Boshaftigkeit, das, was sie nicht imstande waren, mit Gründen zu beweisen, und was sie nicht einmal sich selbst einreden können, mit solchen kleinen Kunstgriffen höflicher Verachtung die Ignoranz, die in jedem anderen Falle offenbar würde, nicht nur bei sich verdecken, sondern sie dem Gegner anlasten wollen; denn sie kommen nicht zum Disputieren, um die Wahrheit zu finden oder zu suchen, sondern um des Sieges willen, und um gelehrter zu scheinen und als eifrigere Verfechter des Gegenteils. Ihresgleichen muß meiden, wer nicht mit viel Geduld gewappnet ist.

Inhalt des vierten Dialogs

Im folgenden Dialog wird *erstens* das wiederholt, was bei anderer Gelegenheit schon gesagt wurde – daß der Welten unendlich viele sind, wie jede von ihnen sich bewegt und wie jede gestaltet ist. *Zweitens:* Nachdem im ersten Dialog mit vielen Gründen die unermeßliche Wirkung der unermeßlichen Kraft [*vigore*] und Wirkmächtigkeit [*potenza*] bestimmt worden war, werden nun in der Weise, wie im zweiten Dialog die Gründe gegen die unendliche Ausdehnung oder Größe des Alls aufgelöst wurden, die Gründe des Aristoteles gegen die unendliche Zahl der Welten aufgelöst, wie sie im dritten Dialog bestimmt worden war – obgleich dieses Wort »Welt« bei Aristoteles eine Bedeutung hat, eine andere aber bei Demokrit, Epikur und weiteren.

Der Grund der natürlichen und gewaltsamen Bewegung – sowie Gründe der einen und der anderen, die von ihm formuliert sind – will, daß die eine Erde sich zur anderen hinbewegen müßte; und bei der Zerstörung dieser Überzeugungen werden, *erstens*, Grundlagen von nicht geringer Bedeutung geschaffen, um die wahren Prinzipien der Naturphilosophie zu erkennen. *Zweitens* wird erklärt, daß selbst dann, wenn die Außenfläche einer Erde an die einer anderen angrenzte, es nicht geschehen könnte, daß sich die Teile der einen zur anderen hinbewegten, wobei die heterogenen und ungleichartigen Teile gemeint sind, nicht die Atome und einfachen Körper; woraus die Lehre gezogen wird, über die Natur des Schweren und Leichten genauere Betrachtungen anzustellen. *Drittens*, aus welchem Grund diese großen Körper von der Natur in so großer Entfernung angeordnet sind und nicht der eine dem anderen näher, so daß man vom einen zum anderen fortschreiten könnte; und darauf wird von einem, der tief blickt, der Grund dafür hergenommen, daß keine Welten wie auf dem Außenkreis des Äthers sein können oder in der Nähe eines so beschaffenen Leeren, daß darin keine Seinsmächtigkeit [*potenza*], keine Kraft [*virtù*] und keine Tätigkeit [*operazion*] sein könnte, denn von einer Seite könnten sie nicht Licht noch Leben erhalten. *Viertens*, wie die räumliche Entfernung die Natur des Körpers verändert und wie nicht; und woher es kommt, daß ein Stein, in gleiche Entfernung von zwei Erden gebracht, entweder stillstünde oder sich entscheiden würde, sich eher zu der einen als zu der anderen hinzubewegen. *Fünftens*, wie sehr Aristoteles sich darin täuscht, daß er in wie weit auch immer voneinander entfernten Körpern den Antrieb der Schwere oder Leichtheit vom einen zum anderen hin annimmt; und von wo das Streben in den Dingen seinen Ausgang nimmt, sich im gegenwärtigen Sein – sei es auch noch so unwürdig – zu erhalten, ein Drang, der Ursache für Flucht und Verfolgung ist. *Sechstens*, daß die geradlinige Bewegung der Erde und anderen Grundkörpern weder angemessen ist noch ihnen natürlich sein kann, sondern nur den Teilen solcher Körper, die sich zu den erstern aus jeder räumlichen Entfernung hinbewegen, wenn der Abstand nicht zu groß ist. *Siebtens:* Von den Kometen wird ein Argument dafür hergenommen, daß es nicht wahr ist, daß das Schwere, wie weit auch immer entfernt, Antrieb oder Bewegung zu seinem Enthaltenden hin habe. Diese Begründung stammt nicht aus den wahren physikalischen Prinzipien, sondern aus den philosophischen Überzeugungen des Aristoteles, der die Kometen aus Dämpfen und Ausdünstungen der Erde gebildet und zusammengesetzt sein läßt. *Achtens:* An einem anderen Argument wird gezeigt, wie die einfachen Körper, die gleicher Art sind in unzähligen verschiedenen Welten, sich in derselben Weise bewegen; und in welcher Weise die zahlenmäßige Verschiedenheit räumliche Verschiedenheit hervorbringt;

und in welcher Weise jeder Teil seinen Mittelpunkt hat und sich auf den gemeinsamen Mittelpunkt des Ganzen bezieht; und dieser Mittelpunkt ist nicht im Universum zu suchen. *Neuntens* wird festgestellt, daß die Körper und ihre Teile kein festgelegtes Oben und Unten haben, außer in dem Sinne, daß der Ort ihrer Erhaltung entweder oben oder unten ist. *Zehntens*, daß die Bewegung unendlich ist; und welches Bewegbare ins Unendliche und nach unzählbaren Zusammensetzungen strebt; und daß daraus nicht Schwere oder Leichtheit mit unendlicher Geschwindigkeit folgt; und daß die Bewegung der nächsten Bestandteile, insofern sie ihr Sein bewahren, nicht unendlich sein kann; und daß der Antrieb der Teile zu ihrem Enthaltenden hin nicht anders stattfinden kann als innerhalb seines Bereiches.

Inhalt des fünften Dialogs

Zu Beginn des fünften Dialogs tritt ein mit glücklicheren geistigen Anlagen Begabter auf. Dieser – obwohl in der gegenteiligen Doktrin groß geworden – vermag, da er das Vermögen zu ihrer Beurteilung besitzt, zu unterscheiden zwischen der einen und der anderen Disziplin, und mit Leichtigkeit kommt er auf den rechten Weg und berichtigt seinen Irrtum. Es wird gesagt, wer diejenigen sind, denen Aristoteles als ein Wunder der Natur erscheint, da diejenigen, die ihn kaum begreifen und geringe Geistesgaben besitzen, großartige Dinge über ihn hören: ein Grund, weshalb man mit solchen Menschen Mitleid haben und den Disput mit ihnen meiden muß, da man dabei nur verlieren kann.

Hier bringt Albertino, der neue Gesprächsteilnehmer zwölf[4] Argumente vor, in denen alle gegen die Mehrzahl und Vielzahl der Welten gerichtete Überzeugungskraft be-

4 Eigentlich sind es dreizehn Argumente, aber Bruno führt im 5. Dialog irrtümlich zwei Argumente als »siebtes« ein. – Vgl. S. 160 und Anm. 11.

schlossen ist. Das *erste* wird von daher genommen, daß außerhalb der Welt weder Ort noch Zeit, noch das Nichts, weder der einfache noch der zusammengesetzte Körper denkbar sind. Das *zweite* aus der Einheit des Bewegers. Das *dritte* aus den Orten bewegbarer Körper. Das *vierte* aus der Entfernung des Außenkreises vom Mittelpunkt. Das *fünfte* aus dem Angrenzen mehrerer kugelförmiger Welten aneinander. Das *sechste* aus dreieckigen Räumen, die diese durch ihr gegenseitiges Angrenzen hervorbringen. Das *siebente* aus dem aktual Unendlichen [*infinito in atto*], das nicht ist, und aus einer bestimmten Zahl, die nicht vernünftiger ist als die anderen. – Ein Argument, aus dem wir nicht nur ebensogut, sondern noch viel eher schließen können, daß mithin die Zahl nicht bestimmt sein darf, sondern unendlich sein muß. Das *achte* aus der Bestimmung der Naturdinge und aus der passiven Potenz der Dinge, die der göttlichen Wirkmächtigkeit und aktiven Potenz nicht entspricht. – Dabei ist jedoch zu erwägen, daß es gänzlich unangemessen ist, daß das Erste und Höchste Ähnlichkeit haben soll mit einem, der die Leier zu spielen vermag, dies aber in Ermangelung einer Leier nicht tut; oder daß das Höchste zwar schaffen kann, aber nicht schafft, da das, was es schaffen kann, außerstande ist, sich von ihm schaffen zu lassen; was einen mehr als offensichtlichen Widerspruch setzt, der nur denjenigen unbekannt sein kann, denen nichts bekannt ist. Das *neunte* aus dem gesellschaftlich Guten [*bontà civile*], das im Zusammenleben und Austausch besteht. Das *zehnte* daraus, daß durch das Angrenzen einer Welt an die andere folgt, daß die Bewegung der einen die der anderen hindert. Das *elfte* daraus, daß, wenn die Welt vollendet und vollkommen ist, nicht erforderlich ist, eine weitere Welt oder gar mehrere hinzuzufügen.

Dies sind die Zweifel und Motive, in deren Auflösung gerade soviel Doktrin enthalten ist, wie eben ausreichend ist, um die tiefinneren und grundlegenden Irrtümer der Vulgärphilosophie aufzudecken und das Gewicht und die Bedeutung der unseren an den Tag zu bringen. Hier seht Ihr den Grund, warum wir nicht zu fürchten haben, daß auch nur irgend etwas schwindet, daß irgendein Einzelnes verlorengeht, wahrhaft nichtig wird oder ins Leere eingeht, das es in der Vernichtung zerstört. Hier seht Ihr den Grund für die wechselvolle Veränderung des Ganzen, weshalb nichts Schlechtes ist, dem man nicht entrönne, nichts Gutes, auf das man nicht träfe, während für das unendliche Feld, für die fort und fort währende Veränderung, die Gesamtsubstanz als dieselbe und eine fortdauert. Aus dieser Betrachtungsweise wird uns – wenn wir daran festhalten – kein widriges Geschick mit seinem Leid oder Schrecken vertreiben, noch wird uns irgendein Glücksfall mit seiner Lust oder Hoffnung von ihr ablenken: und so werden wir im Besitz des wahren Wegs zur wahren Moralität sein, wir werden hochherzig sein und Verächter dessen, was kindliche Gemüter hochschätzen; und wir werden gewiß größer werden als jene Götter, die der blinde Pöbel anbetet, denn wir werden wahre Betrachter der Geschichte der Natur werden, welche in uns selbst geschrieben ist, und maßvolle Exekutoren der göttlichen Gesetze, welche in unser Herz gemeißelt sind. Wir werden sehen, daß von hier zum Himmel zu fliegen nichts anderes ist, als vom Himmel hierher zu fliegen; daß dorthin von hier aufzusteigen nichts anderes ist, als hierher von dort aufzusteigen, ebenso, wie es keinen Unterschied macht, von welcher Grenze wir zur anderen absteigen. Wir sind nicht mehr am Rande gelegen in bezug auf diese, als diese es sind in bezug auf uns; sie sind nicht mehr Mittelpunkt für uns als wir für sie; nicht anders schreiten wir über den Stern und sind vom Himmel umgriffen als sie.

Und so sind wir denn heraus aus allem Neid; frei sind wir nun von gegenstandsloser Furcht und törichtem Streben, das herrliche Gut, das wir so nahe bei uns besitzen, in der Ferne zu ersehnen. Freier sind wir von der größeren Furcht, daß jene Sterne auf uns fallen, als daß uns Hoffnung gemacht würde, wir könnten auf sie fallen; denn ebenso unendlicher Luftraum trägt diesen Globus, wie er die anderen trägt; ebenso kreist dieses Lebewesen frei im Raum und nimmt seinen Bereich darin ein, wie auch jedes der anderen Lebewesen den seinen. Haben wir dies einmal erwogen und begriffen – oh, wie werden wir uns daran ergötzen, noch weit mehr zu erwägen und zu begreifen! Und so werden wir mittels dieser Wissenschaft mit Gewißheit jenes Gut erlangen, das mittels der anderen Wissenschaften vergeblich gesucht wird.

Dies ist die Philosophie, welche die Sinne öffnet, den Geist befriedigt, den Intellekt erhebt und den Menschen zu der Glückseligkeit zurückführt, die er als Mensch haben kann und die in ebendieser Versöhnung besteht; denn sie befreit ihn vom eifrigen Streben nach Lust und vom blinden Gefühl von Schmerzen, sie läßt ihn das gegenwärtige Sein genießen und für das künftige Sein nicht mehr befürchten als erhoffen; denn die Vorsehung, oder das Fatum oder Schicksal, welches das wechselvolle Geschick unseres einzelnen Seins ordnet, will nicht und gestattet nicht, daß wir von dem einen mehr wissen, als uns von dem anderen verborgen ist, und flößt uns somit beim ersten Hinblicken und Zusammentreffen Zweifel und Betroffenheit ein. Aber bei näherer Betrachtung des Seins und der Substanz dessen, worin wir unwandelbar sind, werden wir finden, daß kein Tod ist, nicht nur für uns, sondern ebensowenig für irgendeine Substanz; nichts wird substantiell vermindert, alles ändert sein Gesicht, im Umlauf durch einen unendlichen Raum. Und da wir alle einer im höchsten Maße guten wirkenden Macht unterliegen, dürfen wir nichts anderes glauben, für wahr halten und hoffen, als daß alles vom Guten ist; so ist denn alles gut: vom Guten her, durch das Gute und zum Guten. Und nur dem erscheint das Gegenteil hiervon, der nichts erfaßt als das gegenwärtige Sein, ganz so, wie die Schönheit des Gebäudes dem nicht offenbar ist, der einen winzigen Teil davon erblickt, wie zum Beispiel einen

Stein, einen befestigten Bruchstein, eine halbe Wand; im höchsten Maße jedoch erscheint diese Schönheit dem, der das Ganze zu sehen und einen Vergleich zwischen den einen und den anderen Teilen anzustellen vermag. Wir fürchten nicht, daß das, was in dieser Welt durch die Heftigkeit eines irrenden Geistes oder den Zorn eines blitzeschleudernden Jupiter aufgehäuft ist, aus diesem Grab- oder Himmelsgewölbe herausgerät und verlorengeht oder wie Staubkörner aus diesem gestirnten Zelt herausgeschüttelt wird und davonschwebt; und die Natur der Dinge kann in ihrer Substanz nur dem Augenschein nach zunichte werden, wie die Luft, die in der Höhlung einer Blase zusammengepreßt war, wenn diese zerspringt; denn es ist keine Welt bekannt, in welcher immer eins auf das andere folgt, ohne daß ein letzter Grund wäre, aus dem, wie aus der Hand des Handwerkers, alles unwiderruflich ins Nichts hinausfließt. Es gibt kein Ende, keine Grenzen, keine Beschränkungen, keine Mauern, die uns die unendliche Fülle der Dinge raubten und entzögen. So sind denn die Erde und ihr Meer fruchtbar; fort und fort dauert der heiße Atem der Sonne, fort und fort wird den verzehrenden Bränden Nahrung und den Meeren, wenn sie geschmälert sind, Feuchtigkeit zugeführt; denn aus dem Unendlichen entsteht immer neue Fülle an Materie; derart, daß Demokrit und Epikur, die behaupten, daß alles aus ewiger Erneuerung und Wiederherstellung sei, richtiger dachten, als wer sich bemüht, die Beständigkeit des Alls für alle Ewigkeit zu retten, nur damit immer dieselbe Zahl auf immer dieselbe Zahl folgt und immer dieselben Materieteile sich mit immer denselben anderen austauschen. Nun seht zu, ihr Herren Astrologen mit euren servilen Physikern, was aus euren Kreisen wird, welche euch die phantasiegeborenen neun bewegbaren Sphären beschreiben, mit denen ihr euer Hirn gefangensetzt, so daß ihr mir nicht anders vorkommt als lauter Papageien im Käfig, wenn ich euch zusehe, wir ihr euch hüpfend und springend in diesen Kreisen umtreibt und euch in ihnen dreht und wendet. Wir erkennen, daß ein so großer Herrscher keinen so engen Sitz hat, keinen so elenden Thron, keinen so beschränkten Gerichtshof, kein so geringes Gefolge, kein so kleines und schwächliches Abbild, das ein Phantasiegebilde gebiert, ein Traum zerstört, eine Raserei wiederherstellt, eine Chimäre auflöst, ein Unglücksfall herabsetzt, eine Untat uns nimmt und ein Gedanke wieder zurückgibt; das mit einem Hauch erfüllt und in einem Zug geleert werden kann; sondern es ist ein unermeßlich großes Gemälde, ein staunenswertes Bild, eine erhabene Figur, eine allerhöchste Spur, ein unendliches Darstellendes eines unendlichen Dargestellten und ein Schauspiel, der Herrlichkeit und Höhe dessen würdig, der nicht verstanden, begriffen, erfaßt werden kann. So wird die Herrlichkeit Gottes erhöht, die Größe seines Reiches wird offenbart: nicht in einer Sonne wird er verherrlicht, sondern in unzähligen, nicht in einer Erde, einer Welt, sondern in zehnmal hunderttausend – was sage ich: in unzählig vielen. So daß diese Fähigkeit des Intellekts, die immer Raum an Raum, Ausdehnung an Ausdehnung, Einheit an Einheit, Zahl an Zahl fügen will und kann, nicht zuschanden wird – durch die Wissenschaft, die uns von den Ketten des allerengsten Reiches löst und in die Freiheit des allerherrlichsten Reiches führt, aus der vermeintlichen Armut und Enge in die unzähligen Reichtümer eines so großen Raumes, eines so würdigen Feldes, so vieler bestbestellter Welten; und sie läßt nicht den Kreis des Horizonts, vom Auge lügnerisch auf der Erde und von der Phantasie fälschlich im Ätherraum vorgegaukelt, unserem Geist Fesseln anlegen, mit Pluto als Wächter und Jupiter auf Gnade und Ungnade ausgeliefert. Wir sind der Sorge ledig um einen Herrn, so reich und dabei doch im Schenken so sparsam, knickerig und geizig, und um die Nährung einer Natur, so fruchtbar und mit allen Samen gesegnet, und dabei doch so elend im Gebären.

Noch viel mehr sind der würdigen und löblichen Früchte, die von diesen Bäumen gepflückt werden, und viele mehr der kostbaren und begehrenswerten Ernten, die aus dem hier verstreuten Samen heimgebracht werden können. Um nicht den blinden Neid unserer Gegner zur Unzeit zu schüren, führen wir all dies nicht vor, sondern überlassen es dem Urteil derer, die begreifen und urteilen können, es zu erfassen. Sie werden mit Leichtigkeit von sich aus auf den hier gelegten Fundamenten das gesamte Gebäude unserer Philosophie errichten können; dessen Teile – sofern es dem, der uns regiert und bewegt, gefällt und das begonnene Unternehmen uns nicht unterbrochen wird – wir zur heißersehnten Vollkommenheit führen werden, damit das, was in den Dialogen *Über die Ursache, das Prinzip und das Eine* gesät worden ist, durch andere Werke keimen möge, durch wieder andere wachsen, durch noch andere reifen, durch weitere in einer selten üppigen Ernte uns bereichern und, soweit es möglich ist, befriedigen möge; während wir mit dem besten Korn, das unser Acker hervorzubringen vermag – nachdem wir es von Wicken, Lolchen und Tollkorn befreit haben – die Vorratskammer der gelehrten Köpfe füllen werden.

Indessen will ich es nicht unterlassen (wenngleich ich mir gewiß bin, daß es einer solchen Anempfehlung nicht bedarf), nachzusuchen, wie ich Euch schuldig bin, daß Euch der wahrhaft anempfohlen sei, den Ihr unter Euren Gefolgsleuten nicht als einen im Dienst habt, dessen Ihr bedürft, sondern als einen, der Eurer bedarf aus vielen Gründen; nicht dadurch unterscheidet Ihr Euch von Plebejern, Geldsäcken und Kaufleuten, daß Ihr viele bei Euch habt, die Euch dienen; – sondern deshalb, weil Ihr bei Euch habt, wer es ein wenig wert ist, durch Euch gefördert, verteidigt und unterstützt zu werden, seid Ihr – wie Ihr Euch immer gezeigt habt und immer gewesen seid – den hochsinnigen Fürsten gleich, den Helden und Göttern, die Euresgleichen zur Verteidigung ihrer Freunde bestimmt haben. Und ich erinnere Euch an das, wovon ich weiß, daß Euch daran zu erinnern überflüssig ist: daß Ihr am Ende nicht so sehr deshalb von der Welt hoch geschätzt und von Gott belohnt werden mögt, weil Ihr von Fürsten der Welt, wie groß auch immer, geliebt und geachtet werdet, als vielmehr deshalb, weil Ihr einen solchen liebt und verteidigt und vor Schaden bewahrt. Denn es gibt nichts, was diejenigen, die Euch an Glücksgütern überlegen sind, an Euch tun können, der Ihr viele von ihnen an Tugend überragt – und diese Tugend möge längere Dauer haben als die Mauern Eurer Wohnstatt und ihr Schmuck. Wohl aber könnt Ihr Dinge an anderen tun, die leichtlich im Buch der Ewigkeit verzeichnet werden können – sei es das Buch hier auf Erden, sei es jenes andere, von dem geglaubt wird, es sei im Himmel; denn das, was Ihr von anderen empfangt, bezeugt die Tugend anderer, was Ihr aber an einem anderen tut, ist Zeichen und deutliches Merkmal der Euren. *Vale* [Lebt wohl].

Mio passar solitario, a quelle parti,
A quai drizzaste già l'alto pensiero,
Poggia infinito, poi che fia mestiero
A l'oggetto agguagliar l'industrie e l'arti.

Rinasci là; là su vogli'allevarti
Gli tuoi vaghi pulcini, omai ch'il fiero
Destin av'ispedito il corso intiero
Contro l'impresa, onde solea ritrarti.

Vanne da me, che più nobil ricetto
Bramo ti godi; e arrai per guida un dio,
Che da chi nulla vede è cieco detto.

Il ciel ti scampi, e ti sia sempre pio
Ogni nume di questo ampio architetto;
E non tornar a me, se non sei mio.

[Mein einsamer Sperling, zu jenen Räumen, / auf die du schon früh die hohen Gedanken richtetest, / steige unendlich hoch auf, denn es bedarf, / dem Gegenstand Kunst und Geschick anzugleichen.

Dort werde wiedergeboren; dort oben will ich / dir deine lieblichen Jungen großziehen, nun, da das unerbittliche / Geschick geschwind den Gang / dem Unternehmen entgegentreibt, von dem es dich zurückzuhalten pflegte.

Geh fort von mir, denn edlere Heimstatt / wünsche ich, daß du genießen sollst; und du wirst als Führer einen Gott haben, / den blind nennt, wer nichts sieht.

Der Himmel behüte dich, und dir sei immer gnädig / jede Gottheit dieses weiten Weltenbaus; / und kehre nicht zu mir zurück, da du nicht mein bist.]

Uscito de priggione angusta e nera,
Ove tant'anni error stretto m'avinse,
Qua lascio la catena che mi cinse
La man di mia nemica invid' e fera.

Presentarmi a la notte fosca sera
Oltre non mi potrà, perché chi vinse
Il gran Piton, e del suo sangue tinse
L'acqui del mar, ha spinta mia Megera.

A te mi volgo e assorgo, alma mia voce:
Ti ringrazio, mio sol, mia diva luce;
Ti consacro il mio cor, eccelsa mano,

Che m'avocaste da quel graffio atroce,
Ch'a meglior stanze a me ti festi duce,
Ch'il cor attrito mi rendeste sano.

[Aus engem und finsterem Kerker entronnen, / wo so viele Jahre der Irrtum mich festhielt, / lasse ich hier die Kette zurück, mit welcher / die Hand meiner neidischen und grausamen Feindin mich umwand.

Der düstre Abend kann mich nicht mehr der Nacht / überantworten, denn der, welcher den großen Python / überwand und mit seinem Blut / das Meer rötete, hat meine Megäre ausgelöscht.

Zu dir wende ich mich, zu dir steige ich empor, sanfte Stimme: / Dir danke ich, göttliches Licht; / dir weihe ich mein Herz, hohe Hand,

die du mich aus jener furchtbaren Umklammerung fortriefst, / mir Führerin zu besserem Aufenthalt warst / und mein verwundetes Herz gesunden machtest.]

E chi mi impenna, e chi mi scalda il core?
Chi non mi fa temer fortuna o morte?
Chi le catene ruppe e quelle porte,
Onde rari son sciolti ed escon fore?

L'etadi, gli anni, i mesi, i giorni e l'ore,
Figlie ed armi del tempo, e quella corte
A cui né ferro, né diamante è forte,
Assicurato m'han dal suo furore.

Quindi l'ali sicure a l'aria porgo;
Né temo intoppo di cristallo o vetro,
Ma fendo i cieli e all'infinito m'ergo.

E mentre dal mio globo a gli altri sorgo,
E per l'eterio campo oltre penetro:
Quel ch'altri lungi vede, lascio al tergo.

[Wer aber gibt mir Flügel, und wer erwärmt mir das Herz? / Wer läßt mich Fortuna und den Tod nicht fürchten? / Wer zerbrach jene Ketten und Türen, / aus denen wenige befreit werden, aus denen wenige heraustreten?

Die Zeitalter, die Jahre, Monate, Tage und Stunden, / Töchter und Waffen der Zeit, und jener Hofstaat, / vor dem weder Eisen noch Diamant Kraft besitzt, / haben mich vor ihrem Wüten verschont.

So biete ich denn die sicheren Flügel der Luft dar; / und ich fürchte auch kein Hindernis aus Kristall oder Glas, / sondern zerteile den Himmel und erhebe mich zum Unendlichen.

Und indem ich von meinem Globus zu den anderen emporsteige / und durch das Ätherfeld weiter vordringe, / lasse ich, was andere von ferne sehen, hinter mir zurück.]

Erster Dialog

Gesprächsteilnehmer

Elpino, Philotheo, Fracastorio, Burchio

ELPINO. Wie kann denn das Universum unendlich sein?

PHILOTHEO. Wie kann denn das Universum endlich sein?

ELPINO. Wollt Ihr behaupten, diese Unendlichkeit lasse sich beweisen?

PHILOTHEO. Wollt Ihr behaupten, diese Endlichkeit lasse sich beweisen?

FRACASTORIO. *Ad rem, ad rem, si iuvat* [zur Sache, zur Sache, wenn's gefällig ist], schon zu lange habt Ihr uns auf die Folter gespannt!

BURCHIO. Kommt bald zu ein paar Gründen, Philotheo, denn es wird mir ein Vergnügen sein, dieses Märchen, diese Ausgeburt der Phantasie anzuhören.

FRACASTORIO. *Modestius* [bescheidener], Burchio: Wie, wenn die Wahrheit dich am Ende überzeugen würde?

BURCHIO. Und wenn es auch wahr wäre, ich würde es doch nicht glauben; dieses Unendliche kann mein Kopf nicht fassen, noch kann mein Magen es verdauen – obwohl es mir sozusagen gelegen käme, wenn es so wäre, wie Philotheo sagt; denn falls ich je das Mißgeschick hätte, aus dieser Welt hinauszufallen, geriete ich doch immer an irgendeinen Ort.

ELPINO. Eins ist gewiß, Philotheo: Wenn wir die Sinne zu Richtern machen, oder wenn wir ihnen auch nur die Vorrangstellung einräumen, welche ihnen dafür gebührt, daß alle Kenntnis in ihnen ihren Ursprung hat, dann werden wir es vielleicht schwierig finden, eher auf das zu schließen, was du sagst, als auf das Gegenteil. Beginnt nun, wenn es Euch recht ist, mich zu belehren.

PHILOTHEO. Es gibt keinen Sinn, der das Unendliche sieht, es gibt keinen Sinn, von dem diese Schlußfolgerung verlangt würde; denn das Unendliche kann nicht Gegenstand der Sinne sein; und daher ist, wer es mittels der Sinne zu erkennen verlangt, wie einer, der die Substanz und die Essenz mit Augen sehen will; und wer etwa deshalb ihre Existenz abstritte, weil sie nicht fühlbar oder sichtbar sei, käme dahin, sein eigenes Sein und Wesen zu leugnen. Es muß daher bei der Befragung der Sinne als Zeugen eine bestimmte Form eingehalten werden: Wir schenken ihnen nur bei wahrnehmbaren Dingen Gehör, und auch da nicht ohne den Verdacht, ob sie nicht im Verein mit der Vernunft zu ihrem Urteil kommen. Dem Intellekt kommt es zu, Rechenschaft zu geben über abwesende Dinge, die durch zeitlichen Abstand und räumliche Entfernung von uns getrennt sind. Und es ist uns in diesem Fall vollkommen genug, und wir haben ein hinreichendes Zeugnis durch die Sinne, da sie nämlich nicht in der Lage sind, uns zu widersprechen, und außerdem ihre Schwäche und Unzulänglichkeit durch den Anschein der Endlichkeit zeigen und eingestehen, den sie durch den Horizont hervorrufen, an dessen Hervorbringung schon zu sehen ist, wie unbeständig sie sind. Da wir nun aus Erfahrung wissen, daß die Sinne uns über die Oberfläche dieser Erdkugel täuschen, müssen wir ihnen um so mehr mit Vorsicht begegnen, was jene Begrenzung angeht, die sie uns im Sternengewölbe erblicken lassen.

Elpino. Sagt: Wozu dienen uns dann die Sinne?

Philotheo. Nur dazu, die Vernunft anzuregen, Klage zu erheben, und dazu, ein parteiisches Zeugnis abzulegen – nicht dazu, umfassend Zeugnis zu geben, und ebensowenig zum Urteilen und Verdammen. Denn wie vollkommen sie auch sein mögen, nie sind sie ohne irgendwelche Trübungen. Weshalb die Wahrheit zu einem geringen Teil von den Sinnen herkommt, wie von einem schwachen Ausgangspunkt, aber nicht in den Sinnen ist.

Elpino. Wo denn also?

Philotheo. Im wahrnehmbaren Gegenstand wie in einem Spiegel, in der Vernunft in der Weise der Argumentation und Rede, im Intellekt in der Weise der Voraussetzung oder Folge, im Geist in der eigentlichen und lebendigen Form.[1]

ELPINO. Wohlan denn, bringt Eure Gründe vor.

PHILOTHEO. Das will ich tun. Wenn die Welt endlich ist und außerhalb ihrer nichts ist, dann frage ich Euch: Wo ist die Welt? Wo ist das Universum? Aristoteles antwortet: Es ist in sich selbst. Die Außenwölbung der ersten Himmelssphäre ist der universelle Ort [*loco universale*], und als erstes Enthaltendes ist sie in keinem weiteren Enthaltenden, da der Ort nichts anderes ist als die Oberfläche und der äußerste Punkt des enthaltenden Körpers. Daher hat das, was in keinem enthaltenden Körper ist, keinen Ort.[2] – Was willst nun du, Aristoteles, damit sagen, daß »der Ort in sich selbst ist«? Was wirst du folgern für »etwas außerhalb der Welt«? Wenn du sagst, dort sei nichts, dann sind mit Gewißheit der Himmel und die Welt nirgendwo ...

FRACASTORIO. *Nullibi ergo erit mundus. Omne erit in nihilo.* [Die Welt ist dann folglich nirgends. Alles ist dann im Nichts.]

PHILOTHEO. – die Welt ist dann etwas Unauffindbares. Wenn du sagst (und mir scheint gewiß, daß du etwas sagen willst, um dem Leeren und dem Nichts zu entkommen) – wenn du also sagst, außerhalb der Welt sei ein geistiges und göttliches Wesen, derart, daß Gott zum Ort aller Dinge wird, kommst du selber in große Verlegenheit, uns verständlich zu machen, wie etwas Unkörperliches, Intelligibles und Ausdehnungsloses zum Ort für Ausgedehntes werden kann. Denn wenn du sagst, Gott umfasse in der Weise einer Form und so, wie die Seele den Körper umgreift, antwortest du nicht auf die Frage nach dem *Außerhalb* und auf das Problem, was sich jenseits und außerhalb des Universums befindet. Und wenn du dich darauf heraus-

1 Vgl. G. Bruno, *Von den heroischen Leidenschaften* I, 3. und 5. Dialog, und II, Ende des 5. Dialogs.

2 Vgl. Aristoteles, *Physik* IV, 4, 212a 2–6.

reden willst, daß es dort, wo nichts ist, auch keinen Ort und kein Außerhalb gebe, dann stellst du mich damit nicht zufrieden; denn das sind Worte und Ausflüchte, bei denen sich nichts denken läßt. Es ist nämlich ganz unmöglich, daß du mich mit den Sinnen oder mit der Phantasie (selbst wenn man noch andere Sinnesvermögen und andere Arten der Phantasie entdeckte) dazu bringst, ernsthaft zu behaupten, es ließe sich eine Fläche, ein Rand oder ein äußerster Punkt dieser Art finden, außerhalb deren nicht entweder ein Körper oder das Nichts wäre: Nicht einmal, wenn dort Gott ist, denn die Gottheit ist nicht, um das Leere zu füllen, und folglich gehört es in keiner Weise zu ihrer Bestimmung, den Körper zu begrenzen. Alles nämlich, wovon man sagt, es begrenze, ist entweder eine äußere Form oder ein enthaltender Körper. Und wie du es auch immer drehen und wenden magst, du stündest immer als einer da, welcher die Natur Gottes und des Alls herabsetzt.

BURCHIO. Gewiß, glaube ich, müßte man ihm dies sagen: Wenn jemand seine Hand über jenes Gewölbe hinausstreckte, dann wäre sie an keinem Ort, und folglich hätte sie kein Sein.

PHILOTHEO. Ich füge dem hinzu, daß es keinen gesunden Verstand gibt, der diese Aussage der Peripatetiker nicht als einen Widerspruch in sich auffassen würde. Aristoteles hat den Ort nicht als enthaltenden Körper definiert, nicht als einen bestimmten Raum, sondern als Oberfläche eines enthaltenden Körpers; und dann ist der erste, grundlegende und erhabenste Ort [*il primo e principal e massimo loco*] derjenige, auf den diese Definition am wenigsten und in keiner Weise zutrifft. Dieser Ort ist die Innenwölbung der ersten Himmelssphäre, welche die Oberfläche eines Körpers ist; und zwar eines solchen, der nur enthält und nicht enthalten ist. Um aus dieser Oberfläche einen Ort zu machen, soll nicht erforderlich sein, daß sie einem enthaltenen, sondern nur, daß sie einem enthaltenden Körper angehört. – Wenn sie aber Oberfläche eines enthaltenden Körpers ist, und keinem anderen enthaltenen Körper angefügt und benachbart, dann ist sie ein Ort ohne Ortsbestimmung, da ja Ort zu sein der ersten Himmelssphäre nur hinsichtlich ihrer Innenwölbung zukommt, welche die Außenwölbung der zweiten Himmelssphäre berührt. Da seht Ihr, wie nichtig und verworren diese Definition ist, und wie sie sich selbst aufhebt. Zu dieser Verwirrung kommt es durch jenen Unfug, nämlich behaupten zu wollen, außerhalb der ersten Himmelssphäre sei nichts.

ELPINO. Die Peripatetiker werden sagen, die erste Himmelssphäre sei enthaltender Körper hinsichtlich der Innenwölbung, und hinsichtlich der Außenwölbung nicht, und hinsichtlich der ersteren sei sie Ort.

FRACASTORIO. Und ich füge hinzu, daß es demzufolge eine Oberfläche eines enthaltenden Körpers gibt, die nicht auch Ort ist.

PHILOTHEO. Kurz und gut, um direkt zum Gegenstand zu kommen: Es scheint mir lachhaft, zu sagen, jenseits des Himmels sei nichts, der Himmel sei in sich selbst, und er sei in akzidenteller Weise an einem Ort und in akzidenteller Weise Ort – *idest* [d. h.] hinsichtlich seiner Teile. Und ich sage, daß er, was immer auch mit seinem »akzidentell« gemeint sein mag, nicht vermeiden kann, aus einem zwei zu machen; denn was enthält und was enthalten ist, ist immer zweierlei; und zwar so sehr zweierlei, daß sogar seiner eigenen Auffassung nach das Enthaltende unkörperlich ist und das Enthaltene Körper, das Enthaltende unbeweglich und das Enthaltene beweglich, das Enthaltende mathematisch und das Enthaltene physikalisch. Was immer es nun auch mit dieser Oberfläche auf sich haben mag, ich frage beharrlich weiter: Was ist jenseits derselben? Antwortet man mir, da sei nichts, dann sage ich, dies sei das Leere und das Nichts; und zwar ein Leeres und ein Nichts derart, daß es keine Seinsweise hat, noch eine jenseitige Grenze, diesseits jedoch begrenzt ist. Und das ist schwerer vorzustellen, als zu denken, daß das Universum unendlich und unermeßlich ist. Denn wir können dem Leeren nicht entkommen, wenn wir das Universum endlich annehmen wollen. Sehen wir nun, ob es füglich einen solchen Raum geben kann, in dem nichts ist. In diesem unendlichen Raum befindet sich dieses endliche Universum (ob durch Zufall, aus Notwendigkeit oder aufgrund der Vorsehung – darauf lasse ich mich im Moment nicht ein). Ich frage, ob derjenige Raum, der die Welt enthält, größere Tauglichkeit hat, eine Welt zu enthalten, als anderer Raum jenseits desselben.

FRACASTORIO. Gewiß nicht, scheint mir; denn wo nichts ist, ist auch keinerlei Unterschiedenheit [*differenza*]; und wo keine Unterschiedenheit ist, ist auch nicht verschiedenerlei Tauglichkeit [*aptitudine*], und wahrscheinlich ist überhaupt keine Tauglichkeit, wo nichts ist.

ELPINO. Und ebensowenig irgendeine Untauglichkeit [*inepzia*]. Und von beiden eher die erstere als die letztere.

PHILOTHEO. Ihr habt recht. Und daher sage ich: Wie das Leere und Nichts (das durch die Aussage der Peripatetiker notwendig mit gesetzt wird) keinerlei Tauglichkeit zum Aufnehmen besitzt, so kann es noch viel weniger Tauglichkeit haben, die Welt abzuweisen. Aber eine dieser beiden Tauglichkeiten sehen wir verwirklicht, und die andere können wir in keiner Weise sehen, es sei denn mit den Augen der Vernunft. Ebenso, wie also diese Welt in diesem Raum ist, welcher die gleiche Größe hat wie diese Welt (von den Platonikern Materie genannt), kann eine andere Welt in einem anderen Raum sein, und in unzähligen Räumen, jenseits dieses Raumes und von gleicher Größe.

FRACASTORIO. Gewiß können wir in Entsprechung zu dem, was wir sehen und kennen, sicherer urteilen, als im Gegensatz zu dem, was wir sehen und kennen. Da nun für unser Sehen und für unser Erfahren das Universum weder endet noch an das Leere und Nichts grenzt und wir von diesem letzteren keinerlei Kunde haben, müssen wir vernünftigerweise so schließen; denn wenn auch alle übrigen

Gründe gleichwertig wären: wir sehen doch, daß die Erfahrung im Gegensatz steht zum leeren Raum, und nicht zum erfüllten. Wenn wir so sagen, sind wir auf jeden Fall gerechtfertigt; sagen wir anders, werden wir uns kaum vor tausenderlei Vorwürfen und Unstimmigkeiten retten können. – Fahrt fort, Philotheo.

PHILOTHEO. Vom unendlichen Raum wissen wir also mit Gewißheit, daß er Tauglichkeit zur Aufnahme von Körpern hat, und anderes wissen wir nicht. Mir genügt jedoch, daß er der Aufnahme von Körpern nicht widerstrebt; zumindest aus dem einen Grund, daß dort, wo nichts ist, auch nichts Schaden anrichten kann. Es bleibt nun zu sehen, ob es vorteilhaft ist, daß der ganze Raum erfüllt ist, oder nicht. Und ganz gleich, ob wir ihn daraufhin betrachten, was er sein kann, oder daraufhin, was er tun kann, wir werden es immer nicht nur vernünftig, sondern auch notwendig finden, daß er erfüllt ist. Damit dies deutlich wird, frage ich Euch, ob es gut ist, daß diese Welt ist.

ELPINO. Sehr gut sogar.

PHILOTHEO. Dann ist es also gut, daß dieser Raum, der gleich der Ausdehnung dieser Welt ist (welchen ich leer nennen will, ohne Unterschied dem Raum entsprechend, von dem du sagen würdest, er sei ein Nichts jenseits der ersten Himmelssphäre) – daß also dieser Raum erfüllt ist?

ELPINO. So ist es.

PHILOTHEO. Ich frage dich weiterhin: Glaubst du, daß – da sich dieses Wunderwerk, Welt genannt, in diesem Raum befindet – diese selbe Welt in einem anderen Raum dieses Nichts hätte sein können oder sein könnte?

ELPINO. Ich würde sagen: ja – obwohl ich nicht sehe, wie wir im Nichts und im Leeren von einem Unterschied zwischen dem einen und dem anderen sprechen können.

FRACASTORIO. Ich bin sicher, du siehst es wohl, wagst aber nicht, zuzustimmen, weil du siehst, wohin er dich führen will.

ELPINO.[3] Stimmt nur ruhig mit Überzeugung zu; denn es ist notwendig, auszusprechen und einzusehen, daß diese Welt in einem Raum ist; und dieser wäre, wenn nicht die Welt wäre, ununterschieden von dem Raum, der jenseits Eures ersten Bewegbaren [*primo mobile*] ist.

FRACASTORIO. Fahrt fort.

PHILOTHEO. Wie also dieser Raum notwendig vollkommen ist und vollkommen hat sein können aufgrund dessen, daß er den Weltkörper [*corpo universale*] enthält, wie du sagst, so kann auch der gesamte übrige Raum vollkommen sein und hat es sein können.

ELPINO. Das gestehe ich zu; und was folgt daraus? Kann sein, kann haben: ist er deshalb schon, hat er deshalb schon?

PHILOTHEO. Wenn du nur ganz unvoreingenommen gestehen willst, werde ich schon dafür sorgen, daß er sein kann, sein muß und ist. Denn wie es schlecht wäre, wenn dieser Raum nicht erfüllt wäre, das heißt, wenn diese Welt nicht wäre, ist es aufgrund der Ununterschiedenheit der Räume nicht weniger schlecht, daß nicht der ganze Raum erfüllt sei; und folglich hat das Universum unendliche Ausdehnung, und der Welten sind unzählige.

ELPINO. Und der Grund dafür, daß ihrer so viele sein müssen und eine nicht genügt?

PHILOTHEO. Wenn es schlecht ist, daß diese Welt nicht ist oder daß es diesen erfüllten Raum nicht gibt – ist das so hinsichtlich dieses Raums oder hinsichtlich eines anderen, der diesem gleich ist?

ELPINO. Ich sage, daß es schlecht ist hinsichtlich dessen, was in diesem Raum ist und sich unterschiedslos auch in einem anderen Raum, der diesem gleicht, befinden könnte.

PHILOTHEO. Das kommt, wenn du es recht erwägst, alles auf eins hinaus, denn die Gutheit [*bontà*] dieses körperhaften Seins, das in diesem Raum ist oder in einem anderen gleich großen Raum sein könnte, bezeugt diejenige Gutheit,

3 Die folgende Äußerung stimmt nicht zur Gesprächsrolle Elpinos. Ist es vielleicht Philotheo, der spricht?

die einem solchen Raum von solcher Größe angemessen ist, und betrifft diejenige Vollkommenheit, die in ihm sein kann – und nicht diejenige, die in unzähligen anderen Räumen dieser Art sein kann. Dies um so mehr, als dann, wenn es einen Grund gibt, daß ein endliches Gutes ist, ein begrenztes Vollkommenes, es unverhältnismäßig viel mehr Grund gibt, daß ein unendliches Gutes ist. Denn wo das endliche Gute aus Billigkeit und Vernunft gut ist, ist es das Unendliche aus absoluter Notwendigkeit.

ELPINO. Gewiß ist das unendliche Gute, aber es ist unkörperlich.

PHILOTHEO. Hierin stimmen wir überein, was das unkörperliche Unendliche angeht. Was aber hindert, daß nicht auch das gute, seiende und körperhafte Unendliche durchaus stimmig ist? Oder was steht dem entgegen, daß das Unendliche, das im schlechthin einfachen und unteilbaren ersten Prinzip eingefaltet ist, nicht vielmehr in diesem seinem unendlichen und unbegrenzten Abbild ausgefaltet werde, durchaus fähig der Aufnahme unzähliger Welten, als daß es in so engen Grenzen entfaltet wird, daß es schimpflich erscheint, nicht zu denken, daß dieser Körper, der uns so groß und weit erscheint, in Anbetracht der göttlichen Gegenwart nichts ist als ein Punkt – ja, geradezu ein Nichts?

ELPINO. Wie die Größe Gottes in keiner Weise in seiner körperlichen Ausdehnung besteht (ganz davon zu schweigen, daß die Welt ihm nichts hinzufügt), ebensowenig dürfen wir denken, daß die Erhabenheit seines Abbilds im größeren oder geringeren Umfang seiner Ausdehnung besteht.

PHILOTHEO. Da habt Ihr vollkommen recht, aber Ihr antwortet nicht auf den Kern des Arguments; denn nicht um der Würde der Ausdehnung und des körperlichen Umfangs willen fordere ich den unendlichen Raum, noch hat ihn die Natur aus diesem Grund, sondern um der Würde der Naturwesen und der körperlichen Arten willen; denn unvergleichlich besser erweist sich die unendliche Vortrefflichkeit in unzähligen Einzelwesen als in zählbaren und endlichen.

Darum ist es erforderlich, daß von einem unerreichten göttlichen Angesicht ein unendliches Abbild sei, in welchem sich dann als unzählige Teile unzählige Welten – welche jene anderen sind – befinden. Darum muß es aufgrund unzähliger Grade der Vollkommenheit, welche bestimmt sind, die unkörperliche göttliche Vortrefflichkeit in körperlicher Weise zu entfalten, unzählige Einzelwesen geben, welche die großen Lebewesen sind (von denen diese Erde eines ist, die göttliche Mutter, die uns geboren hat und uns ernährt und uns wieder in sich aufnehmen wird[4]), zur Aufnahme dieser unzählig vielen ist ein unendlicher Raum erforderlich.

Es ist also sogar gut, daß unzählige Welten, so wie sie sein können, sind, die dieser gleichen, wie sie sein könnte und sein kann, und wie es gut ist, daß sie ist.

Elpino. Wir sagen darauf, daß diese endliche Welt, mit diesen endlich vielen Gestirnen, die Vollkommenheit aller Dinge in sich einschließt.

Philotheo. Das könnt Ihr sagen, aber deshalb noch nicht beweisen; denn die Welt, die in diesem endlichen Raum ist, schließt die Vollkommenheit dieser endlich vielen Dinge ein, die in diesem Raum sind; aber damit noch nicht die der unendlich vielen, die in unzähligen weiteren Räumen sein können.

Fracastorio. Mit Verlaub, halten wir inne, und machen wir es nicht wie die Sophisten, die disputieren, um Sieger zu bleiben, und die durch ihr Starren auf die Siegespalme verhindern, daß sie und andere begreifen, was wahr ist. Ich denke doch, daß es keinen so hartnäckigen Starrkopf gibt, der es weiterhin abstreiten wollte, daß mit Fug und Recht unzählige Welten sein können – aus dem Grund, daß der Raum unendlich in sich schließen kann, und auch aus dem

4 Im Original: »und uns *nicht* wieder in sich aufnehmen wird.«

Grund, daß unendlich viele Welten, die nicht weniger in ihm beschlossen sein können, als es diese eine sein kann, die wir kennen, je einzeln und in der Gesamtzahl gut sind. Denn unendlicher Raum hat unendliche Tauglichkeit, und in dieser unendlichen Tauglichkeit ist unendliche verwirklichte Existenz [*atto di esistenza*] nur löblich; denn durch sie wird das unendliche Wirkende [*infinito efficiente*] nicht als unzureichend [*deficiente*] erachtet, und die Tauglichkeit ist nicht vergebens.

Gib dich also zufrieden, Elpino, weitere Gründe zu hören, wenn Philotheo weitere einfallen.

Elpino. Um die Wahrheit zu sagen: Ich sehe sehr wohl, daß es zu keinerlei Unstimmigkeiten führt, wenn man die Welt – das Universum, wie Ihr sagt – als unendlich behauptet, und es befreit uns aus unzähligen Bedrängnissen, in die wir durch die gegenteilige Behauptung verstrickt werden. Insbesondere erkenne ich an, daß wir zuweilen gezwungen sind, mit den Peripatetikern etwas zu behaupten, was in unserem Verständnis keinerlei Grundlage hat: wie dann, wenn wir zum Beispiel, nachdem wir das Leere abgestritten haben, sowohl außerhalb wie innerhalb der Welt, doch auf die Frage antworten wollen, die danach forscht, wo das Universum sei. Und wir sagen, es sei in seinen Teilen – aus Furcht davor, zu sagen, es sei an gar keinem Ort, was dasselbe ist wie *nullibi, nusquam* [nirgends]. Das ändert aber nichts daran, daß man in dieser Weise gezwungen ist, zu behaupten, die Teile befänden sich an einem Ort, das Universum jedoch sei an keinem Ort, noch im Raum; und diese Behauptung kann sich, wie jeder sieht, auf keinerlei Verständnis gründen, sondern stellt offensichtlich eine beständige Flucht davor dar, die Wahrheit einzugestehen, indem man die Welt und das Universum unendlich annimmt oder den Raum unendlich setzt; wobei aus beiden Setzungen doppelte Verwirrung folgt für den, der sie vertritt. Ich stimme also dem zu, daß das All [*tutto*] – wenn es ein Körper ist, und zwar ein kugelförmiger Körper, und folglich gestaltet und begrenzt – in einem unendlichen Raum begrenzt sein muß; wobei, wenn wir sagen wollen, in diesem Raum sei nichts, notwendig zugestanden werden muß, er sei das wahrhafte Leere; und dieses hat, wenn es ist, im Ganzen nicht weniger Grund als in diesem Teil, den wir hier als aufnahmefähig für diese Welt erblicken; wenn das Leere nicht ist, muß der erfüllte Raum sein, und folglich muß das Universum unendlich sein. Und daß die Welt *alicubi* [irgendwo] sei, wenn man einmal behauptet hat, außerhalb ihrer sei nichts, und sie sei in ihren Teilen, ist eine ebenso abgeschmackte Folgerung, wie wenn man sagte, Elpino sei *alicubi*, weil seine Hand in seinem Arm, sein Auge in seinem Gesicht, sein Fuß in seinem Bein, das Haupt in seinem Oberkörper ist. Um jedoch zum Schluß zu kommen, um nicht die Rolle des Sophisten zu spielen, der den Finger auf scheinbare Schwierigkeiten legt, und um nicht die Zeit mit Geschwätz zu vertun, stimme ich dem zu, was ich nicht leugnen kann, das heißt, daß im unendlichen Raum entweder unendlich viele Welten, dieser ähnlich, sein könnten oder daß dieses Universum seine Aufnahmefähigkeit und Fassungskraft um viele Körper von der Art, wie diese sind, Gestirne genannt, erweitern würde; und auch, daß – ganz gleich, ob diese Welten ähnlich sind oder nicht – das Sein für die eine so gut ist wie für die andere; denn das Sein der anderen hat nicht weniger Grund als das der einen und das Sein vieler nicht weniger Grund als das der einen und der anderen und das unendlich vieler nicht weniger als das vieler. Weshalb das Nicht-Sein unzählig vieler anderer Welten nicht gut wäre, ganz wie die Aufhebung und das Nicht-Sein dieser Welt nicht gut wäre.

FRACASTORIO. Ihr macht Euch sehr gut verständlich, und Ihr beweist, daß Ihr die Gründe gut versteht und kein Sophist seid, denn Ihr akzeptiert, was nicht zu leugnen ist.

ELPINO. Ich würde aber doch gern das hören, was zum Prinzip und der ewigen Wirkursache zu sagen bleibt: ob der letzteren eine so geartete unendliche Wirkung angemessen und daher eine solche Wirkung tatsächlich vorhanden ist.

PHILOTHEO. Das ist das, was ich noch hinzufügen mußte. Denn wenn man einmal gesagt hat, das Universum müsse unendlich sein – aufgrund der Fassungskraft und Tauglichkeit des unendlichen Raums und aufgrund der Möglichkeit und Stimmigkeit des Seins unzähliger Welten wie dieser –, bleibt nun, dies zu beweisen, sowohl aus den Eigenschaften dessen, der es so geschaffen haben muß – oder besser gesagt, es beständig so schaffen muß –, als auch aus der Beschaffenheit unserer Weise des Begreifens heraus. Wir können leichter argumentieren, daß ein Raum diesem, den wir sehen, ähnlich sei, als daß er so sei, wie wir ihn nicht sehen, weder anhand von Beispielen noch aufgrund einer Ähnlichkeit, noch mittels einer proportionalen Entsprechung, noch auch durch irgendeine Vorstellung, die sich nicht am Ende selbst zerstören würde. Um nun zu beginnen: Warum wollen oder können wir denken, daß die göttliche Wirkungskraft [*efficacia*] müßig sei? Warum wollen wir sagen, daß die göttliche Gutheit, die sich den unendlichen Dingen mitteilen und unendlich ausbreiten kann, dürftig sein und sich in ein Nichts zusammenziehen wollte, da doch alles Endliche angesichts des Unendlichen ein Nichts ist? Warum wollt Ihr, daß jener Mittelpunkt der Gottheit, der sich zu einer – wenn man so sagen könnte – unendlichen Kugel unendlich erweitern kann, als wäre er neidisch, eher unfruchtbar sei, als daß er mitteilbar werde, ein fruchtbarer Vater, geschmückt und schön? Daß er sich eher gemindert, oder besser gesagt: gar nicht, mitteilen wollte, statt nach dem Maß seiner herrlichen Seinsmächtigkeit [*potenza*], seines herrlichen Seins? Warum soll die unendliche Aufnahmefähigkeit ohne Erfüllung bleiben, die Möglichkeit unendlicher Welten, die sein können, hintertrieben und die Vortrefflichkeit des göttlichen Bildes herabgesetzt werden – eines Bildes, welches stärker widerstrahlen müßte in einem nicht zusammengezogenen Spiegel, der seiner Seinsweise gemäß unendlich, unermeßlich wäre? Warum sollen wir diesem zustimmen, da es doch, einmal gesetzt, so viele Nachteile mit sich bringt und – ohne Gesetze, Religion, Glauben und Moral zu fördern – so viele philosophische Grundsätze zerstört? Wie soll denn Gott sowohl in der Seinsmächtigkeit als auch in der Handlung und der Wirkung (was in ihm ein und dasselbe ist) begrenzt und eine Art Grenze der Außenwölbung einer Kugel sein, statt, wie man sagen kann, unbegrenzte Grenze von Unbegrenztem zu sein. – Ich sage: »Grenze ohne Begrenzung« [*termino senza termine*], denn die Unendlichkeit des einen ist verschieden von der Unendlichkeit des anderen: Gott ist nämlich das gesamte Unendliche, in eingefalteter und allumfassender Weise [*tutto l'infinito complicatamente e totalmente*], das Universum hingegen ist alles in allem (wenn man überhaupt von Allumfassendheit sprechen kann, wo es weder Teil noch Ende gibt) in ausgefalteter und nicht in allumfassender Weise [*explicatamente, e non totalmente*]; weshalb der erste eine Grenze und das zweite begrenzt ist, nicht aufgrund des Unterschieds von Endlichem und Unendlichem, sondern weil der eine unendlich und das andere endend ist, aufgrund dessen, daß das allumfassend und in allumfassender Weise in allem ist, was zwar insgesamt unendlich, aber nicht allumfassend unendlich ist; denn letzteres steht der Unendlichkeit räumlicher Ausdehnung entgegen.

Elpino. Dies möchte ich gern näher verstehen. Tut mir daher den Gefallen und erklärt Euch ein wenig hinsichtlich dessen, von dem Ihr sagt, es sei in allumfassender Weise ganz in allem [*tutto in tutto totalmente*] und ganz in allem das Unendliche und in allumfassender Weise unendlich [*tutto in tutto l'infinito e totalmente infinito*].

Philotheo. Ich nenne das Universum *insgesamt unendlich* [*tutto infinito*], weil es weder Rand, noch Grenze, noch Oberfläche hat; ich nenne das Universum nicht *allumfassend unendlich* [*totalmente infinito*], weil jeder Teil, den wir ihm entnehmen können, und jede der Welten, die es enthält, endlich ist. Ich nenne Gott insgesamt unendlich, denn er schließt jede Grenze von sich aus, und jede seiner Eigenschaften ist eine und unendlich; und ich nenne Gott *allumfassend unendlich*, denn er ist ganz in der Welt als ganzer [*tutto in tutto il mondo*] und in unendlicher und allumfassender Weise in allen ihren Teilen: im Gegensatz zur Unendlichkeit des Universums, welche in allumfassender Weise im Ganzen [*totalmente in tutto*] ist, und nicht in diesen Teilen (wenn sie denn mit Bezug auf das Unendliche »Teile« genannt werden dürfen), die wir in das Ganze einschließen können.

ELPINO. Ich verstehe. Fahrt nun in Eurem Gegenstand fort.

PHILOTHEO. Aus allen Gründen also, aus denen behauptet wird, daß diese Welt, als endliche verstanden, angemessen, gut und notwendig sei, müssen alle die unzähligen weiteren Welten als angemessen und gut gelten; diesen enthält die Allmacht – aus demselben Grund – das Sein nicht vor; und ohne diese zöge die Allmacht – entweder um ihres Nicht-Wollens oder um ihres Nicht-Könnens willen – den Tadel auf sich, eine Leere oder – wenn du nicht von Leere sprechen möchtest – einen unendlichen Raum zu lassen; dadurch würde nicht nur unendliche Vollkommenheit des Seienden hinweggenommen, sondern auch der Wirkursache unendliche verwirklichte Majestät, sowohl in den geschaffenen Dingen, wenn sie geschaffen, als auch in den abhängigen Dingen, wenn sie ewig sind. Welcher Grund will uns glauben machen, daß das Wirkende [*agente*], das ein unendliches Gutes schaffen kann, es endlich schafft? Und wenn es dieses endlich schafft, warum sollten wir glauben, es könne es unendlich schaffen, da doch in ihm das Können und das Tun ein und dasselbe sind? Da es unwandelbar ist, gibt es nichts Zufälliges [*contingenzia*] in seinem Handeln noch in seiner Wirkkraft, sondern von einer bestimmten Wirkkraft hängt unwandelbar eine bestimmte Wirkung ab; daher kann es nicht anders sein, als es ist; es kann nicht so sein, wie es nicht ist; es kann nicht anderes können, als was es kann; es kann nicht anderes wollen, als was es will; und es kann notwendigerweise nicht anderes tun, als was es tut; da ja nur dem Wandelbaren angemessen ist, eine von der Wirklichkeit [*atto*] verschiedene Möglichkeit [*potenza*] zu haben.

FRACASTORIO. Gewiß unterliegt, was niemals war noch ist, noch jemals sein wird, keiner Möglichkeit oder Potenz; und in der Tat: Wenn die erste Wirkursache nicht anderes wollen kann, als was sie will, kann sie nicht anderes schaffen, als was sie schafft. Und ich verstehe nicht, wie es einige meinen, die von der unendlichen aktiven Potenz sprechen, der keine unendliche passive Potenz entsprechen soll, und sagen, daß derjenige eines und Endliches schaffen soll, der Unzähliges im Unendlichen und Unermeßlichen schaffen kann, dessen Wirken [*azion*] ja doch notwendig ist, als von einem Willen ausgehend, der, da er völlig unwandelbar – mehr noch: die Unwandelbarkeit selbst – ist, zugleich auch die Notwendigkeit selbst ist; weshalb Freiheit, Wille und Notwendigkeit ein und dasselbe sind; und ebenso das Tun eins ist mit dem Wollen, Können und Sein.

PHILOTHEO. Ihr stimmt bei, und Ihr habt völlig recht. Das heißt also, man muß eins von beiden behaupten: Entweder wird die Wirkursache – angenommen, daß von ihr die unendliche Wirkung abhängen kann – als Ursache und Prinzip eines unermeßlichen Alls anerkannt (und hieraus folgt nichts Nachteiliges, im Gegenteil, lauter Vorteile, sei es hinsichtlich der Wissenschaft, sei es hinsichtlich der Gesetze und des Glaubens); – oder aber sie wird – angenommen, daß von ihr ein endliches Universum abhängt, mit diesen Welten (welche die Gestirne sind) in begrenzter Anzahl – als von endlicher und begrenzter aktiver Wirkungsmöglichkeit erkannt, so wie die Verwirklichung [*atto*] endlich und begrenzt ist; denn wie die Verwirklichung, so der Wille, und so auch die Wirkungsmöglichkeit.

FRACASTORIO. Ich vervollständige und ordne in diesem Sinn ein Syllogismenpaar: Wenn die erste Wirkursache anderes schaffen wollte, als was sie schaffen will, könnte sie anderes schaffen, als was sie schafft; sie kann aber nicht anderes schaffen wollen, als was sie schaffen will; folglich kann sie nicht anderes schaffen, als was sie schafft. Folglich setzt, wer die Wirkung als endlich behauptet, die Handlung und die Wirkmächtigkeit als endlich. Weiterhin (was auf dasselbe hinauskommt): Die erste Wirkursache kann nichts schaffen, als was sie schaffen will; sie will nichts schaffen, als was sie schafft. Folglich leugnet, wer die unendliche Wirkung leugnet, die unendliche Wirkmächtigkeit.

PHILOTHEO. Dies sind, wenn keine einfachen, so doch beweisende Syllogismen. Jedenfalls lobe ich mir, daß einige achtbare Theologen diese nicht zugestehen, da sie in weiser Voraussicht erkennen, daß die rohen und unwissenden Völker schwerlich werden begreifen können, wie der freie Wille sowie Würde und Verdienste der Gerechtigkeit zugleich mit dieser Notwendigkeit sollen bestehen können; weshalb sie denn, einem gewissen Fatum preisgegeben und darunter verzweifelt, notwendig ganz und gar niederträchtig sind. Wie denn auch zuweilen gewisse Verderber von Gesetzen, Glauben und Religion, die sich den Anschein von Weisheit gaben, viele Völker vergiftet haben und sie barbarischer und niederträchtiger gemacht haben, als sie vorher waren – zu Verächtern des Rechttuns und jedem Laster, jeder Schurkerei verfallen, und dies um der Schlußfolgerungen willen, die sie aus derartigen Prämissen ziehen. Daher ist die gegenteilige Behauptung unter den Gelehrten nicht so anstößig und der göttlichen Größe und Vortrefflichkeit nicht so abträglich, wie das, was wahr ist, verderblich für das Gemeinschaftsleben und dem Zweck der Gesetze zuwider ist – nicht deshalb, weil es wahr ist, sondern deshalb, weil es mißverstanden wird, sei es von denen, die dies böswillig tun, sei es von denen, die nicht in der Lage sind, es ohne Sittenverfall zu verstehen.

FRACASTORIO. Das ist wahr. Niemals hat sich ein gelehrter und achtbarer Philosoph gefunden, der unter einem irgendwie gearteten Vorwand aus einer solchen Aussage die Notwendigkeit der Auswirkungen auf die Menschen hätte ableiten und den freien Willen hätte zerstören wollen. So wie Platon und Aristoteles, indem sie die Notwendigkeit und Unwandelbarkeit Gottes setzen, nichtsdestoweniger auch die moralische Freiheit und das Vermögen unserer Willensfreiheit setzen. Denn sie wissen sehr wohl und können verstehen, wie die Notwendigkeit einerseits und die Freiheit andererseits vereinbar sind. Einige wahre Väter und Hirten der Völker beseitigen jedoch diese und ähnliche Ansichten, vielleicht mit dem Ziel, es Niederträchtigen und Verführern, Feinden der Gesittung und des Gemeinnutzes nicht zu leicht zu machen, die ärgerlichen Schlußfolgerungen zu ziehen und die Einfalt und Unwissenheit derer zu mißbrauchen, die das Wahre schwerlich begreifen können und dem Schlechten nur allzu bereitwillig zugeneigt sind. Diese Väter und Hirten werden uns unschwer vergeben, daß wir von den wahren Sätzen Gebrauch machen, von denen wir nichts anderes ableiten wollen als die Wahrheit der Natur und die Vortrefflichkeit ihres Schöpfers, und diese Sätze werden von uns ja auch nicht dem gemeinen Volk vorgetragen, sondern allein den Wissenden, die Zugang haben zur Einsicht in unsere Reden. Das ist der Grund, warum die nicht weniger gelehrten als frommen Theologen der Freiheit der Philosophie immer Einhalt geboten haben; und die wahren Philosophen haben, als wahrhaft gesittete Menschen, die Religionen immer gefördert, denn die einen wie die anderen wissen, daß rohe Völker zu ihrer Erziehung der Religion bedürfen, da sie regiert werden müssen, und die Denkenden der beweisenden Rede, da sie sich selbst und andere zu regieren wissen.

ELPINO. Genug dieser Beteuerung. Kehrt nun zum Gegenstand zurück.

PHILOTHEO. Um also dazu zu kommen, das abzuleiten, was wir ableiten wollen, sage ich, daß, wenn in der ersten Wirkursache unendliche Wirkmächtigkeit ist, dann auch ein

Handeln ist, von dem das Weltall von unendlicher Größe und Welten von unendlicher Zahl abhängen.

ELPINO. Was Ihr sagt, birgt, wenn nicht Wahrheit, so doch große Überzeugungskraft in sich. Dies aber, was mir sehr wahrscheinlich vorkommt, will ich für wahr anerkennen, wenn Ihr mir ein sehr gewichtiges Argument auflösen könnt, durch welches Aristoteles sich gezwungen sah, die göttliche Wirkmächtigkeit im intensiven Sinne abzulehnen, obgleich er sie im extensiven Sinne zugestand. Und zwar war der Grund seiner Ablehnung der, daß Gott, in dem Möglichkeit und Wirklichkeit ein und dasselbe sind, unendlich und mit unendlicher Kraft bewegen würde, wenn er unendlich bewegen könnte; und wenn dies wahr wäre, würde der Himmel in einem Augenblick bewegt; denn wenn der stärkere Beweger schneller bewegt, bewegt der stärkste am schnellsten, und der unendlich starke bewegt im Augenblick. Der Grund der Aussage war der, daß Gott das erste Bewegbare ewig und gleichmäßig in dem Verhältnis und Maß bewegt, wie er es tut. Du siehst also, aus welchem Grund er ihm im extensiven Sinn Unendlichkeit zuspricht, nicht aber im absoluten und intensiven Sinn. Daher möchte ich folgern, daß ebenso, wie seine unendliche Möglichkeit zu bewegen beschränkt ist auf eine wirkliche Bewegung gemäß endlicher Geschwindigkeit, auch die Möglichkeit, Unendliches und Unzählbares zu schaffen, durch seinen Willen eingeschränkt ist auf Endliches und Zählbares. Fast dasselbe behaupten einige Theologen, welche darüber hinaus, daß sie die extensive Unendlichkeit zugestehen, mittels deren Gott in der Folge die Bewegung des Universums fortführt, auch die intensive Unendlichkeit fordern, mittels deren er unzählige Welten schaffen und unzählige Welten bewegen kann, und zwar jede von ihnen und alle zugleich in einem Augenblick: Er hat jedoch durch seinen Willen die Quantität einer Vielzahl von Welten ebenso gemäßigt wie die Qualität einer Bewegung von größter Intensität. So daß, ebenso wie diese Bewegung als endlich erkannt wird, obgleich sie aus einer unendlichen Möglichkeit hervorgeht und keinerlei Behinderung erfährt, in gleicher Weise die Zahl der Weltkörper endlich geglaubt werden kann.

PHILOTHEO. Das Argument ist in der Tat überzeugender und näherliegend, als jedes andere sein könnte. Was darin das angeht, daß man will, der göttliche Wille solle die göttliche Wirkmächtigkeit regulieren, modifizieren und beschränken, ist schon genug gesagt. Daraus folgen ungezählte Ungereimtheiten, zumindest vom philosophischen Standpunkt aus. Ich lasse die theologischen Grundsätze beiseite, die trotz allem nicht zulassen werden, daß die göttliche Wirkmächtigkeit größer sei als der göttliche Wille und die göttliche Gutheit, und daß, allgemein gesprochen, eine Eigenschaft in größerem Maß Gott zukomme als eine andere.

ELPINO. Warum haben sie denn dann diese Redeweise, wenn sie nicht auch diese Denkweise haben?

PHILOTHEO. Aus Mangel an passenden Bezeichnungen und an wirksamen Lösungen.

ELPINO. So zeigt denn Ihr, der Ihr besondere Grundsätze habt und das eine bejaht (daß nämlich die göttliche Wirkmächtigkeit im intensiven wie extensiven Sinn unendlich ist, daß die Wirklichkeit von der Möglichkeit nicht verschieden und deshalb das Universum unendlich ist und der Welten unendlich viele sind) und das andere nicht verneint (daß in der Tat jedes der Gestirne – oder jede der Welten [*orbi*], wie du sie gerne nennst – in der Zeit bewegt wird und nicht in einem Augenblick) – zeigt Ihr nun, mittels welcher Bezeichnungen und mittels welcher Lösung Ihr Eure Überzeugungen rettet und diejenigen anderer zunichte macht, welche sie zu Urteilen führen, die den Euren entgegengesetzt sind.

PHILOTHEO. Für die Auflösung dessen, was Ihr sucht, müßt Ihr erstens beachten, daß es unnötig ist, den Beweger des Universums zu suchen, da dieses unendlich und unbeweglich ist. Zweitens, daß die darin enthaltenen Welten, die

Feuerkörper, die Erdkörper und die anderen Arten von Körpern, Gestirne genannt, da ihrer unendlich viele sind, sich aus einem inneren Prinzip heraus bewegen, welches ihre Seele ist, wie wir an anderer Stelle bewiesen haben;[5] aber vergeblich werdet Ihr nach ihrem äußeren Beweger suchen. Drittens, daß diese Weltkörper sich im Ätherraum bewegen und ebensowenig angeklebt oder festgenagelt sind wie diese Erde, die einer von ihnen ist; von dieser letzteren beweisen wir jedoch, daß sie aus einem inneren lebendigen Prinzip heraus um ihren eigenen Mittelpunkt sowie um die Sonne kreist. Wenn man dieses gemäß unseren Grundsätzen beachtet und voraussetzt, sind wir nicht gezwungen, aktive oder passive Bewegung in unendlicher Weise intensiv nachzuweisen, denn das Bewegbare und der Beweger sind unendlich, und die bewegende Seele und der bewegte Körper kommen in einem endlichen Zugrundeliegenden zusammen; in jedem, sage ich, der besagten Weltgestirne. Derart, daß das erste Prinzip nicht dasjenige ist, was bewegt, sondern es schenkt, selbst still und unbeweglich, das Sich-bewegen-Können unendlich vielen und unzähligen Welten, großen und kleinen Lebewesen, die in den weiten Raum des Universums gesetzt sind und von denen ein jedes, gemäß der Bedingung der ihm eigenen Kraft, das Maß des Bewegtwerdens und des Bewegens und andere Akzidentien hat.

Elpino. Eure Stellung ist gut befestigt, aber deshalb stürzt Ihr noch nicht das Bollwerk der gegenteiligen Auffassungen. Alle diese sind bekannt dafür, daß sie voraussetzen, daß das Beste und Größte [*l'Optimo Massimo*] das Ganze bewegt. Du sagst, es schenke allem, was sich bewegt, das Sich-Bewegen; und daher erfolgt die Bewegung gemäß der Kraft des nächsten Bewegers. Gewiß, was du sagst, erscheint mir im Vergleich zu den geläufigen Bestimmungen eher vernünftiger zu sein als weniger angemessen; jedoch –

5 Vgl. G. Bruno, *Das Aschermittwochsmahl*, 3. und 5. Dialog.

was das angeht, was Ihr von der Weltseele und vom göttlichen Wesen zu sagen pflegt, die ganz in allem ist, alles erfüllt und den Dingen innerlicher ist als ihr eigenes Wesen, weil sie das Wesen der Wesen, das Leben der Leben, die Seele der Seelen ist – scheint es mir nicht weniger möglich, zu sagen, die Weltseele bewege das Ganze, als zu sagen, sie schenke allem das Sich-Bewegen. Und deshalb steht, wie es scheint, der schon vorgebrachte Zweifel noch fest auf seinen Füßen.

PHILOTHEO. Und hierin kann ich Euch leicht zufriedenstellen. Ich behaupte also, daß in den Dingen zweierlei Bewegungsprinzipien, wenn Ihr so wollt, zu betrachten sind: das eine endlich, nach Maßgabe des endlichen Zugrundeliegenden, und dies bewegt in der Zeit; das andere unendlich, nach Maßgabe der Weltseele, oder auch der Gottheit, welche wie die Seele der Seele ist und bewirkt, daß die Seele ganz in allem ist; die Erde hat daher zwei Bewegungen. Und ebenso haben alle Körper, die sich bewegen, zwei Bewegungen; von diesen ist das Unendliche dasjenige, das in einem Augenblick zugleich bewegt und bewegt hat. Wie es in dieser Zeichnung erscheint, welche die Erde bedeuten soll; diese wird in einem Augenblick bewegt, insofern sie einen Beweger von unendlicher Kraft hat. Sie ist, wenn sie sich mit dem Mittelpunkt von A nach E bewegt und von E nach A zurückkehrt, da dies in einem Augenblick geschieht, zugleich in A und in E und in allen Punkten, die dazwischen liegen; sie hat sich aber im selben Augenblick entfernt, in dem sie auch

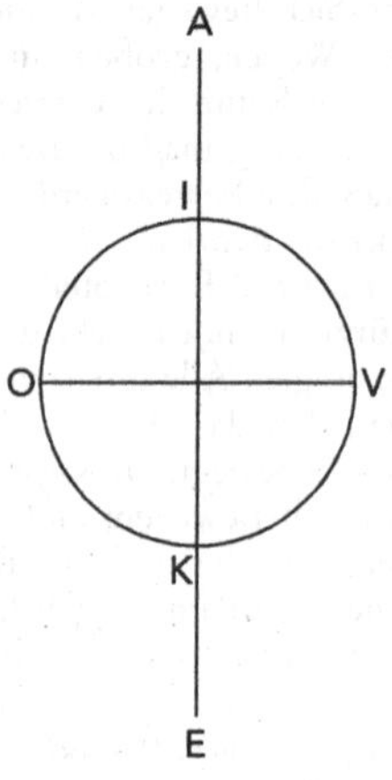

schon wieder zurückkehrt; und da dies immerwährend so ist, ergibt sich, daß sie immerwährend auch nicht weniger ganz und gar fest ist, als sie zugleich ganz und gar in Bewegung ist. Ebenso hinsichtlich ihrer Bewegung um den Mittelpunkt, wobei ihr Osten I ist, der Mittag V, der Westen K, die Mitternacht O; jeder dieser Punkte vollführt durch die Kraft des unendlichen Antriebes eine Kreisbewegung; jeder von ihnen jedoch hat sich im gleichen Augenblick entfernt, in welchem er auch schon wieder zurückkehrt; folglich ist er immer fest und ist dort, wo er war; so daß es schließlich dasselbe ist, ob diese Körper von einer unendlichen Kraft bewegt werden oder ob sie nicht bewegt werden; denn im Augenblick bewegen und nicht bewegen ist gänzlich ein und dasselbe. Bleibt mithin das andere aktive Bewegungsprinzip, welches aus der inneren Kraft ist und folglich in der Zeit und in einer bestimmten Abfolge; und diese Bewegung ist von der Ruhe unterschieden.

Dies also ist der Grund, weshalb wir sagen können, daß Gott alles bewegt; und so müssen wir es verstehen, daß er allem, was sich bewegt, das Sich-Bewegen verleiht.

ELPINO. Nun, da du mir so glänzend und eindringlich diese Schwierigkeit ausgeräumt und aufgelöst hast, beuge ich mich ganz Eurem Urteil und hoffe, noch weiterhin solche Lösungen von Euch zu erhalten; denn obwohl ich bis jetzt erst in wenigem mit Euch Umgang gehabt und Euch auf die Probe gestellt habe, so habe ich doch viel empfangen und in mich aufgenommen; und ich erhoffe mir noch viel mehr; denn wenn ich auch Euren Geist nicht vollständig sehe, erkenne ich doch an dem Lichtstrahl, den er aussendet, daß darin entweder eine Sonne oder ein noch größeres Licht beschlossen ist. Und von heute ab werde ich – nicht länger in der Hoffnung, Eure Meisterschaft zu übertreffen, sondern in der Absicht, Gelegenheit für Eure erhellenden Ausführungen zu bieten – Euch immer neue Fragen vorlegen, wenn Ihr die Güte haben wollt, Euch an dieser Stelle zur gleichen Stunde so viele Tage lang einzufinden, wie dazu ausreichen werden, um so viel zu hören und zu begreifen, daß es mir ganz den Geist stillt.

PHILOTHEO. Das werde ich tun.

FRACASTORIO. Du wirst höchst willkommen sein, und wir werden sehr aufmerksame Zuhörer sein.

BURCHIO. Und ich werde – sowenig ich auch Kenner bin – den Worten lauschen, wenn ich die Bedeutungen nicht verstehe; und die Stimme hören, wenn ich nicht den Worten lausche. Gott befohlen!

Ende des ersten Dialogs

Zweiter Dialog

PHILOTHEO. Da das erste Prinzip schlechthin einfach ist, wäre es daher, wenn es hinsichtlich einer Eigenschaft endlich wäre, hinsichtlich aller Eigenschaften endlich; oder aber man würde notwendig Zusammensetzung in ihm annehmen, da es in einem bestimmten inneren Verhältnis endlich und in einem bestimmten anderen unendlich wäre. Wenn es also der Werkmeister des Alls ist, ist es gewiß ein unendlicher Werkmeister und bezogen auf unendliche Wirkung [*effetto*] – ich sage »Wirkung«, insofern alles von ihm abhängig ist. Außerdem: ebenso wie unsere Einbildungskraft die Fähigkeit hat, ins Unendliche fortzuschreiten, indem sie eine Größe der Ausdehnung über die andere, eine Zahl über die andere einer gewissen Ordnung nach, und zwar, wie man sagt, der Möglichkeit nach [*in potenzia*], vorstellt, so muß man annehmen, daß Gott in Wirklichkeit [*attualmente*] unendliche Ausdehnung und unendliche Zahl erfaßt. Und aus dieser Annahme folgt die Möglichkeit [*possibilità*], zugleich mit der Angemessenheit und Zweckmäßigkeit dessen, was wir behaupten: wobei, wie die aktive Wirkmächtigkeit unendlich ist, auch das Zugrundeliegende dieser Wirkmächtigkeit notwendigerweise unendlich ist; denn wie wir bei anderer Gelegenheit bewiesen haben,[1] setzt das Schaffen-Können das Geschaffen-werden-Können, das Ausdehnung Verleihende setzt das Ausdehnbare, das Ausdehnende setzt das Ausgedehnte. Nimm hinzu, daß ebenso, wie sich in der Wirklichkeit endliche ausgedehnte Körper finden lassen, der erste Intellekt den Körper und die Ausdehnung erfaßt; wenn er diese erfaßt, dann ebenfalls nicht anders als unendlich; wenn er den Körper als unendlich erfaßt und dieser als unendlich erfaßt wird, dann ist folglich eine solche intelligible Spezies; und aufgrund dessen, daß sie

1 G. Bruno, *Über die Ursache, das Prinzip und das Eine*, 3. Dialog.

von einem Intellekt hervorgebracht worden ist, wie es der göttliche Intellekt ist, ist sie schlechthin wirklich, und zwar so wirklich, daß ihr Sein notwendiger ist als das Sein dessen, was wirklich vor unseren sehenden Augen ist. Dann ist es angemessen, wenn du es recht erwägst, daß ebenso, wie wahrhaft ein unteilbares, schlechthin einfaches Unendliches ist, auch ein unendlich ausgedehntes Unendliches ist, das im ersteren ist, wie dieses in ihm, in der Weise, wie es in allem ist und alles in ihm. Wenn wir weiterhin sehen, daß ein Körper sich aufgrund seiner Körpereigenschaft potentiell ins Unendliche ausdehnen kann (wie man es am Feuer sieht, welches, wie jeder zugesteht, sich ins Unendliche ausbreiten würde, wenn man Brennstoff und Nahrung in seine Nähe brächte): Welcher gute Grund verlangt, daß das Feuer, das unendlich sein und folglich unendlich geschaffen sein kann, nicht auch in Wirklichkeit unendlich soll angetroffen werden können? Ich weiß wahrhaftig nicht, wie wir vorgeben können, in der Materie sei etwas in passiver Seinsmächtigkeit, was nicht in aktiver Wirkmächtigkeit in der Wirkursache und folglich auch wirklich, mehr noch: die Wirklichkeit selbst wäre. Gewiß bringt die Behauptung, das Unendliche sei der Möglichkeit nach und in einer gewissen Aufeinanderfolge, und nicht wirklich, notwendig mit sich, daß die aktive Potenz dies in einer Folge von Akten und nicht in einem abgeschlossenen Akt setzen kann; denn das Unendliche kann nicht abgeschlossen werden. Daraus würde außerdem folgen, daß die erste Ursache nicht eine einfache aktive Potenz besitzt, die absolut und eine ist, sondern eine aktive Potenz, der die unendliche Möglichkeit der Aufeinanderfolge entspricht, und eine andere, der die von der Wirklichkeit ununterschiedene Möglichkeit entspricht. Gar nicht davon zu reden, daß diese Welt, wenn sie begrenzt ist, der Möglichkeit nach verschwinden oder aufgehoben werden könnte, da nicht vorstellbar ist, wie etwas Körperhaftes an etwas Unkörperliches angrenzen soll und an ihm enden könne: denn alle Körper sind, soweit wir wissen, auflösbar.

Ganz zu schweigen davon, sage ich, daß es keinen Grund gäbe, der verhindern könnte, daß irgendwann das unendliche Leere, obwohl es nicht als von aktiver Potenz begriffen werden kann, diese Welt wie ein Nichts verschlingt. Ganz zu schweigen davon, daß Ort, Raum und Leere Ähnlichkeit mit der Materie haben, obwohl sie nicht dasselbe wie die Materie selbst sind; wie vielleicht nicht ohne Grund zuweilen Platon[2] und alle die anzunehmen scheinen, die den Ort als einen bestimmten Raum definieren. Wenn nun die Materie ihr Streben [*appetito*] hat, das nicht vergeblich sein darf (denn dieses Streben ist aus der Natur und entspringt aus der Ordnung der ersten Natur), müssen Ort, Raum und Leeres dasselbe Streben haben. Ich lasse beiseite, daß, wie oben angedeutet, niemand von denen, die sagen, die Welt sei begrenzt, sich in irgendeiner Weise auszudenken vermag, wie diese Begrenzung, die er eingangs behauptet hat, denn nun beschaffen sein soll; und manche von ihnen lehnen das Leere und Nichts in Worten und guten Vorsätzen ab, um es dann im selben Atemzug in der Durchführung und im Ergebnis notwendig zu setzen. Wenn es Leeres und Nichts gibt, ist es mit Gewißheit fähig aufzunehmen, und dies ist in keiner Weise zu leugnen, da ja – aus demselben Grund, aus dem es für unmöglich gehalten wird, daß in dem Raum, in dem diese Welt ist, sich zugleich eine andere Welt enthalten finde – als möglich anzusehen ist, daß etwas enthalten sein kann im Raum außerhalb dieser Welt – oder in jenem Nichts, wenn Aristoteles das, was er Leeres nicht nennen mag, lieber so nennen möchte. Der Grund, weshalb seiner Meinung nach zwei Körper nicht zusammen sein können, ist die Unvereinbarkeit der Ausdehnung des einen Körpers mit der des anderen: Also bleibt gemäß den Erfordernissen dieses Arguments bestehen, daß dort, wo die Ausdehnung des einen nicht ist, die des anderen sein kann. Wenn diese Möglichkeit besteht, dann ist also der Raum in

2 Vgl. Platon, *Timaios* 52a.

gewisser Weise Materie; wenn er Materie ist, hat er die Tauglichkeit. Wenn er die Tauglichkeit hat, aus welchem Grund sollten wir ihm die Wirklichkeit streitig machen?

ELPINO. Sehr gut. Aber, wenn es Euch beliebt, fahrt in etwas anderem fort; macht mir begreiflich, wie Ihr zwischen der Welt und dem Universum unterscheidet.

PHILOTHEO. Diese Unterscheidung ist außerhalb der peripatetischen Schule sehr verbreitet. Die Stoiker unterscheiden zwischen der Welt und dem Universum, weil die Welt all das ist, was erfüllt ist und aus festem Körper besteht; das Universum ist nicht allein die Welt, sondern außerdem die Leere, das Nichts, der Raum, das Nichts außerhalb ihrer, und deshalb nennen sie die Welt endlich, das Universum aber unendlich. Epikur nennt in ähnlicher Weise das All und Universum ein Gemisch von Körpern und Nichts; und er sagt, darin bestehe die Natur der Welt, welche unendlich ist: sowohl in der Aufnahmefähigkeit des Nichts und Leeren als auch in der Vielzahl der Körper, die darin sind. Wir nehmen überhaupt nichts Leeres an, derart, daß es schlechthin nichts sei; sondern nur im Sinne jenes Arguments, nach dem alles, was nicht Körper ist, der fühlbar entgegensteht, leer genannt zu werden pflegt, sofern es Ausdehnung besitzt: da sie ja gemeinhin das Körpersein nicht anders erfassen als mittels der spezifischen Eigenschaft [*proprietà*] des Entgegenstehens; weshalb sie sagen, so wie das nicht Fleisch sei, was nicht verwundbar sei, sei auch das nicht Körper, was nicht entgegenstehe. In dieser Weise sagen wir, es sei ein Unendliches, das heißt ein unermeßlicher Ätherraum, in welchem unzählig und unendlich viele Körper wie diese Erde, der Mond und die Sonne sind; und diese werden von uns Welten genannt, die aus Erfülltem und Leerem zusammengesetzt sind: Denn dieser Geist, diese Luft, dieser Äther ist nicht nur um diese Körper herum, sondern dringt in sie alle ein und wohnt allen Dingen inne. Wir sprechen vom Leeren auch noch im Sinne jenes Arguments, mit dem wir auf die Frage antworten, wo der unendliche Äther ist, wo die Welten sind; und wir würden antworten: In einem unendlichen Raum, in einer Art Schoß, in dem das All sowohl ist als auch gedacht wird, das in einem anderen weder sein noch gedacht werden kann.

Nun windet sich Aristoteles an diesem Punkt, um das Leere auszuschließen, nachdem er es in verworrener Weise in diesen beiden Bedeutungen genommen hat, und dazu in einer dritten, die er selbst aussinnt und die er weder zu benennen noch zu definieren weiß: Er glaubt, mit ein und derselben Argumentation alle Ansichten über das Leere auf einmal zu zerstören. Er berührt sie jedoch nicht mehr als jemand, der den Namen einer Sache beseitigt hat und glaubt, er habe damit die Sache beseitigt; denn wenn er etwas zerstört, dann das Leere nach jener Bestimmung, nach der es vielleicht niemand jemals verstanden hat: Da die Alten und wir das Leere als das verstehen, in dem ein Körper sein kann, was etwas enthalten kann und worin die Atome und Körper sind; und er allein definiert das Leere als das, was nichts ist, worin nichts ist und nichts sein kann. Weshalb er, da er das Leere gemäß einer Bezeichnung und Auffassung nimmt, in der es niemand je verstanden hat, dazu gelangt, Luftschlösser zu bauen und sein eigenes Leeres zu zerstören, nicht aber das all der anderen, die vom Leeren gesprochen und sich dieser Bezeichnung bedient haben. Nicht anders macht es dieser Sophist mit allen anderen Gegenständen, wie denen der Bewegung, des Unendlichen, der Materie, der Form, des Beweises und des Seienden, wo er immer auf dem Zeugnis der eigenen Definition und einem in einer neuen Bedeutung genommenen Namen aufbaut. Daher kann jeder, der nicht ganz ohne Urteilsvermögen ist, leicht gewahr werden, wie oberflächlich dieser Mensch in bezug auf die Natur der Dinge ist und wie sehr seinen eigenen Annahmen verhaftet, die weder zugestanden noch wert sind, zugestanden zu werden – Annahmen, die in seiner Naturphilosophie inhaltloser sind, als sie je in der Mathematik ausgedacht werden könnten. Und Ihr seht, daß er sich dieser Gehaltlosigkeit auch noch rühmte und selbstgefällig genug war, daß er so sehr danach strebte, hinsichtlich der Betrachtung des Natürlichen für vernünftig oder, wie wir sagen wollen, logisch zu gelten, daß er denen, die sich mehr um die Natur, die Wirklichkeit und die Wahrheit bemühten, den Beinamen »Physiker« als Schimpfnamen gab. Um nun zu unserem Thema zurückzukehren, so belassen wir es dabei – da er ja in seinem Buch *Über das Leere*[3] weder direkt noch indirekt etwas sagt, was würdig gegen unsere Auffassung streiten könnte – und verschieben dies vielleicht auf eine Gelegenheit, wenn wir mehr Muße haben. Wenn es dir also gefällig ist, Elpino, formuliere und ordne die Gründe, aus denen der unendliche Körper von unseren Gegnern nicht zugelassen wird, und danach die Gründe, weshalb sie nicht begreifen können, daß unzählige Welten sind.

ELPINO. Das will ich tun. Ich werde die Lehrmeinungen [*sentenze*] des Aristoteles der Reihe nach wiedergeben, und Ihr werdet dazu das sagen, was Euch in den Sinn kommt. »Es ist zu erwägen«, sagt er, »ob es einen unendlichen Körper gibt, wie einige der alten Philosophen sagen, oder ob dies ein Ding der Unmöglichkeit ist; und danach ist zu sehen, ob es eine Welt oder aber mehrere gibt. Die Lösung dieser Fragen ist von größter Wichtigkeit: Denn die eine wie die andere der widersprechenden Behauptungen ist von solchem Gewicht, daß sie Ausgangspunkt zweier ganz verschiedener und entgegengesetzter Arten zu philosophieren sind. So sehen wir zum Beispiel, daß aus dem ersten Irrtum derer, welche die unteilbaren Teile angenommen haben, diese den Weg in einer Weise versperrt haben, daß sie in einem großen Teil der Mathematik irregehen. Wir werden also einen Gegenstand von großem Gewicht für vergangene, gegenwärtige und zukünftige Schwierigkeiten abhandeln; denn eine noch so geringe Abweichung, die am Ausgangspunkt begangen wird, vervielfacht sich im Fortgang

3 D. i.: *Physik* IV.

zehntausendfältig. Ähnlich wie im Fall des Irrtums, den man am Anfang eines Weges begeht und der sich um so mehr vergrößert, je weiter man geht, derart, daß man am Ende an ein Ziel gelangt, das dem entgegengesetzt ist, das man sich vorgesetzt hatte. Und der Grund dafür ist, daß die Anfänge gering sind an Größe, aber mächtig in den Auswirkungen. Dies ist der Grund dafür, diesen Zweifel zur Entscheidung zu bringen.«[4]

PHILOTHEO. Alles, was er sagt, ist schlechthin notwendig und verdient nicht weniger, von den anderen gesagt zu werden als von ihm. Denn so, wie er glaubt, die Gegner seien von diesem falsch verstandenen Ausgangspunkt zu großen Irrtümern weitergegangen, glauben wir und sehen in aller Klarheit, daß im Gegenteil er selbst, von dem diesem entgegengesetzten Ausgangspunkt aus, die gesamte Naturbetrachtung in ihr Gegenteil verkehrt hat.

ELPINO. Er fügt hinzu: »Es ist daher erforderlich, zu sehen, ob es möglich ist, daß ein einfacher Körper von unendlicher Größe ist; was zunächst von diesem ersten Körper, der sich kreisförmig bewegt, als unmöglich zu erweisen ist; danach von den anderen Körpern; denn da jeder Körper entweder einfach oder zusammengesetzt ist, folgt derjenige Körper, der zusammengesetzt ist, der Anlage dessen, der einfach ist. Wenn also die einfachen Körper weder in der Zahl noch in der Größe unendlich sind, wird es notwendig kein zusammengesetzter sein können.«

PHILOTHEO. Das ist sehr vielversprechend; denn wenn er beweisen wird, daß der Körper, der erster und enthaltender genannt wird, erster, enthaltender und endlicher Körper ist, wird es überflüssig und unnütz sein, dies danach noch von den enthaltenen Körpern zu beweisen.

ELPINO. Er beweist nun, daß der runde Körper nicht unendlich ist. »Wenn der runde Körper unendlich ist, sind auch die Linien, die von der Mitte ausgehen, und der Ab-

4 Hierzu und zum folgenden vgl. Aristoteles, *Über den Himmel* I,5.

stand zwischen einem Halbmesser und dem anderen unendlich (diese Linien erreichen, je weiter sie sich vom Mittelpunkt entfernen, desto größeren Abstand voneinander); denn aus dem Anwachsen der Linien in der Länge folgt notwendig größerer Abstand; wenn nun aber die Linien unendlich sind, wird auch der Abstand unendlich sein. Nun ist es ein Ding der Unmöglichkeit, daß das Bewegte eine unendliche Entfernung durchläuft, und in der kreisförmigen Bewegung muß eine Linie eines Halbmessers an den Ort immer anderer Halbmesser gelangen.«

PHILOTHEO. Dieser Grund ist gut, aber gegen die Auffassung der Gegner ist er fehl am Platze. Denn niemand hat sich je gefunden, so grobschlächtig und von so ungeschliffenem Witz, daß er eine unendliche Welt und eine unendliche Größe behauptet und diese letztere bewegbar angenommen hätte. Und er beweist damit, daß er vergessen hat, was er selbst in seiner *Physik* geschrieben hat: daß nämlich diejenigen, welche ein unendliches Seiendes und ein unendliches Prinzip angenommen haben, es gleicherweise unbeweglich gesetzt haben, und weder er noch ein anderer an seiner Stelle könnte einen Philosophen oder einen gewöhnlichen Menschen nennen, der eine unendliche bewegte Größe behauptet hätte.[5] Er aber, als der Sophist, der er ist, entnimmt einen Teil seiner Argumentation den Schlüssen des Gegners, wobei er seinen eigenen Ausgangspunkt voraussetzt, daß das Universum bewegbar ist – mehr noch: daß es sich bewegt, sowie, daß es von kugelförmiger Gestalt ist. Nun seht zu, ob unter allen Gründen, die dieser Bettler vorbringt, sich auch nur einer findet, der gegen die Auffassung derer argumentierte, die ein unbewegliches, ungestaltetes Unendliches behaupten, das in seinen weiten Räumen unzählige bewegbare Körper enthält, welche die Welten sind – von den einen Gestirne genannt, von den anderen Kugeln. Seht ein wenig zu, bei diesem Grund wie bei anderen, ob er

5 Vgl. Aristoteles, *Physik* VIII,3,6.

Voraussetzungen anführt, die von irgend jemandem zugestanden werden.

Elpino. Gewiß, alle sechs Gründe sind auf jene Voraussetzung gegründet, das heißt, daß der Gegner behaupte, das Universum sei unendlich, und ihm zugestehe, dieses Unendliche sei bewegbar, was sicher eine Dummheit ist, ja ein Widersinn, außer wenn wir die unendliche Bewegung und die unendliche Ruhe in eins zusammenkommen lassen wollen, wie Ihr es mir gestern bezüglich der einzelnen Welten nachgewiesen habt.

Philotheo. Dies will ich nicht behaupten bezüglich des Universums, dem aus gar keiner Begründung Bewegung zugesprochen werden darf; denn dies kann und darf nicht für das Unendliche gelten noch dafür gefordert werden; und niemals, wie gesagt, hat sich jemand gefunden, der sich dies vorgestellt hätte. Aber wie einer, dem der Baugrund knapp ist, baut dieser Philosoph solche Schlösser in die Luft.

Elpino. Gewiß würde ich mir ein Argument wünschen, welches das, was Ihr sagt, anfechten würde; denn fünf weitere Gründe, die dieser Philosoph anführt, gehen alle denselben Weg und laufen auf denselben Füßen. Es scheint mir jedoch überflüssig, sie anzuführen. Nachdem er nun die von der kreisförmigen Bewegung der Welt handelnden Gründe beigebracht hat, fährt er mit denen fort, die auf die geradlinige Bewegung gegründet sind; und er sagt gleichfalls, »darüber hinaus sei es unmöglich, daß etwas zur Mitte hin oder nach unten oder von der Mitte aus nach oben in unendlicher Bewegung bewegbar sei«;[6] und er beweist dies zunächst aus den Eigenbewegungen der Körper, und zwar sowohl für die äußersten [*estremi*] als auch für die dazwischenliegenden Körper. »Die Bewegung nach oben«, sagt er, »und die Bewegung nach unten sind entgegengesetzt, und der Ort der einen Bewegung ist dem der anderen entgegengesetzt. Und wenn von den Entgegengesetzten das eine bestimmt ist,

6 Hierzu und zum folgenden vgl. Aristoteles, *Über den Himmel* I,6–7.

muß auch das andere bestimmt sein; und das Dazwischenliegende, was teilhat an dem einen wie an dem anderen Bestimmten, muß füglich ebenfalls bestimmt sein; denn nicht von einem beliebigen, sondern von einem gewissen Teil muß das ausgehen, was über die Mitte hinausgehen soll, denn es ist ein gewisser Punkt, von dem aus die Grenzen der Mitte beginnen, und ein anderer Punkt, an dem sie enden; wenn also die Mitte bestimmt ist, müssen die äußersten Punkte bestimmt sein; und wenn die äußersten Punkte bestimmt sind, muß es die Mitte sein; und wenn die Orte bestimmt sind, müssen es wiederum die Körper sein, denn sonst ist die Bewegung unendlich. Was weiterhin Schwere und Leichtheit angeht, kann es geschehen, daß der Körper, der nach oben steigt, sich an einem solchen Ort befindet: denn keine natürliche Neigung ist vergeblich. Folglich ist, da es keinen unendlichen Weltraum gibt, kein unendlicher Ort noch ein unendlicher Körper. Was weiter das Gewicht angeht, so ist kein unendlich Schweres oder unendlich Leichtes; folglich ist kein unendlicher Körper, wie es denn notwendig ist, daß dann, wenn ein schwerer Körper unendlich ist, seine Schwere unendlich ist. Und davor gibt es kein Entrinnen; denn wenn du sagen wolltest, daß der unendliche Körper unendliche Schwere hat, würde daraus dreierlei Unstimmigkeit folgen: Erstens, daß die Schwere oder Leichtheit eines endlichen und eines unendlichen Körpers dieselbe wäre; denn dem endlichen schweren Körper füge ich schrittweise das hinzu (oder nehme es von ihm weg), um was er von dem unendlichen übertroffen wird, bis ich zu derselben Schwere oder Leichtheit gelange. Zweitens, daß die Schwere des endlich Großen größer sein könnte als die des unendlich Großen; denn aus demselben Grund, aus dem sie ihr gleich sein kann, kann sie ihr auch überlegen sein, indem man ihr beliebig viel an schwerem Körper hinzufügt oder fortnimmt oder ihr an leichtem Körper hinzufügt. Drittens, daß die Schwere des endlich Großen und des unendlich Großen dieselbe wäre; und da dasselbe Verhältnis [*proporzione*], welches die Schwere zur Schwere hat, auch die Schnelligkeit zur Schnelligkeit hat, würde entsprechend folgen, daß dieselbe Schnelligkeit und Langsamkeit in endlichem und in unendlichem Körper anzutreffen wäre. Viertens, daß die Geschwindigkeit des endlichen Körpers größer sein könnte als die des unendlichen. Fünftens, daß sie gleich sein könnte; oder auch, daß ebenso, wie das Schwere das Schwere, auch eine Schnelligkeit die andere übertrifft: Im Falle unendlicher Schwere ist dann notwendig, daß das Schwere sich in weniger Zeit durch einen Raum bewegt als ein endlich Schweres; oder aber, daß es sich gar nicht bewegt, da Schnelligkeit und Langsamkeit der Körpergröße folgt. Weshalb, da zwischen Endlichem und Unendlichem kein Verhältnis besteht, schließlich erforderlich ist, daß das Unendliche sich nicht bewegt; denn wenn es sich bewegt, dann nicht so schnell, daß man nicht ein endlich Schweres fände, das in derselben Zeit durch denselben Raum gleich weit fortschreitet.«

PHILOTHEO. Es ist unmöglich, einen zweiten zu finden, der unter dem Titel des Philosophen nichtigere Annahmen ersinnen und sich törichtere Gegenbehauptungen schmieden würde, um so viel Seichtheit Raum zu geben, wie man sie in den Gründen dieses Menschen sieht. Was nun das angeht, was er über die natürlichen Orte der Körper und über das bestimmte Oben, Unten und Zwischen sagt, so möchte ich wissen, gegen welchen Standpunkt er denn argumentiert. Denn alle diejenigen, welche Körper und Größe unendlich annehmen, nehmen in der letzteren weder Mitte noch äußerste Punkte an. Wer behauptet, das Nichts, das Leere, der Äther sei unendlich, schreibt ihm weder Schwere noch Leichtheit, noch Bewegung, weder oberen noch unteren, noch mittleren Bereich zu; und wenn dann diese in einem solchen unendlichen Raum unendlich viele Körper annehmen (so wie diese Erde, auch diese und jene weitere Erde – so wie diese Sonne, auch diese und jene weitere Sonne), ziehen diese alle innerhalb dieses unendlichen Raumes ihre Kreisbahnen durch endliche und bestimmte Räume oder auch um ihren Mittelpunkt. So sagen wir, die wir auf der Erde sind, daß die Erde in der Mitte ist, und alle modernen und alten Philosophen – sie seien von welcher Sekte auch immer – werden sagen, daß die Erde im Mittelpunkt ist, ohne ihre Prinzipien zu verletzen; wie wir vom weiteren Horizont des Ätherraumes sagen, daß er um uns ist, begrenzt durch jenen Kreisbogen, der überall gleichen Abstand hat und hinsichtlich dessen wir gleichsam in der Mitte sind; wie nicht anders diejenigen, die auf dem Mond sind, den Eindruck haben, daß diese Erde, die Sonne und Sterne über Sterne um sie sind – Sterne, die um ihre Mitte und entlang der Grenze der Halbmesser ihres eigenen Horizonts sind; so ist denn die Erde nicht *mehr* Mittelpunkt, als es jeder beliebige andere Weltkörper ist, und es sind nicht *mehr* gewisse und bestimmte Himmelspole für die Erde, als die Erde ein gewisser und bestimmter Pol für irgendeinen anderen Punkt des Äthers und des Weltraums ist; und dasselbe gilt für alle anderen Körper; sie alle sind, in verschiedenen Hinsichten, zugleich Mittelpunkt und Punkte des Umkreises, Pole und Zenite, und was dergleichen Unterschiede mehr sind. Die Erde ist folglich nicht absolut im Mittelpunkt des Universums, sondern nur im Hinblick auf diesen unseren Bereich.

Also geht dieser Disputant mittels einer *petitio principii* vor, indem er voraussetzt, was er beweisen muß: Er nimmt, sage ich, das zum Ausgangspunkt [*principio*], was dem Gegenteil des entgegengesetzten Standpunkts gleichkommt; und zwar indem er Mitte und äußerste Punkte voraussetzt gegen die, welche zugleich damit, daß sie die Welt unendlich annehmen, äußersten Punkt und Mitte und folglich auch die Bewegung zum oberen und höchsten Ort wie die zum unteren und tiefsten notwendig abstreiten. Mithin sahen die Alten (und auch wir sehen es heute noch), daß etwas zur Erde hinkommt, wo wir sind, und etwas anderes scheint sich von der Erde oder dem Ort, an dem wir sind, zu entfernen; und dabei ist, wenn wir sagen und sagen wollen, die Bewegung sei nach oben oder nach unten, dies innerhalb eines gewissen Bereichs verstanden, in gewissen Hinsichten; derart, daß, während wir sagen, etwas steige empor, wenn es sich von der Erde entfernt und auf den Mond zu bewegt, diejenigen, welche auf dem Mond unsere Antizephen[7] sind, sagen werden, es sinke herab. Diese Bewegungen, die im Universum sind, unterscheiden sich also nicht nach oben und unten, nach hier und dort bezüglich des unendlichen Universums, sondern bezüglich der endlichen Welten, die darin sind, oder im Hinblick auf die Ausdehnung der unzählig vielen Welthorizonte oder Gestirne; wobei von derselben Sache und gemäß derselben Bewegung bezüglich Verschiedener gesagt wird, sie bewege sich von oben oder von unten. Begrenzte Körper haben also keine unendliche Bewegung, sondern endliche und begrenzte Bewegung gemäß ihren Grenzpunkten. Vom Unbegrenzten und Unendlichen jedoch ist weder endliche noch unendliche Bewegung und weder Unterschied des Ortes noch der Zeit.

Was nun das Argument angeht, das er aus der Schwere und Leichtheit bildet, so sagen wir, daß es eine der schönsten Früchte darstellt, die der Baum dummdreister Ignoranz hervorbringen konnte. Denn Schwere findet sich, wie wir im Rahmen dieser Betrachtung beweisen werden, in keinem ganzen und naturgemäß gelagerten Körper; und daher bestehen keine Differenzen zur Unterscheidung der Natur der Orte und der Art der Bewegung. Darüber hinaus werden wir zeigen, daß ein und dasselbe schwer und leicht genannt wird, hinsichtlich desselben Antriebes und derselben Bewegung in bezug auf verschiedene Mittelpunkte. Wie es auch aus verschiedenen Blickpunkten von demselben heißt, es sei oben oder unten, bewege sich auf- oder abwärts. Und dies sage ich hinsichtlich der einzelnen Körper und Welten; von diesen ist keine schwer oder leicht, und in

7 ›Gegenköpfler‹ – Parallelbildung zu *Antipoden* ›Gegenfüßler‹.

diesen werden die Teile leicht genannt, wenn sie sich von ihnen entfernen und zerstreuen; wenn sie aber zu ihnen zurückkehren, werden sie schwer genannt; so wie man von den Teilchen [*particole*] der Erde oder von irdischen Dingen sagt, sie stiegen auf in Richtung des Ätherumkreises und sänken herab in Richtung auf das Ganze der Erde. Was aber das unendliche Universum, was den unendlichen Körper angeht – wer hätte sich je gefunden, der von schwer oder leicht gesprochen hätte? – oder wer hätte solche Prinzipien gesetzt und so irre geredet, daß man daraus als Folge ableiten könnte, das Universum sei schwer oder leicht? – es müsse aufsteigen, sich erheben oder emporschweben? Wir werden zeigen, daß von den unendlich vielen Welten keine einzige schwer oder leicht ist. Denn diese Eigenschaften [*qualità*] treffen auf die Teile zu, insofern sie ihrem Ganzen und dem Ort ihrer Erhaltung zustreben, und gehen daher nicht das Universum an, sondern die jeweiligen enthaltenden Welten und Ganzen; so wie auf der Erde die Teile des Feuers, die sich befreien und zur Sonne emporsteigen wollen, immer einen Anteil an Trockenem und an Wasser mit sich führen, mit dem sie verbunden sind; und diese kehren, wenn sie oben zu einer großen Zahl angewachsen sind, aus ihrem eigenen ganz natürlichen Antrieb an ihren Ort zurück. Weiter ist es folglich noch weniger möglich, daß die großen Körper schwer oder leicht sind, wenn das Universum unendlich ist; denn sie haben dann kein Verhältnis der Entfernung oder Nähe zu einem Außenkreis oder Mittelpunkt; mithin ist die Erde an ihrem Ort nicht schwerer als die Sonne an dem ihren, Saturn an dem seinen, der Polarstern an dem seinen. Wir könnten sagen, daß ebenso, wie die Teile der Erde sind, die zur Erde zurückkehren aufgrund ihrer Schwere (denn so wollen wir den Antrieb der Teile zum Ganzen hin und dessen, was irregeht, zu seinem Ort hin nennen), auch die Teile der anderen Körper sind, wie denn unendlich viele Erden oder Körper von ähnlicher Beschaffenheit sein können, unendlich viele Sonnen oder

Feuer oder Körper von ähnlicher Natur. Alle diese Teile bewegen sich von den Umkreisorten zum jeweiligen Enthaltenden als ihrem Mittelpunkt hin: daraus würde folgen, daß es unendlich viele schwere Körper gibt. Aber deshalb ist noch nicht unendliche Schwere als in einem Zugrundeliegenden und in intensiver Hinsicht, sondern als in unendlich vielen Zugrundeliegenden und im extensiven Sinn. Und dies ist es, was aus der Behauptung aller Alten und aus unserer folgt; und hiergegen hatte jener Disputant kein einziges Argument. Also ist das, was er von der Unmöglichkeit des unendlichen Schweren sagt, so wahr und offensichtlich, daß es eine Schande ist, es zu erwähnen; und in gar keiner Weise trägt es dazu bei, die Philosophie anderer zu zerstören und seine eigene zu befestigen, sondern das sind bloße Vorsätze und Worte, in den Wind geredet.

Elpino. Die Eitelkeit dieses Menschen ist in den erwähnten Gründen mehr als offensichtlich, so daß alle Überzeugungskraft nicht ausreichen würde, sie zu entschuldigen. Hört nun die Gründe, die er anführt, um allgemein [*universalmente*] zu schließen, daß es keinen unendlichen Körper gibt. Er sagt: »Da nun für die, welche es auf die Einzeldinge absehen, offenbar ist, daß kein unendlicher Körper ist, bleibt allgemein [*al generale*] zu betrachten, ob dies möglich ist. Denn es könnte jemand sagen, daß ebenso, wie diese Welt um uns angeordnet ist, es auch möglich sei, daß weitere Himmel sind. Aber bevor wir dazu übergehen, stellen wir allgemeine Überlegungen an [*raggioniamo generalmente*] über das Unendliche. Es ist also notwendig, daß jeder Körper entweder unendlich oder endlich[8] ist; und daß er entweder aus gleichartigen oder aus ungleichartigen Teilen besteht; und daß diese entweder aus endlich vielen oder aus unendlich vielen Arten bestehen. Es ist nicht möglich, daß der Körper aus unendlich vielen Arten besteht, wenn wir das voraussetzen wollen, was wir gesagt haben, daß nämlich

8 Im Original fehlt »oder endlich«.

mehrere Welten so wie diese sind; denn ebenso, wie diese Welt um uns angeordnet ist, sei sie um andere angeordnet, und es seien andere Himmel. Denn wenn die ersten Bewegungen, die um den Mittelpunkt stattfinden, begrenzt sind, müssen auch die zweiten Bewegungen begrenzt sein; und daher, wie wir bereits fünf Arten von Körpern unterschieden haben (von denen zwei schlechthin schwer oder leicht sind, zwei von mittlerer Schwere oder Leichtheit und einer weder schwer noch leicht, sondern beweglich um das Zentrum), muß es so auch in den anderen Welten sein. Es ist daher nicht möglich, daß eine andere Welt aus unendlich vielen Arten besteht. Und es ist ebenso unmöglich, daß sie aus endlich vielen Arten besteht.«[9] Und zunächst beweist er, daß sie nicht aus endlich vielen ungleichartigen Arten besteht, mittels vier Gründen, deren erster ist, daß »jeder dieser unendlichen Teile dann Wasser oder Feuer und demzufolge etwas Schweres oder Leichtes ist. Und dies ist als unmöglich erwiesen worden, als sich gezeigt hat, daß weder unendliche Schwere noch unendliche Leichtheit ist«.

PHILOTHEO. Wir haben genug gesagt, als wir darauf geantwortet haben.

ELPINO. Das weiß ich. Er schließt daran den zweiten Grund, indem er sagt, daß »jede dieser Arten und folglich der Ort einer jeden unendlich sein muß, woraus folgt, daß die Bewegung einer jeden unendlich ist; was unmöglich ist. Denn es kann nicht sein, daß ein Körper, der nach unten sinkt, ins Unendliche in die Tiefe steigt; was aus dem ersichtlich ist, was sich in allen Bewegungen und Veränderungen zeigt. Wie in der Zeugung nicht versucht wird, das zu schaffen, was nicht geschaffen werden kann, so wird in der räumlichen Bewegung nicht der Ort gesucht, der niemals erreicht werden kann; und das, was nicht in Ägypten sein kann, kann sich unmöglich nach Ägypten hinbewegen; denn die Natur setzt nichts vergeblich ins Werk. Also ist

9 Hierzu und zum folgenden vgl. Aristoteles, *Über den Himmel* I, 6–7.

unmöglich, daß etwas sich zu dem Ort hinbewegt, an den es nie gelangen kann«.

PHILOTHEO. Darauf ist genug geantwortet; und wir sagen, daß unendlich viele Erden sind und unendlich viele Sonnen, unendlicher Äther; oder daß – wie Demokrit und Epikur sagen – unendliches Erfülltes und Leeres ist, das eine dem anderen innewohnend. Und es sind verschiedene endliche Arten, die einen in den anderen enthalten und die einen den anderen zugeordnet. Und diese verschiedenen Arten verhalten sich als Zusammenwirkende [*concorrenti*] bei der Bildung eines ganzen unendlichen Universums oder auch wie unendlich viele Teile des Unendlichen, insofern als aus unendlich vielen Erden gleich dieser eine unendliche Erde wirklich wird, nicht als in einem einzigen kontinuierlichen Ganzen, sondern in der unzählbaren Menge dieser Erden. Ebenso auch hinsichtlich der anderen Arten der Körper, es seien nun vier oder zwei oder drei oder wie viele auch immer (für den Augenblick lege ich nichts fest); diese Körper müssen, da sie Teil des Unendlichen sind (soweit man sie Teile nennen kann) dem Umfang nach, der sich aus ihrer Menge ergibt, unendlich viele sein. Und nun ist hier nicht erforderlich, daß das Schwere unendlich weit nach unten sinkt. Sondern so, wie das eine Schwere sich zu dem ihm nächsten Körper derselben Natur hinbewegt, so bewegt sich das andere zu einem anderen Körper und wieder ein anderes zu einem dritten. Es hat diese Erde die Teile, die zu ihr gehören; es hat jene Erde ihre zugehörigen Teile. So hat jene Sonne ihre Teile, die sich von ihr aus ausbreiten und zu ihr zurückzukehren suchen, und andere Körper nehmen auf gleiche Weise ihre Teile wieder auf. Daher sind die Bewegungen endlich, da ja die Grenzen und Entfernungen endlich sind; und wie niemand Griechenland verläßt, um ins Unendliche zu reisen, sondern nach Italien oder Ägypten, so setzt sich auch ein Teil der Erde oder der Sonne, wenn er sich bewegt, nicht das Unendliche vor, sondern das Endliche und eine Grenze. Da nun aber das Universum unendlich ist und alle seine Körper wandelbar sind, senden sie immer etwas von sich aus und nehmen Fremdes auf. Ich halte es nicht für absurd und unangemessen, sondern für ganz stimmig und natürlich, daß endlich viele Veränderungen einem Zugrundeliegenden widerfahren können; und daß also die Teilchen der Erde den Ätherraum durchstreifen und bald dem einen, bald dem anderen Körper durch den unermeßlichen Raum hindurch zueilen, nicht anders, als wir ebendiese Teilchen, wenn sie in unserer Nähe sind, Ort, Anordnung und Form wechseln sehen. Daher ist diese Erde, wenn sie ewig und dauernd ist, dies nicht aufgrund des Fortbestandes ihrer Teile und Unteilbaren [*individui*], sondern aufgrund des Wechsels zwischen den einen, die sie aussendet, und den anderen, die an deren Stelle in sie übergehen; so daß der Körper, der immer dieselbe Seele und Intelligenz hat, sich Teil für Teil beständig verändert und erneuert. Wie es auch an den Lebewesen zu sehen ist, die nicht anders dauern als durch die Nahrung, die sie empfangen, und die Ausscheidungen, die sie absondern; daher weiß, wer es wohl überlegt, daß wir als junge Menschen nicht dasselbe Fleisch haben, wie wir es als Kinder hatten, und als alte Menschen nicht dasselbe, wie als wir jung waren; denn wir sind in beständigem Wandel, welcher mit sich bringt, daß ständig neue Atome in uns einfließen und daß die ehemals aufgenommenen uns verlassen. So wie um das Sperma herum – indem sich kraft des allgemeinen Intellekts und der Seele in der Werkstatt, in der beide als Materie zusammenkommen, Atom an Atom fügt – der Körper sich bildet und wächst, solange das Einfließen der Atome ihr Ausfließen übersteigt; wonach der Körper in einem gewissen Gleichgewicht ist, wenn nämlich das Ausfließen und Einfließen gleich ist; bis er am Ende verfällt, da das Ausfließen das Einfließen übersteigt. Ich meine Ausfließen und Einfließen nicht im absoluten Sinne, sondern das Ausfließen dessen, was zuträglich und angeboren ist, und das Einfließen des Fremden und Unzuträglichen; und dies letztere kann von dem durch das Ausfließen geschwächten Prinzip nicht besiegt werden; und dieses gilt auch einheitlich vom Lebenden wie vom Nicht-Lebenden. Um also auf den Punkt zu kommen, sage ich, daß es aufgrund dieser Wechselhaftigkeit nicht unzulässig, sondern sehr vernünftig ist zu sagen, daß die Teile und Atome unendlichen Lauf und unendliche Bewegung haben aufgrund der unendlich vielen Wechsel und Wandlungen der Formen wie der Orte. Unzulässig wäre es, wenn etwas ins Unendliche strebte im Sinne eines nächsten gesetzten Endpunkts in einer Ortsveränderung oder einem Zustandswechsel. Dies kann nicht sein, da ja ein Ding, kaum daß es von einem Ort fortbewegt wird, sich an einem anderen Ort befindet, und kaum daß es eine Anlage verloren hat, eine andere erhält, und kaum, daß es eine Seinsform hinter sich gelassen hat, eine andere annimmt; letzteres folgt notwendig aus dem Zustandswechsel, ersteres aus der Ortsveränderung. Derart, daß das nächste Zugrundeliegende und Geformte keine andere als endliche Bewegung haben kann, da es leicht eine andere Form annimmt, wenn es den Ort wechselt. Das erste Zugrundeliegende und Formbare hat unendliche Bewegung, sowohl im Raume als auch in Anbetracht der Zahl der Gestaltungen; während die Teile der Materie aus dem einen heraus- und in das andere hineindrängen, sei es nun Ort, Teil oder Ganzes.

ELPINO. Ich verstehe Euch sehr gut. Er fügt als dritten Grund hinzu, daß dann, »wenn man annähme, das Unendliche sei diskret und geteilt, wonach dann unendlich viele einzelne Feuer sein müßten und jedes von diesen endlich sein müßte, dennoch das Feuer, das sich aus all den einzelnen ergibt, nichtsdestoweniger unendlich sein müßte«.

PHILOTHEO. Das habe ich schon zugestanden; und um dazu zu gelangen, brauchte er nicht so viel Mühe aufzuwenden gegen etwas, woraus nichts Unzulässiges folgt. Denn wenn der Körper geteilt und zerlegt wird in Teile, die hinsichtlich des Ortes unterschieden sind und von denen der eine hundert, der zweite tausend und der dritte zehn wiegt, so folgt, daß das Ganze eintausendeinhundertzehn wiegt. Aber dies hinsichtlich mehrerer diskreter Gewichte und nicht hinsichtlich eines kontinuierlichen. Nun halten wir und die Alten es nicht für unzulässig, daß sich in diskreten Teilen ein unendliches Gewicht findet; denn auch aus denen ergibt sich im logischen – oder auch arithmetischen und geometrischen – Sinn ein einziges Gewicht; sie haben in Wahrheit natürlich nicht ein Gewicht, wie sie auch nicht zusammen eine Masse [*mole*] bilden, sondern unendlich viele Massen und endliche Gewichte. Und es ist nicht dasselbe, ob man dies denkt und vorstellt, oder ob es ist, das sind vielmehr ganz verschiedene Dinge. Denn daraus folgt nicht, daß es einen unendlichen Körper von einer Art gibt, sondern eine Art Körper in unendlich vielen endlichen Körpern; ebensowenig sind unendlich viele endliche Gewichte ein unendliches Gewicht, da diese Unendlichkeit nicht als ein einziges Kontinuum ist, sondern als viele Diskrete; und diese vielen sind in einem unendlichen Kontinuum, welches der Raum, der Ort und die Ausdehnung ist, fähig, sie alle aufzunehmen. Es ist demnach nicht unzulässig, daß unendlich viele diskrete schwere Körper sind, welche nicht zusammen einen schweren Körper bilden; ebenso wie unendlich viele Wasser, die nicht ein unendliches Wasser bilden, unendliche Teile aus Erde, die keine unendliche Erde bilden: dergestalt, daß der Menge nach unendlich viele Körper sind, welche nicht im physischen Sinn einen Körper bilden, der der Größe nach unendlich wäre. Und das macht einen sehr großen Unterschied; wie man es entsprechend sehen kann beim Ziehen eines Schiffes, das von Zehnen im Verein gezogen wird, das aber nicht von Tausenden und Abertausenden gezogen werden wird, die nicht im Verein, sondern jeder für sich ziehen.

Elpino. Damit und mit anderem, was Ihr sagt, habt Ihr tausendfältig das gelöst, was er als vierten Grund setzt; welcher besagt, daß dann, »wenn ein unendlicher Körper angenommen wird, er als unendlich nach allen Dimensionen angenommen werden muß; weshalb in keiner Richtung etwas außerhalb seiner sein darf: Also ist es nicht möglich, daß in einem unendlichen Körper mehrere Ungleichartige sind, von denen jedes unendlich ist«.

PHILOTHEO. All dies ist wahr und widerspricht uns nicht, die wir wieder und wieder gesagt haben, daß mehrere ungleiche Endliche in einem Unendlichen sind, und erwogen haben, wie dies angehen mag. Vielleicht entsprechend, wie wenn jemand mehrere kontinuierliche Körper zusammen annähme, wie, als Beispiel und aufgrund der Ähnlichkeit, in einem flüssigen Schlamm, wo in jedem Teil Wasser an Wasser, Erde an Erde angefügt ist; dabei werden aufgrund der Nicht-Wahrnehmbarkeit des Zusammentreffens der kleinsten Erd- und Wasserteile diese weder diskret noch weiterhin kontinuierlich genannt werden, sondern ein Kontinuierliches, das weder Wasser noch Erde, sondern Schlamm ist. Wo es ohne Unterschied einem anderen gefallen kann, zu sagen, es sei nicht eigentlich Wasser an Wasser noch Erde an Erde, sondern Wasser an Erde und Erde an Wasser angefügt; und ebenso kann ein dritter kommen, der die eine wie die andere Redeweise zurückweist und sagt, Schlamm sei an Schlamm angefügt. Und aus diesen Gründen kann das Universum als ein kontinuierlicher Körper angenommen werden, in welchem der sich zwischen so großen Körpern befindende Äther nicht mehr trennt, als es im Schlamm die Luft vermag, die sich zwischen den Teilen des Wassers und des Trockenen befindet, wobei der einzige Unterschied in der Geringfügigkeit der Teile besteht, die im Schlamm von geringerem Umfang und nicht wahrnehmbar sind, gegenüber der Großartigkeit des Universums, dessen Teile von größerem Umfang und wahrnehmbar sind: Derart, daß die Entgegengesetzten [*contrarii*] und die verschiedenen bewegbaren Körper zur Bildung eines unbeweglichen kontinuierlichen Körpers und die Entgegengesetzten zur Bildung des Einen zusammentreten, zu einer Ordnung gehören und endlich eins sind. Gewiß wäre es unzulässig und unmöglich, zwei voneinander geschiedene Unendliche anzunehmen; da ja auf keine Weise vorstellbar ist, wie dort, wo das eine aufhört, das andere seinen Anfang nehmen soll; daher käme es dazu, daß für jedes von beiden das andere eine Grenze bildet. Und es ist äußerst schwierig, zwei Körper zu finden, die im einen äußersten Punkt endlich und im anderen unendlich sind.

ELPINO. Er nennt zwei weitere Gründe, um zu beweisen, daß kein Unendliches ist, das aus gleichartigen Teilen besteht. »Der erste ist, daß diesem eine jener räumlichen Bewegungen zukäme; und diese wäre entweder eine unendliche Leichtheit oder eine unendliche Schwere oder aber eine unendliche Kreisbewegung; und von allem diesem haben wir gezeigt, wie unmöglich es ist.«

PHILOTHEO. Und wir wiederum haben erklärt, wie hinfällig all diese Reden und Gründe sind; und daß das Unendliche insgesamt sich nicht bewegt und weder schwer noch leicht ist, ganz wie jeder andere Körper an seinem natürlichen Ort; und ebensowenig sind es die abgetrennten Teile, sobald sie über einen gewissen Grad hinaus vom eigenen Ort entfernt sind. Der unendliche Körper ist also unserer Meinung nach nicht bewegbar, weder der Möglichkeit noch der Wirklichkeit nach; und er ist weder schwer noch leicht, weder der Möglichkeit noch der Wirklichkeit nach, und er ist weit entfernt davon, unendliche Schwere oder Leichtheit haben zu können, nach unseren Prinzipien und nach den Prinzipien derer, gegen die er seine schönen Luftschlösser baut.

ELPINO. Der zweite Grund ist gleichermaßen hinfällig. Denn vergeblich fragt er, »ob sich das Unendliche auf natürliche Weise oder gewaltsam bewege«, und fragt es diejenigen, die nie behauptet haben, es bewege sich, weder der Möglichkeit oder der Wirklichkeit nach. Darauf beweist er, daß – aus den der Bewegung im allgemeinen entnommenen Gründen – kein unendlicher Körper ist; nachdem er nach einem Grund vorgegangen ist, der aus der gemeinsamen Bewegung entnommen war. Er sagt nun, daß der unendliche Körper keine Wirkung auf den endlichen Körper ausüben noch auch von ihm erleiden kann, und er bringt drei Sätze bei. Erstens, »das Unendliche erleidet nicht durch das Endliche«; denn jede Bewegung, und folglich alles Erleiden, ist in der Zeit, und wenn dem so ist, kann es geschehen, daß ein Körper von geringerer Größe ein dieser entsprechendes Maß an Erleiden haben kann; und da ein Maßverhältnis besteht von endlichem Erleidendem [*paziente*] zu endlichem Einwirkendem [*agente*], ist dieses Maßverhältnis dasselbe von endlichem Erleidendem zu unendlichem Einwirkendem. Das sieht man ein, wenn wir für den unendlichen Körper A einsetzen, für den endlichen Körper B; und da jede Bewegung in einer Zeit ist, sei G die Zeit, innerhalb welcher A entweder bewegt oder bewegt wird. Darauf nehmen wir einen Körper von geringerer Größe, welcher B ist; und es sei die Linie D ein Einwirkendes bezüglich eines anderen Körpers, welcher H sei, und seine Einwirkung sei in der gleichen Zeit G vollzogen. Hieraus sieht man nun in der Tat, daß ein Maßverhältnis vom geringeren Einwirkenden D zum größeren Einwirkenden B besteht, wie es vom endlichen Erleidenden H zum endlichen Teil A besteht, welcher AZ sei. Wenn wir nun das Maßverhältnis vom ersten Erleidenden zum dritten Erleidenden so verändern, wie das Verhältnis vom zweiten zum vierten Einwirkenden ist (das heißt, das Verhältnis von D zu H ist dann wie das Verhältnis von B zu AZ), so ist B in der Tat in derselben Zeit G vollkommenes Einwirkendes in etwas Endlichem und etwas Unendlichem, das heißt, im Teil AZ des Unendlichen und im Unendlichen A. Dies ist unmöglich; also kann der unendliche Körper weder Einwirkendes noch Erleidendes sein, da zwei gleiche Erleidende durch dasselbe Einwirkende Gleiches in gleicher Zeit erleiden, das geringere Erleidende durch dasselbe Einwirkende Gleiches in kürzerer Zeit und das größere Erleidende Gleiches in längerer Zeit erleidet. Wenn weiterhin verschiedene Einwirkende in gleicher Zeit sind und ihre Einwirkung zum Abschluß kommt, so verhält sich Einwirkendes zu Einwirkendem wie Erleidendes zu Erleidendem. Weiterhin wirkt [*opra*] jedes Einwirkende im Erleidenden in endlicher Zeit (ich spreche von demjenigen Einwirkenden, das ans Ziel seiner Einwirkung gelangt ist, nicht von demjenigen, in welchem die Bewegung kontinuierlich ist, wie dies nur die Translation sein kann), denn es ist unmöglich, daß eine endliche Einwirkung in unendlicher Zeit ist. So ist also erstens offenbar, daß das Endliche keine abgeschlossene Einwirkung auf das Unendliche haben kann.

G Zeit

A unendliches Erleidendes	B größeres endliches Einwirkendes
A (Teil des Unendlichen) Z	
H endliches Erleidendes	D geringeres endliches Einwirkendes

Zweitens wird ganz in derselben Weise gezeigt, daß »das Unendliche nicht Einwirkendes auf das Endliche sein kann«. – Es sei A das unendliche Einwirkende, und das endliche Erleidende sei B, und wir nehmen an, das unendliche A wirke auf das endliche B in der Zeit G. Dazu sei der endliche Körper D Einwirkendes auf einen Teil von B, das heißt BZ, in derselben Zeit G. Gewiß verhält sich das Erleidende BZ zum gesamten Erleidenden B so, wie das Einwirkende D zum anderen endlichen Einwirkenden H; und wenn das Verhältnis verändert wird, verhält sich das Einwirkende D zum Erleidenden BZ so, wie sich das Einwirkende H zum gesamten B verhält. Folglich wird B von H in derselben Zeit bewegt, in der BZ von D bewegt wird, das heißt, in der Zeit G, in welcher auch B vom unendlichen Einwirkenden A bewegt wird; was unmöglich ist. Und diese Unmöglichkeit folgt aus dem, was wir gesagt haben: und zwar, daß dann, wenn Unendliches in endlicher Zeit wirkt, die Einwirkung [*azion*] nicht in der Zeit sein darf, denn zwischen Endlichem und Unendlichem besteht kein Maßverhältnis. Wenn wir also zwei verschiedene Einwirkende auf dasselbe Erleidende annehmen, so ist die Einwirkung notwendig in verschiedenen Zeiten, und von einer Zeit zur anderen ist dann ein Verhältnis wie von einem Einwirkenden zum anderen. Wenn wir jedoch zwei Einwirkende annehmen, von denen einer unendlich und der andere endlich ist und die dieselbe Einwirkung auf dasselbe Erleidende haben, muß notwendig eines von beiden behauptet werden: entweder, daß die Einwirkung des Unendlichen in einem Augenblick geschieht, oder, daß die Einwirkung des endlichen Einwirkenden in unendlicher Zeit geschieht. Das eine wie das andere ist unmöglich.

G Zeit
A unendliches Einwirkendes
H endliches Einwirkendes B endliches Erleidendes
D endliches Einwirkendes B (Teil des endlichen Erleidenden) Z

Drittens wird deutlich gemacht, wie der »unendliche Körper nicht auf einen unendlichen Körper wirken kann«. – Denn, wie in der *Physik* gesagt worden ist, ist es unmöglich, daß das Einwirken und Erleiden ohne Abschluß bleibt. Da nun bewiesen worden ist, daß die Einwirkung des Unendlichen auf ein Endliches niemals vollzogen werden kann, kann man folglich schließen, daß zwischen ihnen keine Einwirkung sein kann. Wir setzen also zwei Unendliche, von denen das eine B sei, Erleidendes durch A in endlicher Zeit G, da die endliche Einwirkung notwendig in endlicher Zeit geschieht. Weiter setzen wir, daß der Teil BD des Erleidenden durch A erleidet; gewiß ist offensichtlich, daß dann das Erleiden von BD in einer geringeren Zeit als der Zeit G geschieht; es sei dieser Teil mit Z bezeichnet. Die Zeit Z verhält sich also zur Zeit G so, wie sich der Teil BD des unendlichen Erleidenden zum größeren Teil des Unendlichen, das ist B, verhält. Und dieser Teil sei mit BDH bezeichnet, welcher Erleidendes durch A in der unendlichen Zeit G ist; und in derselben Zeit ist bereits das gesamte B Erleidendes durch A gewesen; was falsch ist, da es unmöglich ist, daß zwei Erleidende sind, von denen einer unendlich und der andere endlich ist, welche durch dasselbe Einwirkende vermittels derselben Einwirkung in derselben Zeit erleiden, sei das Einwirkende nun endlich oder unendlich.

Endliche Zeit
G Z
A unendliches Einwirkendes
Unendliches Erleidendes
B D H

PHILOTHEO. Alles, was Aristoteles sagt, ist – das will ich gelten lassen – gut gesagt, wenn es denn gut angewendet wird, und wenn er dort seine Schlüsse zieht, wo sie am Platze sind; es ist aber, wie wir gesagt haben, kein Philosoph, der vom Unendlichen in der Weise gesprochen hätte, daß aus seinen Setzungen derartige Unstimmigkeiten folgen könnten. Untersuchen wir jedoch seine Weise des Begründens – nicht, um auf das zu antworten, was er sagt, denn es widerspricht uns nicht, sondern um das Gewicht seiner Lehrmeinungen zu betrachten. Erstens geht er in seinen Annahmen nicht nach natürlichen Grundsätzen vor, wenn er bald diesen, bald jenen Teil des Unendlichen nehmen will, da feststeht, daß das Unendliche keine Teile haben kann – es sei denn, wir wollen sagen, daß auch dieser Teil unendlich ist; denn es schließt einen Widerspruch ein, daß im Unendlichen ein größerer oder kleinerer Teil und ein Teil, der ein größeres oder geringeres Maßverhältnis zu ihm hat, sein soll; denn es steht fest, daß man sich dem Unendlichen durch das Hundertfache nicht mehr annähert als durch das Dreifache; die unendliche Zahl besteht ja nicht weniger aus unendlich vielen Dreifachen als aus unendlich vielen Hundertfachen. Die unendliche Ausdehnung ist nicht weniger eine von unendlich vielen Fuß als von unendlich vielen Meilen; wenn wir daher die Teile der unendlichen Ausdehnung benennen wollen, so sagen wir nicht: hundert Meilen, oder: tausend Parasangen[10] – diese können ja ebensowohl Teile des Endlichen genannt werden, und sie sind in Wahrheit einzig Teile des Endlichen, zu dessen Ganzen sie ein Maßverhältnis haben, und sie können und dürfen nicht als Teile dessen gelten, zu dem sie kein Verhältnis haben. So sind tausend Jahre nicht Teil der Ewigkeit, weil sie kein Maßverhältnis zum Ganzen haben; aber sie sind wohl Teile irgendeines Zeitmaßes, wie zum Beispiel von zehntausend Jahren, von hunderttausend Jahrhunderten.

ELPINO. Dann macht mir nun deutlich: Welches sind die Teile der unendlichen Dauer?

PHILOTHEO. Diejenigen proportionalen Teile der Dauer, die innerhalb der Dauer in einem Verhältnis stehen, aber nicht deshalb schon unendliche Dauer und unendliche Zeit haben; denn in der letzteren wird der größte Zeitraum – das heißt der sehr große proportionale Teil – dem geringsten gleichwertig, da die unendlichen Jahrhunderte ja nicht mehr sind als die unendlichen Stunden; ich behaupte, daß in der Ewigkeit die Stunden nicht mehr sind als die Jahrhunderte; derart, daß alles, was Teil des Unendlichen genannt wird, unendlich ist, sowohl in der unendlichen Dauer als auch in der unendlichen Ausdehnung. Von dieser Lehre her könnt Ihr sehen, wie umsichtig Aristoteles in seinen Annahmen ist, wenn er die endlichen Teile des Unendlichen heranzieht; und wie groß die Beweiskraft [*forza*] der Gründe einiger Theologen ist, wenn sie von der Ewigkeit der Zeit auf die Unangemessenheit ebenso vieler Unendlicher, wie es Arten von Zahlen geben kann, schließen wollen. In dieser Lehre,

10 Altpersisches Längenmaß, entspricht nach Herodot 6300 m, nach Xenophon 5490 m.

sage ich, habt Ihr ein Mittel, aus ungezählten Labyrinthen herauszufinden.

Elpino. Insbesondere aus dem einen, das auf unseren Gegenstand paßt: die unendlich vielen Schritte und Meilen, die in der Unermeßlichkeit des Universums ein geringeres und ein anderes, größeres, Unendliches ergäben. Fahrt nun fort.

Philotheo. Zweitens geht Aristoteles in seinem Folgern nicht beweisend vor. – Denn daraus, daß das Universum unendlich ist und es unendlich viele Teile darin gibt (ich sage »darin« und nicht »davon«, denn eines ist es, von Teilen *im* Universum, ein anderes, von Teilen *des* Universums zu sprechen) – Teile, welche alle Wirken und Erleiden [*azione e passione*] haben (und demzufolge innere Veränderung) –, will er folgern, daß entweder das Unendliche Wirken und Erleiden im Endlichen oder vom Endlichen habe, oder aber, daß das Unendliche im Unendlichen wirke und das Unendliche vom Unendlichen erleide. Diese Folgerung, so behaupten wir, gilt in der Natur nicht, obwohl sie logisch wahr ist. Denn wenn wir auch mittels der Vernunft immer weiter zusammenzählen und unendlich viele Teile finden, die wirkfähig sind, und unendlich viele, die erleidensfähig sind (und erstere seien als eine Seite des Gegensatzes genommen, letztere als die andere); in der Natur dann zwingen uns diese Teile – da sie voneinander abgeteilt und getrennt und durch spezielle Grenzen voneinander geschieden sind, wie wir sehen – nicht, noch machen sie uns geneigt, zu behaupten, das Unendliche sei wirkend oder erleidend, sondern nur, daß im Unendlichen unzählige endliche Teile Wirken und Erleiden haben. – Zugestanden wird folglich nicht, daß das Unendliche bewegbar und wandelbar sei, sondern, daß darin unendlich viele Bewegbare und Wandelbare sind; – nicht, daß das Endliche vom Unendlichen im Sinne einer natürlichen und physikalischen Unendlichkeit etwas erleide, sondern, daß es dies im Sinne einer Unendlichkeit tut, die ihren Ursprung in einem logischen und vernunftmäßigen Sammeln hat, welches alles Schwere zu einem schweren Körper zusammenzählt, obwohl alles Schwere zusammen nicht ein Schweres ergibt. Während also das Unendliche und All unbewegbar, unwandelbar und unzerstörbar ist, können in ihm unzählige und unendlich viele vollkommene und abgeschlossene Wandlungen sein – und sind auch darin. Nimm zu dem Gesagten hinzu, daß, zwei auf einer Seite unendliche Körper angenommen, die sich auf der anderen Seite gegenseitig begrenzen, nicht das folgt, wovon Aristoteles glaubt, es folge notwendig, und zwar, daß Einwirken und Erleiden unendlich seien; denn wenn von diesen beiden Körpern der eine auf den anderen einwirkt, so tut er es nicht nach seiner gesamten Ausdehnung und Größe, da er nicht nach dieser insgesamt und allen ihren Teilen dem anderen benachbart, angrenzend und angefügt ist. – Denn setzen wir den Fall, es seien zwei unendliche Körper A und B, die in der Linie oder Fläche FG aneinander angefügt und angrenzend seien. Gewiß wird dann der eine hinsichtlich des anderen nicht mit seiner gesamten Kraft [*virtù*] tätig sein [*oprar*]. Denn sie grenzen nicht in allen ihren Teilen aneinander, da ihre Berührung nicht anders als in einer endlichen Grenze stattfinden kann. Mehr noch: Auch wenn wir annehmen, jene Linie oder Fläche sei unendlich, dann folgt deshalb noch nicht, daß die Körper, die sich in ihr berühren, unendliches Einwirken und Erleiden hervorbrächten; denn sie sind nicht zusammengezogen [*intense*], sondern ausgebreitet [*estense*], wie die Teile ausgebreitet sind. So geschieht es, daß das Unendliche in keinem Teil mit aller seiner Kraft tätig ist, sondern im extensiven Sinn, Teil für Teil, getrennt und gesondert.

A	10	1	F	A	M	B
	20	2		B	N	
	30	3		C	O	
	40	4	G	D	P	

Wie zum Beispiel von zwei gegensätzlichen Körpern die Teile, die einander verändern können, die benachbarten sind, wie A und 1, B und 2, C und 3, D und 4 und so fort ins Unendliche. Wobei du niemals ein im intensiven Sinne unendliches Einwirken feststellen kannst, denn die Teile können einander nicht über eine gewisse und festgelegte Entfernung hinaus verändern; und daher sind M und 10, N und 20, O und 30, P und 40 nicht geeignet, einander zu verändern. Dies ist der Grund, weshalb, gesetzt zwei unendliche Körper, keine unendliche Einwirkung folgen würde. – Ich gehe noch weiter: Auch dann, wenn man annehmen und zugestehen wollte, daß diese zwei Körper im intensiven Sinne aufeinander einwirken und sich mit ihrer ganzen Kraft aufeinander beziehen könnten, würde keine Auswirkung dieses Einwirkens folgen; denn der erste Körper vermag, indem er sich zur Wehr setzt und das Feld behauptet, nicht weniger als der zweite, der ihn anficht und auf ihn eindringt, und daher würde keinerlei Veränderung folgen. So also kommt es, daß aus zwei gegensätzlichen Unendlichen entweder endliche oder überhaupt keine Veränderung folgt.

ELPINO. Was sagt Ihr nun zu der Annahme zweier gegensätzlicher Körper, endlich der eine und der andere unendlich, so als wäre die Erde ein kalter Körper und der Himmel das Feuer, und alle Gestirne Feuerkörper, und der Himmel unermeßlich und der Gestirne unendlich viele? Wollt Ihr daraus folgen lassen, was Aristoteles ableitet, daß nämlich das Endliche vom Unendlichen verschlungen [*assorbito*] würde?[11]

PHILOTHEO. Gewiß nicht, wie man aus dem, was wir gesagt haben, hierauf übertragen kann. – Denn da die körperhafte Kraft des Unendlichen durch die Ausdehnung des unendlichen Körpers hindurch ausgebreitet [*estesa*] ist, käme sie gegen den endlichen Körper nicht mit unendlicher Kraft

11 Vgl. Aristoteles, *Physik* III,5.

und Heftigkeit zur Wirkung, sondern nach Maßgabe der Kraft, die von den endlichen innerhalb einer gewissen Entfernung gelegenen Teilen ausstrahlen kann, da er ja unmöglich hinsichtlich aller seiner Teile tätig sein kann, sondern nur hinsichtlich der nächstliegenden. – Wie man auch aus dem soeben geführten Beweis ersehen kann, wo wir A und B voraussetzen, zwei unendliche Körper; welche nicht geeignet sind, einander zu verwandeln, außer in ihren Teilen, welche innerhalb der Entfernung zwischen 10, 20, 30, 40 und M, N, O, P sind; und somit hat es keinerlei Bedeutung, mag auch der Körper B bis ins Unendliche anwachsen, der Körper A hingegen endlich bleiben. So also kommt es, daß aus zwei Entgegengesetzten immer endliches Einwirken und endliche Veränderung folgt, im Fall, daß man eines von beiden unendlich und das andere endlich annimmt, nicht anders als im Fall, daß man eins wie das andere unendlich annimmt.

ELPINO. Ihr habt mich so sehr zufriedengestellt, daß es mir überflüssig erscheint, jene anderen wildwuchernden Gründe beizubringen, mit denen er beweisen will, außerhalb des Himmels sei kein unendlicher Körper – wie zum Beispiel diesen, der so lautet: »Jeder Körper, der an einem Ort ist, ist wahrnehmbar; außerhalb des Himmels ist jedoch kein wahrnehmbarer Körper; also ist dort kein Ort.« – Oder so: »Jeder wahrnehmbare Körper ist an einem Ort; außerhalb des Himmels ist jedoch kein Ort; folglich ist dort kein Körper; dort ist nicht einmal ein Außerhalb, denn ›außerhalb‹ bedeutet einen Unterschied des Ortes, und zwar eines wahrnehmbaren, und nicht eines geistigen und intelligiblen Körpers, so wie jemand sagen könnte: Wenn er wahrnehmbar ist, ist er endlich.«[12]

PHILOTHEO. Ich glaube und meine, daß weit über jenen eingebildeten Rand hinaus eine Ätherregion ist, sowie Weltkörper, Gestirne, Erden, Sonnen, und daß alle an sich

12 Vgl. Aristoteles, *Über den Himmel* I, 7, 275b 6–11.

absolut wahrnehmbar sind für die, die entweder auf ihnen oder in ihrer Nähe sind, wenngleich sie für uns aufgrund ihrer großen Ferne und des großen Abstands nicht wahrnehmbar sind. – Und gebt bei dieser Gelegenheit acht, welche Grundlagen dieser Mensch annimmt, der daraus, daß wir keinen wahrnehmbaren Körper jenseits jenes eingebildeten Umkreises haben, ableiten will, dort sei überhaupt kein Körper. Daher blieb er dabei stehen, keinen Körper außer der achten Sphäre zu glauben, über welche hinaus die Astrologen seiner Zeit keinen weiteren Himmel erkannt hatten. Und da diese fortfuhren, die Drehung der Welt um die Erde immer auf ein erstes Bewegbares über allen anderen zu beziehen, legten sie die Grundlage derart, daß sie ohne Ende Sphäre an Sphäre gefügt und die weiteren ohne Gestirne und folglich ohne wahrnehmbaren Körper gefunden haben. Während die astrologischen Annahmen und Phantasien dieses Urteil verdammen, wird es noch viel mehr verdammt von denen, die besser begreifen, daß die Körper, von denen behauptet wird, sie gehörten zum achten Himmel, nicht weniger durch größere oder geringere Entfernung von der Erde unterschieden sind, als es die anderen sieben sind, denn das Argument ihrer gleichen Entfernung von dieser beruht auf der vollkommen falschen Annahme, daß die Erde feststehe; gegen welche die gesamte Natur aufschreit, jede Vernunft die Stimme erhebt und jeder gesunde und wohlgeleitete Intellekt am Ende sein Urteil spricht. Sei es aber, wie es wolle, gegen jede Vernunft wird behauptet, das Universum ende und habe seine Grenze dort, wo die Wirkung unserer Sinne ein Ende hat, denn die Wahrnehmbarkeit gibt den Grund für die Folgerung, daß die Körper sind, aber die Bestreitung der Wahrnehmbarkeit – die auf einem Mangel an Kraft [*potenza*] seitens der Wahrnehmung beruhen kann statt auf dem Fehlen des Gegenstandes – ist nicht einmal Anlaß für den geringsten Verdacht, daß die Körper nicht seien. Denn wenn die Wahrheit von einer solchen Wahrnehmbarkeit abhinge, dann wären die Körper, die einander so nahe und eng benachbart scheinen, dies auch in Wahrheit. Wir aber urteilen, daß ein Stern, der am Firmament kleiner erscheint und als Stern vierter oder fünfter Größe bezeichnet wird, viel größer ist als einer, der als von zweiter oder erster Größe bezeichnet wird. Beim Urteil hierüber täuschen sich die Sinne, die nicht fähig sind, den Grund in der größeren Entfernung zu erkennen; und wir wissen daraus, daß wir die Bewegung der Erde erkannt haben, daß jene Welten keinen solchen gleichen Abstand von dieser haben und daß sie nicht wie auf einem Träger [*deferente*] sind.

ELPINO. Ihr wollt sagen, daß sie nicht an einem einzigen Gewölbe festgeklebt sind – etwas derart Unwürdiges, daß es sich allenfalls kleine Kinder so vorstellen mögen, die vielleicht glauben würden, sie fielen auf uns herab wie die Hagelkörner aus dem nahen Luftraum, wenn sie nicht mit ordentlichem Leim an der Platte des himmlischen Podests befestigt oder mit besonders haltbaren Nägeln hineingeklopft wären. Ihr wollt sagen, daß alle diese vielen anderen Erden und all die Körper von beträchtlichem Umfang ihre Bereiche und Entfernungen nicht anders innehaben und einhalten als diese Erde, die durch ihren Umlauf den Anschein erweckt, als drehten sie sich alle um sie, als wären sie aneinandergekettet. Ihr wollt sagen, daß man keinen geistigen Körper außerhalb der achten und neunten Sphäre anzunehmen braucht, sondern daß dieser selbe Luftraum, wie er die Erde, den Mond und die Sonne umgibt und diese enthält, sich in ebendieser Weise immer weiter ins Unendliche ausbreitet, wo er unendlich viele andere Gestirne und große Lebewesen enthält; und dieser Luftraum wird zum allgemeinen und universellen Ort; – und Ihr wollt sagen, daß er einen unendlich weiten Schoß hat, der im ganzen unendlichen Universum auf ebendieselbe Weise enthält wie in diesem Raum, der für uns aufgrund so vieler und zahlreicher Lichter wahrnehmbar ist. Ihr wollt sagen, daß es nicht der Luftraum und der enthaltende Körper ist, der sich kreisförmig bewegt oder die Gestirne mit sich fortreißt, wie die Erde und den Mond und andere; – sondern daß jene sich aus ihrer eigenen Seele heraus durch ihre eigenen Räume bewegen, wobei sie alle Eigenbewegungen haben, die über die Weltbewegung – deren Anschein durch die Bewegung der Erde entsteht – hinausgeht, ebenso wie über andere Bewegungen, die allen Gestirnen gemeinsam scheinen, so als wären sie an einem bewegbaren Körper befestigt, und deren Anschein aus den Bewegungsunterschieden dieses Gestirns herrührt, auf dem wir uns befinden und dessen Bewegung für uns nicht wahrnehmbar ist. Demzufolge behauptet Ihr, daß der Luftraum und die Teile, die man im Ätherraum betrachtet, keine Bewegungen haben außer dem Zusammenziehen und Ausweiten, welche sein müssen, damit jene festen Körper sich hindurchbewegen können; wobei die einen sich um die anderen drehen und notwendig dieser geistige Körper das All erfüllt.

PHILOTHEO. Wahr gesprochen. Weiter sage ich, daß dieses Unendliche und Unermeßliche ein Lebewesen ist, obgleich es keine begrenzte Gestalt [*determinata figura*] noch Sinne hat, die sich auf äußere Dinge richten, denn es hat die Seele insgesamt in sich und schließt in sich alles Beseelte und ist all dieses. Weiter sage ich, daß hieraus keinerlei Unstimmigkeit folgt, als wären es zwei Unendliche. Denn wenn die Welt ein beseelter Körper ist, ist darin unendliche Bewegkraft und ein unendliches Zugrundeliegendes der Bewegung, in der Weise, wie wir gesagt haben, nämlich diskret. Denn das kontinuierliche All ist unbeweglich, hinsichtlich der kreisförmigen Bewegung um den Mittelpunkt genauso wie hinsichtlich der geradlinigen Bewegung vom Mittelpunkt fort oder zu ihm hin; denn es hat weder eine Mitte noch einen äußersten Punkt. Wir sagen weiterhin, daß die Bewegung des Schweren und Leichten nicht nur nicht[13]

13 In der Ausgabe Gentile/Aquilecchia fehlt »nicht«. – Korrigiert nach S. 68 des Exemplars des Erstdrucks im Besitz der Biblioteca Nazionale, Neapel.

zum unendlichen Körper stimmt, sondern ebensowenig zu einem ganzen und vollkommenen Körper, der in ihm ist, noch zu irgendeinem seiner Teile, der sich seiner natürlichen Lage erfreut. Und ich sage noch einmal, daß nichts im absoluten Sinne schwer oder leicht ist, sondern nur in bestimmter Hinsicht, und damit will ich sagen, hinsichtlich des Ortes, zu dem die zerstreuten Teile zurückkehren und bei dem sie sich sammeln. Und es mag für heute genügen, so viel zum unendlichen Umfang [*mole*] des Universums erwogen zu haben; und ich werde Euch morgen zu dem erwarten, was Ihr über die unendlich vielen Welten, die in ihm sind, wissen wollt.

ELPINO. Ich werde wiederkommen, obwohl ich glaube, daß ich durch diese Lehre bereits in den Besitz jener anderen gekommen bin, in der Hoffnung, weitere und gleichermaßen hörenswerte Einzelheiten zu vernehmen.

FRACASTORIO. Und ich werde nur als Zuhörer kommen.

BURCHIO. Ich ebenso; denn nach und nach, wie ich mehr und mehr dem näherkomme, Euch zu verstehen, gelange ich Schritt für Schritt dazu, das, was Ihr sagt, für wahrscheinlich zu halten – und vielleicht für wahr.

Ende des zweiten Dialogs

Dritter Dialog

Philotheo. Einer ist mithin der Himmel, einer der unermeßliche Raum, der Schoß und das universelle Enthaltende, der Ätherraum, in dem alles umläuft und sich bewegt. Unzählige Sterne, Gestirne, Weltkörper, Sonnen und Erden sind dort zu sehen, und zu unendlich vielen gelangt man durch vernünftiges Argumentieren. Das unermeßliche und unendliche Universum ist das Zusammengesetzte, das sich aus diesem Raum und allen von ihm umfaßten Körpern ergibt.

Elpino. So daß es keine Sphären mit konkaver und konvexer Oberfläche, keine Trägerkörper [*deferenti*] gibt, sondern alles ist *ein* Feld, *ein* allgemeiner Aufnahmeort.

Philotheo. So ist es.

Elpino. Dann waren es also die unterschiedlichen Gestirnsbewegungen, die zur Vorstellung von unterschiedlichen Himmeln geführt haben – man sah einen sternenübersäten Himmel sich um die Erde drehen, ohne daß man irgendeines dieser Lichter sich von den anderen hätte entfernen sehen; vielmehr wälzten sie sich unter Wahrung immer desselben Abstandes und Verhältnisses im Verein und in einer bestimmten Ordnung um die Erde, nicht anders, als sich ein großes Rad, auf welches unzählige Spiegel genagelt sind, um die eigene Achse dreht. Daher gilt es für schlechthin evident, so als hätte man es mit eigenen Augen gesehen, daß diesen leuchtenden Körpern keine Eigenbewegung angemessen ist, mit der sie, gleich Vögeln in der Luft, umlaufen könnten, sondern eine Bewegung aufgrund der Umdrehung der Kugelschalen, in denen sie befestigt sind, hervorgerufen durch den göttlichen Anstoß irgendeiner Intelligenz.

Philotheo. So glaubt man gemeinhin; aber diese Vorstellung wird hinweggefegt werden, sobald einmal die Bewegung dieses Weltgestirns verstanden sein wird, auf dem wir uns befinden und welches – ohne an irgendeiner Kugelschale befestigt zu sein und von seinem eigenen ihm innewohnenden Prinzip, von seiner eigenen Seele und Natur angetrieben – um die Sonne läuft und sich um seine eigene Mitte dreht; und die Pforte der Einsicht in die wahren Prinzipien der Natur wird sich auftun, und wir werden mit großen Schritten auf dem Weg der Wahrheit vorwärts schreiten. Diese Wahrheit ist bis jetzt unter dem Deckmantel so vieler gemeiner und viehischer Vorstellungen verborgen geblieben durch die Unbill der Zeiten und die Wechselfälle der Dinge, seitdem auf den Tag der alten Weisen die finstere Nacht vermessener Sophisten folgte.

Non sta, si svolge e gira
Quanto nel ciel e sott' il ciel si mira.
Ogni cosa discorre, or alto or basso,
Benché sie 'n lungo o 'n breve,
O sia grave o sia leve;
E forse tutto va al medesmo passo
Ed al medesmo punto.
Tanto il tutto corre sin ch' è giunto.
Tanto gira sozzopra l'acqua il buglio,
Ch' una medesma parte
Or di su in giú or di giú in su si parte;
Ed il medesmo garbuglio
Medesme tutte sorti a tutti imparte.

[Es steht nicht, es wendet und dreht sich, / was man am Himmel und unter dem Himmel erblickt. / Ein jedes läuft bald hinauf, bald hinab, / sei es für eine lange oder kurze Strecke, / sei es schwer oder leicht; / und vielleicht geht alles im gleichen Schritt / und zum gleichen Punkt. / So lange läuft alles, bis es angekommen ist. / So treibt das Wasser den Eimer rundum, / daß derselbe Teil / bald von oben nach unten, bald von unten nach oben sich fortbewegt; / und dasselbe Band / teilt gleiche Schicksale allen zu.]

ELPINO. Gewiß, es besteht kein Zweifel, daß jenes Phantasieren von Sternträgern und Flammenträgern, von Achsen und Deferenten, vom Hilfsdienst der Epizykeln[1] und von einer großen Menge anderer Chimären durch kein anderes Prinzip verursacht ist als – wie es scheint – durch die Vorstellung, diese Erde befinde sich im Mittelpunkt und Zentrum des Universums und alles bewege sich um sie, die als einzige feststeht.

PHILOTHEO. Dasselbe erscheint ganz auf dieselbe Weise denen, die sich auf dem Mond und auf den Gestirnen in diesem selben Raum befinden – auf Gestirnen, welche Erden oder Sonnen sind.

ELPINO. Angenommen also für den Augenblick, die Erde verursache durch ihre Bewegung den Anschein der täglichen Weltbewegung und durch die Verschiedenheiten dieser Bewegung verursache sie alle jene Bewegungen, die man alle Sterne vollführen sieht, so bleibt uns zu sagen, daß der Mond, welcher auch eine Erde ist, sich von selbst durch den Luftraum um die Sonne bewegt. Ebenso ziehen Venus, Merkur und die anderen, die auch wieder Erden sind, ihre Kreise um denselben Vater des Lebens.

PHILOTHEO. So ist es.

ELPINO. Die Eigenbewegungen eines jeden sind diejenigen, welche man noch sieht außer der sogenannten Weltbewegung, sowie die Eigenbewegungen der sogenannten Fixsterne, wobei die einen wie die anderen auf die Erde bezogen werden müssen; und diese Bewegungen haben mehr Verschiedenheiten, als es Körper gibt; so daß man nie zwei Gestirne mit derselben Ordnung und demselben Verhältnis [*misura*] der Bewegung sehen wird, sofern man sie sehen kann, da sie aufgrund der großen Entfernung, die sie von uns haben, keinerlei Änderung zeigen. Und sie mögen sich um das Sonnenfeuer und um ihr eigenes Zentrum drehen, um an der Lebenswärme teilzuhaben: Die Unterschiede,

1 Vgl. S. 15 und Anm. 3.

wenn sie sich nähern und entfernen, können von uns nicht erfaßt werden.

PHILOTHEO. So ist es.

ELPINO. Mithin gibt es unzählig viele Sonnen und unendlich viele Erden, die diese Sonnen umkreisen; so, wie wir diese sieben um die uns nahe Sonne kreisen sehen.

PHILOTHEO. So ist es.

ELPINO. Warum sehen wir dann keine Lichter, welche die Erden sind, um andere Lichter umlaufen, welche die Sonnen sind, sondern können keinerlei weitere Bewegung erfassen? Und warum sieht man all die anderen Weltkörper – außer denen, die Kometen genannt werden – immer in derselben Anordnung und Entfernung?

PHILOTHEO. Der Grund ist, daß wir die Sonnen sehen, welche die größeren, besser gesagt: ganz außerordentlich große Körper sind, aber nicht die Erden, die aufgrund ihrer viel geringeren Größe unsichtbar sind; so wie es der Vernunft nicht entgegensteht, daß es noch weitere Erden gibt, die sich um diese Sonne drehen und uns nicht sichtbar sind, entweder aufgrund ihrer größeren Entfernung, oder weil sie keine große Wasseroberfläche haben (durch welche sie, wie ein kristallener Spiegel, der die Lichtstrahlen auffängt, sichtbar werden), oder weil sie die besagte Wasseroberfläche uns nicht zuwenden und auf der Seite haben, die der Sonne entgegengesetzt ist. Daher ist es nicht verwunderlich noch gegen die Natur, wenn wir oft hören, die Sonne verfinstere sich in gewissem Maße, ohne daß zwischen sie und unser Auge der Mond träte. Über die hinaus, die sichtbar sind, können noch unzählige weitere leuchtende Wasserkörper sein (das heißt: Erden, von denen die Wasser ein Teil sind), welche die Sonne umkreisen; ihr Fortschreiten in ihrem Umlauf ist aber aufgrund der großen Entfernung nicht wahrnehmbar; daher ist in dieser äußerst langsamen Bewegung, die in jenen gedacht wird, welche über Saturn hinaus und jenseits seiner sichtbar sind, keine Verschiedenheit der Bewegung der einen von der der anderen und ebensowenig eine Gesetzmäßigkeit [*regola*] in der Bewegung aller um den Mittelpunkt, ob wir nun die Erde oder die Sonne als Mitte annehmen.

ELPINO. Wie sollen dann deiner Meinung nach sie alle, wie weit auch immer entfernt von der Mitte, das heißt von der Sonne, an ihrer Lebenswärme teilhaben können?

PHILOTHEO. Da sie weiter entfernt sind, ziehen sie einen entsprechend größeren Kreis; je größer der Kreis ist, desto langsamer bewegen sie sich um die Sonne; je langsamer sie sich bewegen, desto länger sind sie den heißen und feurigen Strahlen derselben ausgesetzt.

ELPINO. Dann sollen also Eurer Meinung nach jene Körper, wenngleich sie so weit von der Sonne entfernt sind, genügend Wärme empfangen können; denn indem sie sich schneller um ihr Zentrum und langsamer um die Sonne drehen, können sie nicht nur ebensoviel, sondern nötigenfalls noch mehr empfangen, da ja eben der Teil der konvexen Erdoberfläche, der nicht so stark erwärmt wurde, nach kurzer Zeit von neuem erquickt wird; und aufgrund der langsameren Bewegung um die feurige Mitte und der längeren Hinwendung zu ihrem Einfluß erreichen sie die Strahlen kräftiger.

PHILOTHEO. So ist es.

ELPINO. Wenn also die Gestirne jenseits des Saturn wirklich unbewegbar sind, wie es den Anschein hat, dann sind sie Eurer Meinung nach die unzähligen, für uns mehr oder weniger sichtbaren Sonnen oder Feuerkörper, um welche die nahen, für uns unsichtbaren Erden kreisen.

PHILOTHEO. So müßte man sagen, da ja alle die Erden würdig sind, dasselbe Recht zu haben, und ebenso alle Sonnen.

ELPINO. So sind diese Eurer Meinung nach alle Sonnen?

PHILOTHEO. Das nicht, da ich nicht weiß, ob alle unbeweglich sind, oder ob der größte Teil es ist, oder ob einige von ihnen sich um die anderen herumbewegen; denn es gibt niemanden, der es beobachtet hätte, noch ist es leicht zu beobachten. So wie man nicht leicht die Bewegung und das Fortkommen eines entfernten Gegenstandes sieht, wie im Falle der Schiffe, die man auf hoher See erblickt. Aber sei es, wie es wolle: Da das Universum unendlich ist, muß es schließlich mehrere Sonnen geben; denn unmöglich kann die Wärme und das Licht einer einzigen sich bis ins Unendliche ausbreiten, wie es sich Epikur vorstellen mochte – wenn wahr ist, was andere berichten. Jedenfalls ist es erforderlich, daß es unzählige weitere Sonnen gibt, von denen viele für uns als kleine Körper sichtbar sind; aber als ein kleines Gestirn wird uns dasjenige erscheinen, welches viel größer ist als das, welches uns am größten erscheint.

ELPINO. All dies muß als zumindest möglich und stimmig beurteilt werden.

PHILOTHEO. Um jene herum können Erden von größerem und geringerem Umfang als diese kreisen.

ELPINO. Wie soll ich den Unterschied erkennen? Ich meine, wie soll ich die Feuer von den Erden unterscheiden?

PHILOTHEO. Daran, daß die Feuer feststehen und die Erden sich bewegen; daran, daß die Feuer funkeln und die Erden nicht – wobei das letztere Zeichen leichter wahrnehmbar ist als das erstere.

ELPINO. Es wird behauptet, das Funkeln käme von der Entfernung zu uns.

PHILOTHEO. Wenn dem so wäre, dann würde die Sonne nicht am stärksten von allen funkeln, und die kleinen Gestirne, die weiter entfernt sind, würden stärker funkeln als die größeren, die näher sind.

ELPINO. Wollt Ihr behaupten, daß die feurigen Welten ebenso bewohnt sind wie die wäßrigen?

PHILOTHEO. Nichts Geringeres als das.

ELPINO. Was für Lebewesen können denn im Feuer leben?

PHILOTHEO. Glaubt doch nicht, daß jene aus gleichartigen Teilen bestehende Körper sind, denn dann wären sie keine Welten, sondern leere, öde und sterile Massen. Es ist hingegen angemessen und natürlich, daß sie Unterschiedenheit der Teile haben, so wie diese Erde und andere Erden Verschiedenartigkeit ihrer Glieder haben; obgleich diese als erleuchtete Wasserflächen und jene als leuchtende Flammen sichtbar sind.

ELPINO. Glaubt Ihr, die Materie nächst der Sonne sei hinsichtlich ihrer Dichte und Festigkeit auch dieselbe wie die Materie nächst der Erde? (Ich weiß wohl, daß Ihr nicht daran zweifelt, daß die allererste Materie eine ist.)

PHILOTHEO. So ist es gewiß. Dies hatte Timaios erkannt und Platon bestätigt, und alle wahren Philosophen haben es erkannt, wenige haben es entfaltet, und niemand hat sich in unserer Zeit gefunden, der es verstanden hätte – im Gegenteil: Viele trüben auf tausend Arten diese Einsicht; und dies ist geschehen durch die Verderbnis der Geisteshaltung und durch Mangel an Prinzipien.

ELPINO. Diesem Verständnis hat sich die *Belehrte Unwissenheit* des Cusanus – wenn sie es nicht erreicht hat – doch zumindest angenähert, wenn er, als er über die Verhältnisse auf der Erde spricht, folgenden Ausspruch tut: »Ihr dürft nicht glauben, daß wir aufgrund der Dunkelheit und der schwarzen Farbe der Erde schließen können, der Erdkörper sei verächtlich und weniger edel als die anderen; denn wären wir Bewohner der Sonne, so sähen wir nicht die Helligkeit, die wir von diesem in ihrem Umkreis befindlichen Gebiet aus erblicken. Abgesehen davon, daß wir schon jetzt, wenn wir den Blick fest auf sie richten, entdecken, daß sie gleichsam eine Art Erde als ihr Zentrum enthält, oder eine Art feuchten Dunstkörper, der wie von einem Außenkreis das hellstrahlende Licht verbreitet. Daher ist sie nicht weniger als die Erde aus ihren Elementen zusammengesetzt.«[2]

PHILOTHEO. Bis hierher spricht er göttlich; aber fahrt fort und bringt auch das bei, was er danach sagt.

ELPINO. Was er hinzufügt, könnte man so verstehen, daß

2 Vgl. N. Cusanus, *Die belehrte Unwissenheit* II, Kap. 12, §§ 164 f.

auch die Erde eine Sonne sei, und alle anderen Gestirne seien ebenfalls Sonnen. Er sagt folgendes: »Wäre jemand jenseits der Feuerregion, erschiene diese Erde in ihrem Umkreis als leuchtender Stern aufgrund des Feuers; nicht anders als uns, die wir uns im Umkreis der Sonne befinden, die Sonne als hell leuchtend erscheint; und der Mond erscheint nicht gleichermaßen leuchtend, da wir vielleicht in seinem Umkreis in Richtung der mehr mittleren Teile sind« – oder, wie er es ausdrückt: »der mehr zentralen Teile, das heißt, im feuchten und wäßrigen Bereich desselben; obwohl er eignes Licht hat, erscheint es denn aus diesem Grunde nicht, und wir sehen nur das Licht, welches auf der wäßrigen Oberfläche durch den Widerschein des Sonnenlichts hervorgerufen wird.«[3]

PHILOTHEO. Er hat viel gesehen und viel erkannt, dieser aufrechte Mann, und er ist wahrlich einer der ganz besonderen Köpfe, die unter dieser Luft geatmet haben. Was aber die Erfassung der Wahrheit angeht, so war er wie ein Schwimmer, der von stürmischen Wogen bald nach unten, bald nach oben geworfen wird; denn er sah das Licht nicht beständig, deutlich und klar und schwamm nicht wie in glattem und ruhigem Wasser, sondern mit gewissen Unterbrechungen und Pausen. Der Grund dafür ist, daß er nicht alle falschen Grundsätze ausgeräumt hat, mit denen er durch die gängige Lehre genährt war, von der er ausgegangen war; derart, daß ihm, vielleicht absichtlich, der Titel sehr gelegen kommt, den er seinem Buch gegeben hat: *Von der belehrten Unwissenheit* oder *Von der unwissenden Lehre*.

ELPINO. Welches ist jenes Prinzip, das er nicht ausgeräumt hat und das er hätte ausräumen müssen?

PHILOTHEO. Daß das Element Feuer wie die Luft durch die Bewegung des Himmels eine Reibung erfahre und daß das Feuer ein sehr feiner Körper sei, entgegen jener Wirklichkeit und Wahrheit, die sich aufgrund dessen offenbart,

3 Ebd.

was wir gelegentlich anderer Gegenstände in unseren eigenen Reden erwägen; und wir schließen dort, daß für den warmen Körper ebensosehr ein festes und dichtes materielles Prinzip notwendig ist wie für den kalten; und daß der Ätherraum weder feurig noch Feuer sein kann, sondern erhitzt und entzündet durch den nahen, dichten und festen Körper, welcher die Sonne ist.[4] So daß es dort, wo wir der Natur gemäß sprechen können, nicht erforderlich ist, auf mathematische Phantasiegebilde zurückzugreifen. Wir sehen, daß die Erde sämtlich Teile hat, die an sich nicht leuchtend sind; wir sehen, daß einige durch anderes leuchten können, wie zum Beispiel ihr Wasser, ihre dunstige Luft, welche die Wärme und das Licht der Sonne aufnehmen und eins wie das andere in die umliegenden Gebiete verbreiten können. Daher muß es notwendig einen ersten Körper geben, der zugleich durch sich selbst leuchtend und warm ist. Und einen solchen kann es nur dann geben, wenn er beständig und dicht ist; denn der dünne und feine Körper kann nicht das Zugrundeliegende des Lichtes noch der Wärme sein, wie von uns andernorts angelegentlich dieses Gegenstandes bewiesen wird. Schließlich müssen also die beiden Fundamente der gegensätzlichen ersten wirkenden Eigenschaften [*contrarie prime qualitadi attive*] gleichermaßen dauerhaft sein, und die Sonne muß bezüglich der Teile, die an ihr leuchtend und warm sind, wie ein Stein oder ein äußerst festes erhitztes Metall sein; ich will nicht sagen: ein verflüssigbares Metall, wie Blei, Bronze, Gold und Silber sind, sondern ein unverflüssigbares, nicht einmal Eisen, das erhitzt ist, sondern Eisen, welches das Feuer selbst ist; und welches – ebenso wie dieses Gestirn, auf dem wir uns befinden, an sich kalt und dunkel und in keiner Weise der Wärme und des Lichts teilhaftig ist, außer soweit es von der Sonne erwärmt wird – aus sich selbst warm und leuchtend und in keiner Weise der Kälte und Dunkelheit teilhaftig ist, außer

4 Vgl. ebd. und weiter §§ 175 f.

soweit es von umliegenden Körpern abgekühlt wird und selbst wäßrige Teile besitzt, wie die Erde Teile von Feuer hat. Und somit sind – wie auf diesem ganz und gar kalten Körper, und ersten kalten und dunklen Körper, Lebewesen sind, die durch die Wärme und das Licht der Sonne leben – auf jenem heißen und leuchtenden Körper Lebewesen solcher Art, daß sie durch die Abkühlung umgebender kalter Körper ihr Leben fristen; und so, wie dieser Körper aufgrund einer gewissen Teilhabe in seinen ungleichartigen Teilen heiß ist, ist jener Körper aufgrund einer gewissen Teilhabe in den seinen kalt.

ELPINO. Was sagt Ihr nun vom Licht?

PHILOTHEO. Ich sage, daß die Sonne der Sonne nicht leuchtet und die Erde nicht der Erde. Kein Körper leuchtet in sich selbst, sondern alles Helle leuchtet im umgebenden Raum. Obwohl daher die Erde durch die Sonnenstrahlen auf der Kristallfläche ein leuchtender Körper ist, ist doch ihr Licht weder für uns noch für die, die sich auf dieser Fläche befinden, sichtbar, sondern nur für die, die ihr gegenüber sind. So wie auch, obwohl die ganze Meeresoberfläche in der Nacht vom Glanz des Mondes bestrahlt wird, dies denen nicht so erscheint, die das Meer befahren, außer in einem gewissen, dem Mond gegenüberliegenden Bereich. Wenn sie sich nun höher und höher über das Meer und in die Luft hinauf erheben könnten, würde für sie die Ausdehnung des Lichts immer mehr wachsen und der leuchtende Bereich immer größer werden. Daraus läßt sich nun ganz leicht schließen, daß ebenso für die, die sich auf den leuchtenden – oder auch beleuchteten – Gestirnen befinden, das Licht ihres Gestirns nicht wahrnehmbar ist, sondern nur das der umliegenden, so wie an einem gemeinsamen umfassenden Ort der einzelne Ort sein Licht von einem anderen einzelnen Ort hernimmt.

ELPINO. Damit wollt Ihr also sagen, daß den Bewohnern der Sonne nicht die Sonne ihr Tageslicht gibt, sondern ein anderes Gestirn in ihrer Umgebung?

PHILOTHEO. So ist es. Begreift Ihr das nicht?

ELPINO. Das ist nicht schwer zu begreifen. Im Gegenteil, aufgrund dieser Überlegung wird mir in der Folge auch noch vieles andere klar. – Es gibt also zwei Arten leuchtender Körper: feurige – und diese sind primär leuchtend – und wäßrige oder kristalline – und diese sind sekundär leuchtend.

PHILOTHEO. So ist es.

ELPINO. Mithin ist der Ursprung des Lichts nicht in einem anderen Prinzip zu suchen?

PHILOTHEO. Wie kann es anders sein, da wir doch keinen anderen Grund kennen? Warum sollten wir uns dort auf haltlose Phantasien stützen, wo die Erfahrung selbst unsere Lehrmeisterin ist?

ELPINO. Es ist wahr, wir können nicht denken, daß diese Körper das Licht aufgrund eines unbeständigen Akzidens haben, wie die Fäule des Holzes, die Schuppen und die schleimige Schicht der Fische oder die zarten Rückenpanzer gewisser Feldmäuse und Glühwürmchen; die Ursache ihres Leuchtens werden wir bei anderer Gelegenheit erörtern.

PHILOTHEO. Ganz nach Eurem Belieben.

ELPINO. Dann täuschen sich also diejenigen, welche sagen, daß die leuchtenden Körper um uns herum gewisse fünfte Wesenheiten sind, gewisse körperliche Substanzen göttlicher Art, in ihrer Natur den Substanzen entgegengesetzt, die in uns und in denen wir sind. – Sie würden vielleicht dasselbe auch von einer Kerze oder einem aus der Ferne betrachteten leuchtenden Kristall sagen.

PHILOTHEO. Gewiß.

ELPINO. Das stimmt in der Tat mit aller Wahrnehmung und Vernunft und allem Intellekt überein.

BURCHIO. Noch nicht mit dem meinen, der Eure Meinung leicht für eine allerliebste Sophisterei halten kann.

PHILOTHEO. Antworte du diesem, Fracastorio, denn Elpino und ich haben jetzt lange gesprochen; wir hören euch zu.

FRACASTORIO. Mein allerliebster Burchio, ich werde dich an die Stelle des Aristoteles setzen, und ich werde die Stelle eines Ignoranten und Tölpels einnehmen, der zugibt, nichts zu wissen, und davon ausgeht, nichts begriffen zu haben – weder von dem, was Theophilo sagt und meint, noch von dem, was Aristoteles und alle Welt mit ihm meint. Ich schenke der großen Menge Glauben, ich schenke dem ruhmvollen und majestätischen Namen des Aristoteles vom Peripatos Glauben, zusammen mit einer ungezählten Schar bewundere ich die Göttlichkeit dieses Hexenmeisters der Natur. Und darum nun komme ich zu dir, um die Wahrheit zu erfahren und mich von den Überredungskünsten jenes dort zu befreien, den du einen Sophisten nennst. Nun frage ich Euch: Was veranlaßt Euch zu sagen, daß ein außerordentlicher, ein großer oder auch nur irgendein wie auch immer bemessener, wie auch immer beschaffener Unterschied zwischen jenen Himmelskörpern und denen in unserer Nähe besteht?

BURCHIO. Die einen sind göttlich, die anderen sind Materieplunder.

FRACASTORIO. Wie werdet Ihr mich davon überzeugen, daß jene göttlicher sind?

BURCHIO. Weil sie ohne Erleiden [*impassibili*], unveränderlich, unzerstörbar und ewig sind, während die anderen das genaue Gegenteil sind. Jene vollführen eine kreisförmige, eine vollkommene Bewegung, diese eine geradlinige.

FRACASTORIO. Ich möchte wissen, ob Ihr nach reiflicher Überlegung einen Eid darauf ablegen würdet, daß dieser einheitliche Körper (den du für drei oder vier Körper hältst, weil du sie nicht als Glieder eines einzigen Ganzen erkennst) – daß also dieser Körper als einziger nicht in Bewegung sein soll, wie die anderen bewegbaren Gestirne – vorausgesetzt, daß deren Bewegung nicht sichtbar ist, weil wir von ihnen über ein gewisses Maß hinaus entfernt sind, so daß ihre Bewegung, wenn sie ist, für uns nicht sichtbar sein kann. Denn wie die wahren Betrachter der Natur, antike wie moderne, bemerkt haben und wie es uns die Sinne auf tausenderlei Art zeigen, können wir die Bewegung nur durch Vergleich mit und Bezug auf einen feststehenden Gegenstand wahrnehmen. Denn wenn man jemanden nimmt, der nicht weiß, daß das Wasser eine Strömung hat, und der das Ufer nicht sieht: Er würde keine Bewegung bemerken, wenn er in einem auf dem Wasser treibenden Boot säße. Von daher betrachtet, könnten mir Zweifel an dieser regungslosen Ruhe kommen, und ich kann dafürhalten, daß ich, wenn ich auf der Sonne, dem Mond oder einem anderen Gestirn wäre, den Eindruck hätte, mich im Zentrum einer bewegungslosen Welt zu befinden, um die herum sich alles, was sie umgibt, dreht, während hingegen der enthaltende Körper, auf dem ich mich befinde, sich um sich selber dreht. Da siehst du, wie unsicher ich über den Unterschied zwischen Beweglichem und Feststehendem bin.

Was nun das angeht, was du über die geradlinige Bewegung sagst, so sehen wir diesen Körper sich gewiß nicht auf einer Geraden bewegen, ebensowenig wie wir das bei den anderen Körpern sehen. Wenn die Erde sich bewegt, bewegt sie sich kreisförmig, wie die anderen Gestirne, so wie Hegesías[5], Platon und alle Weisen sagen und Aristoteles und alle anderen zugeben müssen. Und dasjenige an der Erde, was wir auf- und niedersteigen sehen, ist nicht der ganze Erdball, sondern es sind bestimmte Teile von ihm, die sich nicht über den Bereich hinaus entfernen, der noch unter die Teile und Glieder dieser Kugel gerechnet wird. Darin ist, wie in einem Lebewesen, das Aus- und Einfließen von Teilen, ist ein gewisser Wechsel, eine gewisse Wandlung und Erneuerung; und falls es sich auf den anderen Gestirnen ebenso verhält, ist dies für uns nicht notwendig sichtbar. Denn dieses Ausströmen und Aufsteigen von Dämpfen, die Aufeinanderfolge von Wind, Regen, Schnee und Donner,

5 Philosoph der kyrenaischen Schule, erwähnt bei Diogenes Laertius, *Leben und Meinungen berühmter Philosophen*, Buch 2.

von Unfruchtbarkeit und Überfluß, von Überschwemmungen, von Geburt und Tod, wenn all dies auch auf den anderen Gestirnen ist, können wir es doch ebensowenig sehen wie ihre Bewegung. Sondern allein durch ihren beständigen Glanz, den sie von ihrer aus Feuer oder Wasser oder Wolken gebildeten Oberfläche durch den weiten Raum zu uns senden, sind sie für uns sichtbar, ebenso wie auch dieses Gestirn für diejenigen, die auf den anderen sind, sichtbar ist durch den Glanz, der von der Oberfläche der Meere ausgeht, oder zuweilen auch von ihrem durch Wolken veränderten Aussehen, weshalb aus demselben Grund die dunklen Teile weniger dunkel erscheinen. Und dieses Aussehen ändert sich nur in einem sehr langen Zeitraum von Zeitaltern und Jahrhunderten, in deren Verlauf die Meere zu Kontinenten und die Kontinente zu Meeren werden.[6] Dieser und die anderen Körper sind also aufgrund des Lichts, das sie verbreiten, sichtbar. Das Licht dieser Erde, das sich von ihr zu den anderen Gestirnen hin ausbreitet, ist nicht mehr und nicht weniger veränderlich als das ähnlicher Gestirne. Und so, wie die geradlinige Bewegung und Veränderung jener Partikel für uns nicht sichtbar ist, ist es für sie jedwede Art von Bewegung und Veränderung, die sich in diesem Körper finden läßt. Und so, wie von dieser Erde aus, die selbst auch ein Mond ist, einige Flächen auf dem Mond heller, andere dunkler erscheinen, erscheinen vom Mond aus, der selbst auch eine Erde ist, gewisse Partien wegen der Vielfalt und Unterschiedenheit der Orte ihrer Oberfläche verschieden. Wäre der Mond weiter entfernt, würden die hellen Teile sich vereinen und zusammenziehen, da die Durchmesser der dunklen Partien verschwinden würden, bis hin zur Wahrnehmung eines kleinen, ganz und gar hellen Körpers; ebenso erschiene die Erde, wenn sie weiter vom Mond entfernt wäre.

6 Vgl. G. Fracastoro, *Homocentrica* I, Kap. 12, in: *Opera omnia*, Venedig 1555 (Neudr. Venedig 1574, Lyon 1591, Padua 1739).

Von daher könnten wir dafürhalten, daß von den unzähligen Sternen die einen Monde, andere Erdkugeln, wieder andere Welten ähnlich der unseren sind; und um diese scheint die Erde sich zu drehen, so wie diese um die Erde zu kreisen und umzulaufen scheinen. Warum also sollen wir behaupten, daß ein Unterschied zwischen diesem Körper und jenen sei, wenn dies sich als ganz und gar stimmig zeigt? Wozu abstreiten, daß diese Stimmigkeit vorhanden ist, wenn es weder einen Grund noch eine Sinneswahrnehmung gibt, die uns Anlaß geben, daran zu zweifeln?

BURCHIO. So haltet Ihr es also für erwiesen, daß jene Körper sich nicht von diesem unterscheiden?

FRACASTORIO. Für sehr wohl erwiesen, denn man kann von hier aus ebendas an jenen Körpern beobachten, was man von dort aus an unserer Erde sehen kann, das heißt: sie sind, die Erde wie die anderen, aus geringerer Entfernung kleine Körper, die teilweise leuchten, und aus größerer Entfernung sind sie, die Erde wie die anderen, vollständig leuchtend und noch kleiner.

BURCHIO. Wo ist aber dann jene schöne Ordnung, jene schöne Sprossenleiter der Natur, von der man vom dichtesten und gröbsten Körper, der Erde, aufsteigt zum weniger groben, dem Dampf, weiter zum feineren Körper, der reinen Luft, und zum feinsten, dem Feuer, bis zum göttlichen, dem Himmelskörper? – vom Dunklen zum weniger Dunklen, zum Hellen und Helleren, hin zum Allerhellsten? – vom Finsteren zum Strahlenden, vom Wandelbaren und Vergänglichen zu dem, was von allem Wandel und aller Vergänglichkeit frei ist? – vom Allerschwersten zum Schweren, von diesem zum Leichten, vom Leichten zum Allerleichtesten und von dort zu dem, was weder leicht noch schwer ist? – vom Bewegbaren zur Mitte, von der Mitte zum Bewegbaren, von dort zu dem, was um die Mitte herum bewegbar ist?

FRACASTORIO. Ihr wollt wissen, wo diese Ordnung ist? Da, wo die Träume, die Phantasien, die Chimären, die

Wahnideen sind. Denn was die Bewegung angeht, hat alles, was sich auf natürliche Weise bewegt, eine kreisförmige Fortbewegung, sei es um die eigene Mitte, sei es um die eines anderen Körpers; ich sage »kreisförmig«, nicht indem ich den Kreis und die Kreisbewegung einfach geometrisch betrachte, sondern gemäß jener Gesetzmäßigkeit, nach der wir die natürlichen Körper physikalisch ihren Ort wechseln sehen. Die geradlinige Bewegung ist keinem grundlegenden Körper eigen noch natürlich; denn man sieht sie nur an den Teilen, die gewissermaßen Ausscheidungen sind und aus den Weltkörpern ausfließen und auf der anderen Seite in die Sphären und Enthaltenden derselben Art einfließen. Wie wir die Wasser, die – durch Hitze verdünnt – in Form von Dunst in die Höhe steigen und in der ihnen eigentümlichen Form – verdichtet durch die Kälte – nach unten zurückkehren sehen, an den ihnen eigenen Ort, wie wir dies nennen wollen, wenn wir von der Bewegung handeln werden. Was die Verteilung der vier Körper anbetrifft, die man Erde, Wasser, Luft und Feuer genannt hat, möchte ich wissen, welche Natur sie schafft, welche Kunstfertigkeit sie verwirklicht, welcher Sinn sie uns zeigt.

BURCHIO. Ihr streitet also die berühmte Unterscheidung der Elemente ab?

FRACASTORIO. Ich leugne nicht ihre Unterscheidung, denn ich lasse einen jeden in Dingen der Natur so unterscheiden, wie es ihm beliebt; aber ich leugne die Ordnung, die Verteilung, nämlich daß die Erde vom Wasser umgeben und darin enthalten ist, das Wasser von der Luft, die Luft vom Feuer, das Feuer vom Himmel. Denn ich behaupte, daß es nur einer ist, der alle Körper und Wunderwerke enthält, die wir in diesem weiten Feld verstreut sehen, wobei alle diese Körper, Gestirne, Welten und ewige Lichter jeweils aus dem zusammengesetzt sind, was Erde, Wasser, Luft und Feuer genannt wird. Und wenn in ihnen in der Substanz der Zusammensetzung das Feuer vorherrscht, wird der Körper so benannt, daß er »Sonne« und »an sich

Leuchtendes« heißt; wenn darin das Wasser vorherrscht, »tellurisch« oder »Mond«, was heißt: von solcher Beschaffenheit, daß er durch anderes leuchtet, wie schon gesagt worden ist. In diesen Gestirnen oder Welten, wie wir sie nennen wollen, werden also jene ungleichartigen Teile aufgefaßt als in verschiedenen Gestaltungen angeordnet: als Steine, Seen, Flüsse, Quellen, Meere, Sandflächen, Metalle, Höhlen, Berge, Ebenen und andere Arten derartiger zusammengesetzter Körper, Orte und Gestalten, welche in den Lebewesen die sogenannten heterogenen Teile sind, gemäß den verschiedensten Gestaltungen als Knochen, Därme, Adern, Fleisch, Nerven, Lunge und Glieder der einen oder anderen Gestalt, welche ihre Berge, Täler und versteckten Orte darstellen, ihre Wasser, ihre Geister und ihre Feuer – mit Akzidentien, die den Spuren der Meteore gleichen; und diese sind die Katarrhe, die Ausschläge, die Steinbildungen, Schwindel- und Fieberanfälle und weitere unzählige Zustände, welche den Nebelbildungen entsprechen, den Regen- und Schneefällen, den Hitzewellen und feurigen Erscheinungen, den Blitzen und Donnerschlägen, den Erdbeben und Winden, den Sturmwinden aus der Wüste und vom Meer. Wenn denn die Erde und die anderen Welten[7] in anderer Weise Lebewesen sind als die, die gemeinhin dafür gelten, dann gewiß mit mehr und besserem Recht. Wie wird denn Aristoteles – oder ein anderer – beweisen können, daß sich die Luft mehr im Umkreis der Erde als in ihr befindet, da es doch keinen einzigen Teil an ihr gibt, in dem die Luft nicht ihren Sitz hätte und in den sie nicht eindränge, was vielleicht die Alten damit sagen wollten, daß das Leere das Erfüllte von außen umfasse und von innen durchdringe? Wo könnt Ihr Euch vorstellen, daß die Erde Dichte, Fülle und Festigkeit zu haben vermöchte ohne das Wasser, das die Teile zusammenbringt und vereint? Wie könnt Ihr meinen,

7 In der Ausgabe Gentile/Aquilecchia heißt es *monti* ›Berge‹ anstelle von *mondi* ›Welten‹. – Korrigiert nach S. 88 des Exemplars des Erstdrucks im Besitz der Biblioteca Nazionale, Neapel.

die Erde sei zu ihrer Mitte hin schwerer, ohne zu glauben, daß dort ihre Teile dichter seien, wobei diese Dichte unmöglich ist ohne das Wasser, welches allein vermag, Teil an Teil zu binden? Wer sieht denn nicht, daß allenthalben aus der Erde Inseln hervorkommen und Berge über das Wasser ragen, und nicht nur bis über die Wasseroberfläche, sondern bis hinaus über die dunstige und stürmische Luft, die zwischen den hohen Bergen eingeschlossen ist und unter die Teile der Erde gerechnet wird, damit sie einen vollkommen kugelförmigen Körper bildet (woher offensichtlich ist, daß die Wasser nicht weniger in den Eingeweiden der Erde sind als die Säfte und das Blut in den unseren)? Wer weiß denn nicht, daß sich in den tiefen Hohlräumen der Erde die bedeutendsten Ansammlungen des Wassers befinden? Und wenn du sagst, daß das Wasser höher ist als die Strände, gebe ich zur Antwort, daß diese nicht die oberen Teile der Erde sind, denn alles, was sich im Innern der höchsten Berge befindet, ist zu verstehen als in den Hohlräumen der Erde gelegen. Und weiter antworte ich, daß man etwas Derartiges in den staubigen Regentropfen sieht, die über der Ebene hängen und Zusammenhalt haben, denn die innerste Seele, die alles umfaßt und in allem ist, handelt als erste so, daß sie je nach dem Fassungsvermögen des Zugrundeliegenden die Teile desselben möglichst vereint. Und dem ist nicht deshalb so, weil etwa das Wasser seiner Natur nach eher über der Erde oder in ihrem Umkreis wäre oder sein könnte als das Feuchte unserer Substanz über unserem Körper oder in seinem Umkreis. Nicht zu reden davon, daß man allerorten an den Stränden und überall, wo sich Ansammlungen von Wasser finden, sieht, daß die Ansammlungen in der Mitte höher sind. Und wenn die Teile des Trokkenen sich von selbst so vereinen könnten, täten sie dasselbe, wie sie offensichtlich zur Kugel gerundet werden, wenn sie dank des Wassers zusammengeklebt sind, denn jede Verbindung und Dichte der Teile, die sich in der Luft befindet, kommt vom Wasser. Da nun die Wasser in den

Eingeweiden der Erde sind und es keinen Teil der Erde gibt, der Vereinigung der Teile und Dichte hat, welcher nicht mehr Teile an Wasser als an Trockenem enthielte (denn wo etwas am dichtesten ist, ist die Zusammensetzung mit demjenigen Zugrundeliegenden, das die Kraft des Zusammenhalts der Teile besitzt, am stärksten und die Herrschaft desselben am größten) – wer würde da nicht eher behaupten, daß das Wasser die Grundlage [*base*] der Erde sei, statt die Erde die des Wassers? – daß diese auf jenes und nicht jenes auf diese gegründet sei? Nicht zu reden davon, daß die Höhe des Wassers über der von uns bewohnten Erde, Meer genannt, nicht so bedeutend sein kann noch ist, daß sie sich mit dem Umfang dieser Kugel messen könnte. Und das Wasser ist in Wahrheit auch nicht um die Erde herum, wie die Toren glauben, sondern in ihr. Wie es Aristoteles unter dem Zwang der Wahrheit oder der herkömmlichen Redeweise alter Philosophen eingestanden hat, wenn er in seinen *Meteora* zugibt, daß die zwei tiefsten Regionen der stürmischen Luft von den hohen Bergen aufgefangen und umfaßt werden und wie Teile und Glieder der Erde sind; und diese ist umgeben und umschlossen von immer ruhiger, heiterer und klarer Luft, auf die die Sterne herabblicken.[8] Und wenn man den Blick senkt, sieht man die Gesamtheit [*università*] der Winde, Wolken und Nebel und Stürme, Fluß und Rückfluß aus dem Leben und Atmen dieses großen Lebewesens, dieser Gottheit [*nume*], die wir Erde nennen und welche man Ceres genannt, als Isis dargestellt und mit Proserpina und Diana betitelt hat; und die letztere ist dieselbe, die unter dem Namen Lucina am Himmel steht, womit gemeint ist, daß sie nicht von anderer Natur ist als diese Erde. Da seht Ihr, wie weit es gefehlt ist, wenn der gute Homer – falls er nicht gerade schläft – sagt, das Wasser habe seinen Sitz auf der Erde oder um dieselbe herum, wo weder Winde noch Regen, noch Trübe herrschen. Und hätte er länger

8 Vgl. Aristoteles, *Meteorologie* I, 3, 15–17.

überlegt und abgewartet, dann hätte er gesehen, daß auch in der Mitte dieses Körpers (wenn dort der Mittelpunkt der Schwere ist) eher der Ort des Wassers als des Trocknen ist; denn die Teile der Erde sind nicht schwer, wenn nicht viel Wasser in Zusammensetzung mit ihnen eintritt; und ohne das Wasser sind sie aus ihrem eigenen Antrieb und Gewicht heraus nicht geeignet, aus der Luft herabzusinken, um den Kugelkörper ihres Enthaltenden wiederzufinden. Welcher gesunde Menschenverstand, welche natürliche Wahrheit also wollte diese Teile in der Weise unterscheiden und anordnen, wie sie vom blinden und schmutzigen Pöbel aufgefaßt, von denen, die reden, ohne zu überlegen, gebilligt und von denen, die viel sagen und wenig denken, gepredigt wird? Wer wird noch weiterhin dies nicht für einen Ausspruch der Wahrheit halten (jedoch von einem Mann ohne Autorität, einem Gegenstand des Gelächters erdacht; von einer geachteten und berühmten Persönlichkeit als etwas berichtet, das als Mysterium oder Parabel erzählt und metaphorisch interpretiert werden muß; von einem, der mehr gesunden Sinn und Intellekt als Autorität hat, vorgebracht und unter die okkulten Paradoxe eingereiht), nämlich die Lehrmeinung Platons, die er von Timaios, Pythagoras und anderen übernommen hat und welche verkündet, daß wir in der Höhlung und im Dunkel der Erde wohnen und zu den Lebewesen, die oben auf der Erde wohnen, im selben Verhältnis stehen, wie die Fische zu uns (denn so, wie diese in einer dichteren und gröberen Flüssigkeit leben als wir, leben wir in einer dunstigeren Luft als jene, die sich in einer reineren und ruhigeren Region befinden; und ebenso, wie der Ozean, verglichen mit der unreinen Luft, Wasser ist, ist es auch unsere dunstige Luft, verglichen mit jener anderen, wahrhaft reinen.[9] Was ich aus diesem Bild und dieser Rede folgern möchte, ist dies: Das Meer, die Quellen, die Flüsse, die Berge, die Steine und die in ihnen enthaltene und bis hin

9 Vgl. Platon, *Phaidon* 109c–e.

zum mittleren Bereich – wie sie ihn nennen – in ihnen eingeschlossene Luft sind nichts anderes als verschiedenartige Teile ein und desselben Körpers, ein und derselben Masse, ganz entsprechend den Teilen und Gliedern, die wir gewöhnlich für zusammengesetzte Lebewesen erkennen. Und die Begrenzung dieses Körpers, seine Außenwölbung und letzte Oberfläche wird durch die äußersten Grenzen von Bergen und stürmischer Luft gebildet; so daß der Ozean und die Flüsse im Innern der Erde bleiben, nicht anders als die Leber, die als Ursprungsort des Blutes gilt, und die verzweigten Adern in den Gliedern eingeschlossen sind und sich ausbreiten.

BURCHIO. Dann ist die Erde also nicht der schwerste Körper und deshalb in der Mitte, nach der zunächst das Wasser kommt, das sie umgibt und schwerer ist als die Luft?

FRACASTORIO. Wenn du das Schwere nach seiner größeren Eignung beurteilst, in die Teile einzudringen und sich tief innen in der Mitte anzusiedeln, dann sage ich dir, daß die Luft das schwerste und zugleich leichteste unter all den genannten Elementen ist. – Denn so, wie jeder Teil der Erde, wenn ihm Raum gegeben wird, bis zur Mitte hinabsinkt, eilen die Teile der Luft noch umgehender zur Mitte, als es der Teil jedes beliebigen Körpers tut; denn der Luft fällt es zu, das erste zu sein, was in den Raum nachrückt, um das Leere zu verhindern und zu erfüllen. Nicht so umgehend rücken in den Raum die Teile der Erde nach, die sich gewöhnlich nicht bewegen, außer wenn die Luft sie durchdringt. Um zu bewirken, daß Luft eindringt, ist weder Erde noch Wasser, noch Feuer erforderlich; noch ist eines von diesen der Luft darin voraus, daß es bereiter, geeigneter und rascher wäre, den Ort der Luft einzunehmen, wenn diese weicht. Außerdem: Wenn die Erde, die ein fester Körper ist, sich entfernt, wird die Luft ihren Platz einnehmen; umgekehrt ist die Erde nicht geeignet, den Platz der Luft, die sich entfernt, einzunehmen. Da es also der Luft eigentümlich ist, sich zu bewegen, um in alle Orte und Winkel einzudringen, gibt es keinen leichteren Körper als die Luft und keinen schwereren als sie.

BURCHIO. Was sagst du nun vom Wasser?

FRACASTORIO. Vom Wasser habe ich gesagt, und ich sage es aufs neue, daß es schwerer ist als die Erde, denn wir sehen die Flüssigkeit machtvoller herabströmen und bis ins Innere des Trockenen eindringen, als das Trockene ins Wasser. Und darüber hinaus schwimmt das Trockene, ohne jede Beimischung von Wasser genommen, oben auf dem Wasser und ist nicht geeignet, in es einzudringen, und es sinkt nicht herab, wenn es nicht zuvor mit Wasser getränkt und zu einer Masse und einem dichten Körper verfestigt ist, und erst vermittels dieser Dichte erlangt es die Kraft, in das Wasser und unterhalb desselben zu gelangen. Das Wasser hingegen sinkt niemals dank der Erde hinab, sondern weil es sich vereint und verdichtet und die Zahl seiner Teile verdoppelt, um das Trockene sich durchtränken und zu einer Masse werden zu lassen; denn wir sehen, daß ein Gefäß mit wirklich trokkener Asche viel mehr Wasser faßt als ein gleich großes Gefäß, in dem nichts ist. Das Trockene als Trockenes ist mithin über dem Wasser gelagert und schwimmt auf ihm.

BURCHIO. Erklärt Euch besser.

FRACASTORIO. Ich sage aufs neue: Wenn man von der Erde alles Wasser entfernte, so daß das reine Trockene übrigbliebe, dann wäre das übrige notwendig ein unbeständiger Körper: locker, unverbunden und leicht in der Luft zu zerstreuen – mehr noch: in der Form unzähliger diskontinuierlicher Teile; denn das, was ein Kontinuum bildet, ist die Luft; was durch Zusammenhalt einen Körper bildet, ist das Wasser – was auch immer es mit dem kontinuierlichen, zusammenhängenden und festen Körper auf sich haben mag, der bald das eine, bald das andere, bald ein Gemisch aus beiden ist. Wenn nun die Schwere aus nichts anderem als aus Zusammenhang und Dichte der Teile herstammt und wenn die Teile der Erde untereinander keinen Zusammenhang besitzen, außer mit Hilfe des Wassers (dessen Teile, wie die der Luft, sich von sich aus vereinen und das – wenn nicht als einziges, so doch mehr als die anderen – die Kraft hat, zu bewirken, daß die Teile anderer Körper sich vereinen), dann wird füglich das Wasser bezüglich der einen Körper, welche durch dasselbe schwer werden, und bezüglich der anderen, die dadurch ein Gewicht erhalten, im ersten und eigentlichen Sinne schwer sein. Deshalb hätten die nicht als Narren gelten sollen, sondern im Gegenteil als sehr viel weiser, welche sagten, der Erdkreis sei auf den Wassern gegründet.

BURCHIO. Wir sagen, daß in der Mitte immer die Erde anzunehmen sei, wie so viele gelehrte Persönlichkeiten geschlossen haben.

FRACASTORIO. Und wie die Narren bestätigen.

BURCHIO. Was redet Ihr da von Narren?

FRACASTORIO. Ich sage, daß diese Behauptung weder durch die Wahrnehmung noch durch die Vernunft bestätigt wird.

BURCHIO. Sehen wir denn nicht, daß das Meer Ab- und Zufluß hat, sehen wir nicht die Flüsse auf der Oberfläche der Erde ihren Lauf nehmen?

FRACASTORIO. Wir sehen die Quellen nicht, die Ursprung [*principio*] der Flüsse sind und bewirken, daß die Seen und Meere aus den Eingeweiden der Erde hervortreten oder auch nicht aus ihnen hervortreten – gesetzt, Ihr habt begriffen, was ich soeben mehrmals gesagt habe?

BURCHIO. Wir sehen die Wasser aus der Luft herabkommen, ehe mit ihnen die Quellen gebildet werden.

FRACASTORIO. Wir wissen, daß das Wasser – auch wenn es aus einer anderen Luft herabkommt als derjenigen, die Teil der Glieder der Erde und ihnen zugehörig ist – ursprünglich, grundsätzlich und insgesamt in der Erde ist; und erst in der Folge ist es abgeleiteter-, zufälliger- und teilweise in der Luft.

BURCHIO. Ich weiß, du bestehst darauf, daß die wahre

äußerste Oberfläche der Außenwölbung der Erde nicht von der Meeresoberfläche herzunehmen sei, sondern von der Luft in der Höhe der höchsten Berge.

FRACASTORIO. Das hat selbst Euer Fürst Aristoteles behauptet.

BURCHIO. Dieser unser Fürst ist unvergleichlich viel gefeierter und würdiger und hat unvergleichlich viel mehr Anhänger als der Eure, den bis jetzt noch niemand kennt noch beachtet. Daher mag Euch der Eure nach Belieben gefallen – mir mißfällt der meine nicht.

FRACASTORIO. Obgleich er Euch vor Hunger und Kälte umkommen läßt, Euch Wind zur Nahrung gibt und Euch nackt gehen läßt.

PHILOTHEO. Habt die Güte und haltet Euch nicht länger mit diesen unnützen und leeren Reden auf.

FRACASTORIO. Das wollen wir tun. – Was also, o Burchio, sagt Ihr zu dem, was Ihr vernommen habt?

BURCHIO. Ich sage, daß man – wie immer es sich verhalten mag – letztlich nachsehen muß, was in der Mitte dieser Masse, deines sogenannten Lebewesens, ist. Denn wenn dort die reine Erde ist, dann ist die Weise, in der die Elemente angeordnet werden, nicht hinfällig.

FRACASTORIO. Ich habe gesagt und gezeigt, daß vernünftigerweise dort eher als das Trockene die Luft oder das Wasser ist. Und wenn dort das Trockene ist, dann nicht, ohne mit mehr Teilen an Wasser zusammengesetzt zu sein, welche dann letztendlich seine Grundlage wären. Denn wir sehen die Wasserteilchen machtvoller in die Erde eindringen als umgekehrt. Es ist daher wahrscheinlicher – mehr noch: es ist notwendig, daß in den Eingeweiden eher das Wasser ist, als daß in den Eingeweiden des Wassers die Erde ist.

BURCHIO. Was sagst du vom Wasser, das oben auf der Erde schwimmt und auf ihr fließt?

FRACASTORIO. Jedermann kann einsehen, daß dies sich dank des Wassers selbst und seines eigenen Wirkens so verhält. Denn nachdem es die Erde verdichtet und befestigt hat, indem es die Teile derselben zusammendrängt, bewirkt es, daß das Wasser nicht weiter aufgenommen wird, denn andernfalls würde es bis in die Tiefe der trockenen Substanz eindringen, wie wir aufgrund allgemeinster Erfahrung wissen. Daher muß in der Mitte der Erde das Wasser sein, damit diese Festigkeit hat, welche nicht der ersten Erde zuzuschreiben ist, sondern dem Wasser, denn letzteres verbindet und vereint die Teile der ersteren, und demzufolge bewirkt eher das Wasser die Dichte der Erde, als daß umgekehrt die Erde Ursache des Zusammenhangs der Teile des Wassers wird. Wenn du nun also nicht willst, daß in der Mitte ein Gemisch aus Erde und Wasser sei, dann ist es wahrscheinlicher und aller Vernunft gemäßer, daß dort eher das Wasser als die Erde ist. Und wenn dort ein dichter Körper ist, dann besteht mehr Grund, anzunehmen, daß dort das Wasser vorherrscht, als daß dort die Erde vorherrscht; denn das Wasser ist es, was die Dichte in den Teilen der Erde bewirkt. Die Erde löst sich durch die Hitze auf (dies sage ich nicht bezüglich der Dichte, die im ersten Feuer und durch ihr Gegenteil auflösbar ist) und hat desto mehr Anteile von Wasser, je dichter und schwerer sie ist. Daher nimmt man von den Dingen, die bei uns am dichtesten sind, nicht nur an, daß sie mehr Wasseranteile haben, sondern daß sie sich in der Substanz als Wasser erweisen, wie es sich in der Auflösung von sehr schweren und dichten Körpern zeigt, welche die verflüssigbaren Metalle sind. Und in der Tat wird in jedem festen Körper, der zusammenhängende Teile hat, das Wasser angenommen, welches die Teile zusammenfügt und verbindet, angefangen von den kleinsten Bestandteilen der Natur; derart, daß das ganz vom Wasser gelöste Trockene nichts anderes ist als lose und zerstreute Atome. Daher haben die Teile des Wassers ohne die Erde mehr Zusammenhalt, während die Teile der Erde ohne das Wasser überhaupt keinen Zusammenhalt haben. Wenn also der mittlere Ort demjenigen zuerkannt wird, welches ihm mit größerer Schnelligkeit zueilt, kommt er an erster Stelle der Luft, die alles erfüllt, an zweiter Stelle dem Wasser und an dritter Stelle der Erde zu. Wird er dem Schwersten und Dichtesten zuerkannt, kommt er an erster Stelle dem Wasser, an zweiter Stelle der Luft und an dritter Stelle dem Trockenen zu. Nehmen wir das Trockene mit Wasser verbunden, kommt er an erster Stelle der Erde, an zweiter dem Wasser und an dritter der Luft zu. So daß, je nach den mehreren verschiedenen Gründen, einem anderen die Mittellage zukommt; der Wahrheit und Natur nach ist kein Element ohne ein anderes, und es ist kein Teil der Erde, dieses großen Lebewesens, sage ich, wo nicht alle vier oder zumindest drei von ihnen sind.

Burchio. Kommt nun schnell zum Schluß.

Fracastorio. Was ich schließen will, ist dies: daß die berühmte und im Volk verbreitete Ordnung der Elemente und der Weltkörper ein Traum und ein phantastisches Wahngebilde ist, denn weder erweist sie sich in der Natur als wahr, noch wird sie durch die Vernunft bewiesen und mit Gründen dargetan; weder muß sie aus Gründen der Stimmigkeit noch kann sie der Möglichkeit nach von solcher Art sein. Somit bleibt also zu wissen übrig, daß ein unendlicher enthaltender Raum ist, der alles umfängt und durchdringt. In ihm sind unendlich viele Körper, dem unseren ähnlich, unter denen der eine nicht mehr im Zentrum des Universums ist als der andere, denn dieses ist unendlich und daher ohne Mittelpunkt und ohne Begrenzung; obwohl diese Dinge jeder dieser Welten zukommen, wie ich schon mehrfach gesagt habe, und insbesondere dann, als wir gezeigt haben, daß es gewisse, begrenzte und bestimmte Mittelpunkte gibt, welche die Sonnen und Feuer sind, um welche die Planeten, die Erd- und Wasserkörper umlaufen, so wie wir um diese Sonne die sieben Wandelsterne [*erranti*] ziehen sehen; und daß – wie wir ebenso gezeigt haben – jedes dieser Gestirne oder Welten durch die Drehung um den eigenen Mittelpunkt den Anschein einer festen und kontinuierlichen Welt erweckt, welche alle Gestirne mit sich fortreißt, die zu sehen sind, und alle, die sein können, und welche sich um dieses eine Gestirn als Zentrum dreht. Derart, daß nicht nur eine Welt, nicht nur eine Erde ist, sondern der Welten so viele sind, wie wir um uns Lichter sehen, die nicht mehr und nicht weniger in einem Himmel, an einem Ort und in einem Enthaltenden sind, als diese Welt, in der wir sind, in einem Enthaltenden, an einem Ort und in einem Himmel ist. So daß der Himmel, der unendliche und unermeßliche Luftraum, obwohl Teil des unendlichen Universums, doch nicht schon deshalb Welt noch Teil der Welt ist, sondern Schoß, Herberge und Feld, worin jene Welten sind, sich bewegen, leben und weben und alle Erscheinungen [*atti*] ihres ewigen Wechsels zu Wirklichkeit und Wirkung bringen [*poneno in effetto*], ihre Lebewesen und Bewohner hervorbringen und sie immer wieder aufs neue nähren und erhalten und mittels gewisser Verfügungen und Anordnungen über die höhere Natur walten und das Angesicht eines Seienden in unzählige Gegenstände ändern; so daß jede dieser Welten ein Mittelpunkt ist, zu dem jeder ihrer Teile hineilt und wo alles, was gleicher Herkunft ist, zur Ruhe kommt; wie die Teile dieses Gestirns aus einer gewissen Entfernung und von allen Seiten zu ihrem Enthaltenden zurückkehren. Deshalb geschieht es, daß dieses Gestirn – da es keinen Teil hat, der aus dem großen Körper hinaus- und nicht wieder zurückflösse –, zwar auflösbar, aber ewig ist; auch wenn die Notwendigkeit dieser Ewigkeit gewiß aus seinem äußeren Erhalter ist, nicht aus seiner inneren und ihm eigenen Selbstgenügsamkeit, wenn mich nicht alles täuscht. Aber dies werde ich Euch ein andermal mehr im einzelnen auseinandersetzen.

Burchio. So sind also die anderen Welten genau wie diese bewohnt?

Fracastorio. Wenn nicht genau so und wenn nicht besser, dann um nichts weniger und nichts geringer; denn ein vernünftiger und halbwegs wacher Verstand kann sich unmöglich vorstellen, daß unzählige Welten ebensolcher oder besserer Bewohner bar sein sollten – Welten, die ebenso wie diese oder herrlicher als sie erscheinen; diese sind entweder Sonnen, oder die Sonne gießt über sie ihre fruchtbaren, göttlichen Strahlen aus, und um nichts weniger preisen sie ihren eigenen Ursprung, ihre eigene Quelle glücklich, die mittels der Äußerung dieser Kraft den im Umkreis befindlichen ihre Glücksgüter zuteil werden läßt. Unendlich viele also sind die unzähligen Hauptglieder des Universums, von gleichem Aussehen, Angesicht, Anspruch, gleicher Kraft und Wirkung.

BURCHIO. Und es soll Eurer Meinung nach keinerlei Unterschied zwischen den einen und den anderen sein?

FRACASTORIO. Ihr habt mehrfach vernommen, daß diejenigen von sich aus leuchtend und warm sind, in deren Zusammensetzung das Feuer vorherrscht; andere leuchten nur aufgrund der Teilhabe anderer und sind an sich kalt und dunkel; in ihrer Zusammensetzung herrscht das Wasser vor. Aus dieser Verschiedenheit und Gegensätzlichkeit kommt die Ordnung, die Symmetrie, der Aufbau, der Friede, die Eintracht, die Versöhnung, das Leben. Derart, daß die Welten aus Gegensätzlichem zusammengesetzt sind; und die einen Extreme des Gegensatzes, wie die Erden und die Wasserkörper, leben und weben durch die anderen Extreme, wie die Sonnen und Feuer. Was – so glaube ich – der Weise im Sinn hatte, welcher sagte, daß Gott Frieden mache zwischen den höchsten Gegensätzen, und jener andere, der alles Sein als bestehend ansah aufgrund des Streites zwischen Einträchtigen und aufgrund der Liebe zwischen Streitenden.

BURCHIO. Mit dieser Rede wollt Ihr die Welt auf den Kopf stellen.

FRACASTORIO. Und du meinst, daß einer schlecht daran täte, diese verkehrte Welt auf den Kopf zu stellen?

BURCHIO. Wollt Ihr so viel Mühe, Studium und Schweiß um Bücher wie die *Physik* und *Über Himmel und Erde* umsonst gewesen sein lassen, worüber sich so viele große Kommentatoren, so viele Schreiber von Paraphrasen, Glossen, Kompendien, Summen und Randbemerkungen, so viele Verfasser von Übersetzungen, Quästionen und Theoremen das Hirn zermartert haben? – was von so vielen tiefen, subtilen, goldgeschmückten, großen, unbezwinglichen, unwiderleglichen, engelhaften, seraphischen, cherubinischen und göttlichen Doktoren[10] als Grundlage und Fundament genommen worden ist?

FRACASTORIO. *Adde* [nimm hinzu] die steinmahlenden und steinbrechenden, die hornstößigen und trittmächtigen Doktoren; *adde* die minerva- und jupitergleichen Doktoren und die, welche vom Firmament und vom Feuerhimmel herabblicken, sowie die hochdonnernden.

BURCHIO. Diese alle sollten wir auf Euer Zeugnis hin in einen Abtritt werfen? – Gewiß, um die Herrschaft der Welt wird es wohl bestellt sein, wenn die Spekulationen so vieler und so würdiger Philosophen der Verachtung preisgegeben und abgetan sein werden.

FRACASTORIO. Es ist nicht recht, daß wir den Eseln ihre Salatköpfe wegnehmen und wollen, daß ihr Geschmack dem unseren gleich sei. Die Vielfalt der Arten des Witzes und Intellekts ist nicht geringer als die der Gemüter und der Mägen.

BURCHIO. Ist Eurer Meinung nach Platon ein Ignorant, Aristoteles ein Esel, und sind diejenigen, die ihnen gefolgt sind, unvernünftig, dumm und fanatisch?

FRACASTORIO. Mein lieber Junge, ich sage nicht, letztere seien die Eselsfüllen und erstere die Esel, diese die Affenjungen und jene die alten Affen, wie Ihr meint, daß ich sagen will; sondern ich achte sie – wie ich Euch anfangs gesagt habe – für Helden dieser Erde; ich sage aber, daß ich ihnen nicht grundlos Glauben schenken noch die Sätze zugestehen will, deren Gegenteil so ganz offensichtlich wahr ist –

10 In dieser Aufzählung sind einige Beinamen berühmter Scholastiker enthalten: *doctor fundatissimus* – Ägidius Colonna, *doctor subtilis* – Duns Scotus, *magnus* – Albert von Köln, *doctor irrefragabilis* – Alexander von Hales, *doctor angelicus* – Thomas von Aquin.

wie Ihr Gelegenheit zu erkennen hattet, wenn Ihr nicht ganz blind und taub seid.

Burchio. Und wer soll nun darüber Richter sein?

Fracastorio. Jeder gesunde Menschenverstand, jedes wache Urteil, jeder gesittete Mensch, der abläßt, wenn er sich als überzeugt und unfähig erkennen muß, die Gründe jener zu verteidigen und den unseren zu widerstehen.

Burchio. Wenn ich sie nicht zu verteidigen weiß, dann wird es an meinem Unvermögen liegen, nicht aber an ihrer Lehre; wenn Ihr hingegen, der Ihr sie angreift, Schlüsse zu ziehen wißt, dann wird das nicht der Wahrheit Eurer Lehre, sondern Euren sophistischen Unverschämtheiten zu danken sein.

Fracastorio. Ich – wenn ich mich hinsichtlich der Ursachen als Ignoranten zu betrachten hätte – würde mich davor hüten, Urteile abzugeben. Hätte ich Eure Fähigkeiten und Neigungen, dann würde ich mich für aus dem Glauben belehrt erachten, und nicht aus der Wissenschaft.

Burchio. Und du, wenn du bessere Neigungen und Fähigkeiten hättest, würdest du merken, daß du ein anmaßender Esel bist, ein Sophist, ein Verstörer der guten Wissenschaften, ein Henker der Personen von Verstand, ein Umstürzler, ein Feind der Wahrheit und ein der Ketzerei Anrüchiger.

Philotheo. Bisher hatte er unter Beweis gestellt, daß er wenig gelehrt ist, jetzt will er uns zeigen, daß er wenig Augenmaß besitzt und bar jeder Gesittung ist.

Elpino. Er hat eine gute Stimme und disputiert munterer als ein Franziskanermönch. – Mein lieber Burchio, ich lobe mir sehr die Standhaftigkeit deines Glaubens. Zu Beginn sagtest du, du wolltest es nicht glauben, wenn es auch wahr wäre.

Burchio. Ja, lieber will ich in Gemeinschaft vieler glänzender Gelehrter unwissend sein, als wissend in Gemeinschaft von ein paar Sophisten, wofür ich diese Freunde hier halte.

FRACASTORIO. Schwerlich wirst du zwischen Gelehrten und Sophisten zu unterscheiden wissen, wenn wir uns an das halten sollen, was du sagst. Nicht die sind glänzende Gelehrte, die nicht wissen; die aber wissen, sind keine Sophisten.

BURCHIO. Ich weiß, Ihr versteht, was ich meine.

ELPINO. Es wäre sehr viel, wenn wir verstehen könnten, was Ihr meint, denn Ihr selbst mögt große Mühe haben, zu verstehen, was Ihr sagen wollt.

BURCHIO. Ach, geht ihr mir doch, die ihr gelehrter sein wollt als Aristoteles, göttlicher als Platon, tiefsinniger als Averroës und von besserem Urteil als eine so große Zahl von Philosophen und Theologen so vieler Zeitalter und Nationen, die Aristoteles kommentiert, bewundert und in den Himmel gehoben haben. Geht mir doch, ihr, von denen ich nicht weiß, wer ihr seid und wo ihr herkommt, und ihr wollt euch anmaßen, euch dem reißenden Strom so vieler großer Doktoren entgegenzustellen.

FRACASTORIO. Wenn dies ein Argument wäre, dann wäre es das beste von allen, die Ihr vorgebracht habt.

BURCHIO. Und du, du wärst gelehrter als Aristoteles, wenn du nicht so ein dummes Vieh wärest, so ein armer Teufel und Bettler, so ein elender Wicht, mit Hirsebrot genährt, ein Hungerleider, der von einem Schneider gezeugt und von einer Waschfrau geboren wurde, Enkel von Franz dem Flickschuster, Sohn des Momos, der den Dirnen die Briefe austrägt, und Bruder des Lazarus, der für die Esel die Schuhe macht. – Und tausend Teufel auch mit euch anderen, die ihr nicht viel besser seid als er.

ELPINO. Mit Verlaub, hoher Herr, macht Euch nicht weiter die Mühe, uns aufzusuchen, und wartet, daß wir zu Euch kommen.

FRACASTORIO. Solchen mit mehr als einem guten Grund die Wahrheit zeigen zu wollen ist so, als ob man mit mehr als einer Art von Seife und Lauge und mehr als einmal einem Esel den Kopf waschen wollte; ihn hundertmal zu waschen nützt da nicht mehr als einmal und auf tausend Arten nicht mehr als auf eine Art, und es ist ganz gleich, ob man ihn nun gewaschen hat oder nicht.

PHILOTHEO. Im Gegenteil, ein solch edles Haupt wird am Ende der Wäsche immer schmutziger aussehen als am Anfang und zuvor, denn durch das Zusetzen von immer mehr Wasser und Düften kommen die Dünste darin immer mehr in Wallung, und man beginnt den Gestank zu riechen, den man vorher nicht bemerkt hat; und das ist dann desto lästiger, je aromatischer die Düfte sind, die ihn wecken. – Wir haben heute vielerlei gesagt; ich habe große Freude an Fracastorios Fähigkeit und an Eurem reifen Urteil, Elpino. Da wir nun vom Sein, der Zahl und der Beschaffenheit der unendlich vielen Welten gehandelt haben, tun wir gut daran, morgen zu sehen, ob es Gegengründe gibt und welche diese sein können.

ELPINO. So sei es.

FRACASTORIO. Gott befohlen.

Ende des dritten Dialogs

Vierter Dialog

PHILOTHEO. Es sind also nicht in der Weise unendlich viele Welten, wie der zusammengesetzte Körper dieser Welt vorgestellt wird, umgeben von all jenen Sphären, von denen die einen ein Gestirn enthalten, andere unzählige; ist der Raum doch derart, daß darin all diese Gestirne kreisen können; jedes von ihnen ist so beschaffen, daß es sich aus einem inneren Prinzip heraus zum Umgang mit dem bewegen kann, was ihm zuträglich ist; jedes von ihnen ist zureichend, fähig und würdig, als eine Welt zu gelten; da ist keines unter ihnen, das nicht ein wirksames inneres Prinzip und die Mittel hätte, die fortwährende Zeugung hervorragender Einzelwesen zu bewahren und weiterzuführen. Ist einmal erkannt, daß der Anschein der täglichen Weltbewegung von der wahren Tagesbewegung der Erde herrührt (wie sie sich ebenso bei ihr gleichen Gestirnen findet), dann besteht kein Grund, der uns zwingen könnte, die gleiche Entfernung der Gestirne anzunehmen, welche der große Haufen als an einer achten Sphäre angenagelt ansieht; und es gibt dann keine Beredsamkeit, die uns daran hindern kann, zu erkennen, daß hinsichtlich des Abstands jener unzählig vielen unzählige Unterschiede in der Länge des Halbmessers bestehen. Wir begreifen dann, daß die Kugelschalen und Sphären des Universums nicht so angeordnet sind, wie zum Beispiel die Schalen einer Zwiebel eine die andere umfassen, wobei immer fortschreitend das Kleinere im Größeren enthalten ist, sondern daß durch das Ätherfeld das Warme und das Kalte, ausgestrahlt von hauptsächlich warmen oder kalten Körpern, sich derart in verschiedenen Graden miteinander mischen, daß sie zum nächsten Anfangsgrund der verschiedensten Formen und Arten von Seienden werden.

ELPINO. Wohlan, mit Verlaub, es möge nun rasch an die Auflösung der Gegengründe gehen, vor allem derjenigen des Aristoteles, welche am gefeiertsten und berühmtesten sind und bei der törichten Menge als die vollkommenen Beweise gelten. Und damit es nicht den Anschein hat, als ließen wir etwas aus, werde ich alle Gründe und Lehrmeinungen dieses armseligen Sophisten wiedergeben, und Ihr werdet sie nacheinander in Augenschein nehmen.

PHILOTHEO. So soll es geschehen.

ELPINO. Es ist zu prüfen, sagt er im ersten Buche seines Werkes *Über Himmel und Erde*, ob außerhalb dieser Welt eine weitere ist.

PHILOTHEO. Ihr wißt, was diese Frage angeht, daß er und wir den Namen »Welt« unterschiedlich auffassen; denn wir fügen Welt an Welt, wie Gestirn an Gestirn, in diesem weiten äthererfüllten Schoß, wie auch passend und stimmig ist, was alle diejenigen Weisen gedacht haben, die unzählige und unendlich viele Welten angenommen haben. Aristoteles hingegen faßt den Namen »Welt« als ein Aggregat der geordneten Elemente und phantasiegeborenen Kugelschalen auf – bis hin zur konvexen Seite des ersten Bewegbaren, welches, in vollkommen runder Gestalt gebildet, in schnellem Zug alles umdreht, indem es sich um sein Zentrum dreht, in dessen Nähe wir uns befinden. Es wäre daher ein unnützer und kindischer Zeitvertreib, wollten wir diese Phantastereien Argument für Argument bedenken. Aber es wird gut und nützlich sein, seine Gründe aufzulösen, soweit sie unserer Rede entgegenstehen, und das nicht in Betracht zu ziehen, was nicht im Krieg mit uns ist.

FRACASTORIO. Was werden wir denen sagen, die uns vorwerfen, aufgrund zweideutiger Begriffe zu disputieren?

PHILOTHEO. Wir werden zweierlei sagen: zum einen, daß die Schuld bei dem liegt, der die Welt gemäß einer unangemessenen Bedeutung aufgefaßt und sich ein phantastisches körperhaftes Universum zurechtgemacht hat; und zum anderen, daß unsere Antworten nicht weniger gültig sind unter Voraussetzung der Welt gemäß der Vorstellung der Gegner als gemäß der Wahrheit. Denn dort, wo die Punkte des äußersten Umkreises dieser Welt angenommen werden, deren Mitte die Erde ist, kann man die Punkte zahlloser anderer Erden annehmen, welche jenseits jener vorgestellten Umgrenzung sind; sie sind ja wirklich dort, wenn auch nicht in dem Zustand, wie jene ihn sich vorstellen; und wie dieser auch immer sei – es macht keinen Unterschied hinsichtlich dessen, was über die Quantität und die Zahl der Welten zu sagen ist.

FRACASTORIO. Ihr habt recht; fahre fort, Elpino.

ELPINO. »Jeder Körper«, sagt er, »bewegt sich oder steht still; und Bewegung und Stillstand sind entweder natürlich oder gewaltsam. Weiterhin bewegt sich jeder Körper nicht gewaltsam, sondern gemäß seiner Natur dorthin, wo er sich nicht aufgrund von Gewalteinwirkung befindet, sondern seiner Natur nach; und wohin er sich nicht gewaltsam bewegt, dort hat er seinen natürlichen Aufenthaltsort: derart, daß alles, was gewaltsam nach oben bewegt wird, sich natürlicherweise nach unten bewegt und umgekehrt. Daraus folgt, daß nicht mehr als eine Welt ist, wenn wir berücksichtigen, daß, wenn die Erde, die außerhalb dieser Welt ist, sich gewaltsam zum Mittelpunkt dieser Welt bewegt, die Erde, die in dieser Welt ist, sich auf natürliche Weise zu ihrem Mittelpunkt bewegt; und wenn ihre Bewegung von der Mitte dieser Welt zur Mitte jener Welt gewaltsam ist, dann ist ihre Bewegung zur Mitte dieser Welt natürlich. Die Ursache dafür ist, daß man dann, wenn es mehr als eine Erde gibt, sagen muß, daß die Potenz der einen der Potenz der anderen gleich ist; wie im weiteren die Potenz jenes Feuers der Potenz dieses Feuers gleich ist. Andernfalls sind die Teile jener Welten den Teilen dieser Welt nur dem Namen nach gleich, nicht aber dem Sein nach; und folglich wäre dann jene Welt nicht Welt, sondern hieße nur so. Weiter haben alle Körper, die von einer Natur und Art sind, ein und dieselbe Bewegung; denn jeder Körper bewegt sich seiner Natur nach auf irgendeine Art. Wenn also dort Erden sind wie diese und wenn sie von derselben Art sind wie diese, haben sie gewiß dieselbe Bewegung; wie umgekehrt dann, wenn dieselbe Bewegung ist, dieselben Elemente sind. Da dem nun so ist, würde sich die Erde jener Welt zur Erde dieser Welt und das Feuer jener Welt zum Feuer dieser Welt hinbewegen. Woraus weiter folgt, daß die Erde sich nicht weniger naturgemäß in die Höhe als in die Tiefe und das Feuer sich nicht weniger in die Tiefe als in die Höhe bewegen würde. Da nun derlei Dinge unmöglich sind, muß eine Erde sein, ein Zentrum, eine Mitte, eine Welt.«[1]

PHILOTHEO. Hiergegen sagen wir, daß in ebender Art, wie in diesem unendlichen universalen Raum unsere Erde sich um diesen Bereich dreht und diesen Teil einnimmt, auch die anderen Gestirne ihre Teile einnehmen und im unermeßlichen Feld um ihre Bereiche kreisen. Wobei ebenso, wie diese Erde aus ihren Gliedern besteht, ihren Wandel hat und Fluß und Rückfluß (wie wir in den Lebewesen Säfte und Teile vorkommen sehen, die in ständigem Wandel, in ständiger Bewegung sind), auch andere Gestirne aus ihren in gleicher Weise beschaffenen Gliedern bestehen. Und so, wie dieser Körper, indem er sich naturgemäß mit seinem gesamten Bau bewegt, keine Bewegung hat außer einer der Kreisbewegung ähnlichen, mit der er sich um sein eigenes Zentrum dreht und sich um die Sonne bewegt, haben notwendig auch die anderen Körper, die gleicher Natur sind, keine andere Bewegung. Und nicht anders kehren allein die Teile jener Körper, denen geschieht, daß sie sich von ihrem Ort entfernt haben, welche aber nicht als Hauptglieder oder -teile angesehen werden dürfen, naturgemäß aus eigenem Antrieb dorthin zurück, so daß Teile des Trockenen und des Wassers, die sich durch Einwirkung der Sonne und der Erde in Form von Ausdünstungen und Dampf in höhere Bereiche entfernt hatten, dorthin zurückkehren, wenn sie ihre eigene Form wieder angenommen haben. Und so entfernen sich jene Teile nicht über eine gewisse Grenze hinaus von

1 Vgl. Aristoteles, *Über den Himmel* I,8,276a 22 – b 21.

ihrem Enthaltenden; wie deutlich werden wird, wenn wir die Materie der Kometen als nicht zu dieser Weltkugel gehörig erkennen werden. Ebensowenig also wie die Teile eines Lebewesens, obgleich sie derselben Art angehören wie die eines anderen Lebewesens, haben die Teile jener Körper – und ich spreche von den hauptsächlichen und sehr weit entfernten Teilen – jemals irgendeine Neigung zum Ort der Teile anderer, weil sie verschiedenen Einzelwesen zugehören: Wie meine Hand niemals zu deinem Arm und dein Kopf nicht zu meinem Oberkörper passen wird. Nachdem diese Grundlagen gelegt sind, sagen wir, daß in der Tat zwischen allen Gestirnen, allen Welten, Ähnlichkeit besteht und daß diese Erde und die anderen Erden dasselbe Recht haben. Daraus folgt noch nicht, daß dort, wo diese Welt ist, alle anderen sein müssen und daß dort, wo diese Erde sich befindet, alle anderen sich befinden müssen; man kann jedoch sehr wohl schließen, daß so, wie diese an ihrem Ort besteht, die anderen an dem ihren bestehen. Wie nicht gut ist, daß diese Welt sich zum Ort der anderen hinbewegt, so ist auch nicht gut, daß die anderen sich zum Ort dieser hinbewegen; wie diese in der Materie und in anderen individuellen Umständen von jenen verschieden ist, so sind auch jene von ihr verschieden. Ebenso bewegen sich Teile dieses Feuers zu diesem Feuer, wie Teile jenes anderen Feuers sich zu jenem hinbewegen; und ebenso bewegen sich auch die Teile dieser Erde zu ihr als ganzer hin, wie die Teile jener anderen zu jener als ganzer. Ganz ebenso würden sich die Teile jener Erde, die wir Mond nennen, mit ihren Wassern widernatürlich und gewaltsam zu dieser Erde hinbewegen, wie auch umgekehrt die Teile dieser Erde zu jener. Jene Erde kreist naturgemäß an ihrem Ort und nimmt ihren Bereich ein, der dort ist; und diese Erde ist naturgemäß hier in ihrem Bereich; und somit nehmen die Teile jener Erde auf jene Bezug, ganz wie auf diese Erde die ihrigen. Ebenso mußt du die Teile jener Wasser und Feuer ansehen. Das Unten oder der untere Ort dieser Erde ist kein Punkt des

Ätherraums außerhalb ihrer (wie es bei den Teilen der Fall ist, die aus ihrer eigenen Sphäre herausgedrängt werden, wenn das geschieht), sondern dieser Ort ist im Zentrum ihrer Masse oder Rundung oder Schwere. Ebenso ist das Unten jener Erde kein Ort außerhalb ihrer, sondern ihre eigene Mitte, ihr eigenes Zentrum. Das Oben dieser Erde ist alles, was auf ihrem Außenkreis und außerhalb seiner ist; daher bewegen sich die Teile jener Erde nur gewaltsam aus dem Außenkreis heraus, und naturgemäß sammeln sie sich zu ihrem Zentrum hin, so wie sich die Teile dieser Erde nur gewaltsam von ihr fortbewegen und naturgemäß zu ihrer eigenen Mitte zurückkehren. So ist die wahre Gleichheit zwischen den einen und den anderen Erden zu fassen.

ELPINO. Ihr sagt sehr richtig, daß es unmöglich ist, da unstimmig, daß eines dieser Lebewesen sich dort bewegen und seinen Sitz haben soll, wo das andere ist, und nicht seinen eigenen individuellen Fortbestand [*sussistenza*] an seinem eigenen Ort und in seiner eigenen Umgebung hat; so ist es auch unstimmig, daß die Teile eine Neigung und wirkliche Bewegung haben sollen zum Ort und zu den Teilen des anderen hin.

PHILOTHEO. Wohlgemerkt: die Teile, welche wahrhaft Teile sind. Denn was die ersten unteilbaren Körper angeht, aus denen ursprünglich das Ganze zusammengesetzt ist, so ist anzunehmen, daß sie durch den unermeßlichen Raum hindurch einen gewissen Wechsel haben, durch den sie an dem einen und dem anderen Ort einfließen. Und diese haben, auch wenn sie durch göttliche Vorsehung der Wirklichkeit nach keine neuen Körper bilden noch die alten auflösen können, dennoch die Fähigkeit [*facultà*] dazu. Denn die Weltkörper sind eigentlich auflösbar; aber es kann sein, daß sie aus ihnen innewohnender oder äußerlicher Kraft ewig, sich selbst gleich, bestehen, weil in dem Maß, wie Atome aus ihnen ausfließen, auch in sie einfließen; und daß sie so der Zahl nach gleich bleiben, so wie wir, die wir uns in der Körpersubstanz in ähnlicher Weise Tag für Tag, Stunde für

Stunde, Augenblick für Augenblick erneuern, durch Aufnahme und Verwertung, die wir mit allen Körperteilen betreiben.

ELPINO. Hiervon werden wir ein andermal sprechen. Hinsichtlich unseres gegenwärtigen Gesprächsgegenstandes stellt Ihr mich wieder außerordentlich durch die Bemerkung zufrieden, daß es ebenso gewaltsam wäre, wenn irgendeine andere Erde zu dieser aufstiege, wenn sie sich zu diesem Ort bewegte – ganz so wie diese nur gewaltsam aufsteigen könnte, wenn sie sich zu einer beliebigen anderen hinbewegte. Denn ebenso, wie man von jedem Teil dieser Erde in Richtung auf den Außenkreis oder die äußerste Oberfläche und den Ätherhorizont gewissermaßen in die Höhe steigt, ist ein Aufstieg von jedem Teil der Oberfläche anderer Erden in Richtung auf diese anzunehmen, denn diese Erde ist ja ebenso Umkreis für jene, wie jene es für sie sind. Ich billige, daß – obgleich jene Erden von derselben Natur sind wie diese – nicht schon deshalb folgt, daß sie demselben Zentrum zustreben; denn das Zentrum einer anderen Erde ist ebensowenig auch das Zentrum dieser Erde, oder der Außenkreis der einen auch der der anderen, wie meine Seele Eure ist; meine Schwere und die meiner Körperteile sind nicht Euer Körper und Eure Schwere; mögen auch alle diese Körper, Schweren und Seelen unzweideutig ausgesagt werden und von gleicher Art sein.

PHILOTHEO. Gut, gut. Aber deshalb dürft Ihr Euch nicht vorstellen, daß – wenn sich die Teile jener Erde dieser Erde näherten – es nicht möglich wäre, daß sie auf ebendieselbe Weise zu diesem Enthaltenden getrieben würden, wie wenn die Teile dieser Erde sich jener Erde annäherten; obgleich wir dies bei den Lebewesen und verschiedenen Einzelwesen gewöhnlich nicht eintreten sehen, außer wenn das eine sich durch das andere nährt oder eins sich in das andere verwandelt.

ELPINO. Nun gut. Aber was würdest du sagen, wenn jene ganze Sphäre dieser so nahe wäre, daß es eintritt, daß ihre

Teile sich von ihr entfernen, welche die Eignung haben, zu ihrem Enthaltenden zurückzukommen?

PHILOTHEO. Vorausgesetzt, beträchtliche Teile der Erde verließen ihren Außenkreis, außerhalb dessen – wie man sagt – die Luft klar und rein sein soll, räume ich leicht ein, daß diese Teile von dort naturgemäß zu ihrem Ort zurückkommen; aber nicht etwa, daß eine gesamte andere Sphäre kommt oder daß ihre Teile naturgemäß zur Erde herabkommen – dies geschähe vielmehr gewaltsam; ganz wie die Teile dieser Erde nicht auf natürliche Weise herab-, sondern auf gewaltsame Weise heraufkämen. Denn für alle Welten ist das Äußere ihres Umkreises das Oben, und das innere Zentrum ist das Unten, und man nimmt das Maß der Mitte, zu dem ihre Teile naturgemäß streben, nicht außerhalb dieser Welten, sondern innerhalb ihrer; was diejenigen nicht wußten, welche durch die Erfindung einer gewissen Grenze – und aufgrund einer unzulänglichen Definition des Universums – Mitte und Zentrum der Welt und dieser Erde für ein und dasselbe hielten. Wovon das Gegenteil gefolgert, bekannt und zugestanden ist unter den Mathematikern unserer Zeit, welche herausgefunden haben, daß von dem vorgestellten Umkreis der Welt das Zentrum der Erde nicht die gleiche Entfernung hat. Gar nicht zu reden von den Weiseren, welche, da sie die Erdbewegung begriffen hatten, gefunden haben (nicht nur aus Gründen, die ihrer Kunst eigentümlich sind, sondern *etiam* [auch] aus dem einen oder anderen natürlichen Grund), daß wir uns die Welt und das Universum, die wir mit dem Gesichtssinn erfassen können, vernünftiger, und ohne auf Unstimmigkeiten zu stoßen, und nach einer richtigeren und passenderen Theorie, welche auf die regelmäßigste Bewegung der erwähnten Wandelsterne um die Mitte anwendbar ist, so vorzustellen haben, daß die Erde vom Zentrum ebensoweit entfernt ist wie die Sonne. Daher ist es ihnen mittels ihrer Prinzipien ein leichtes, nach und nach auch die Nichtigkeit dessen aufzudecken, was von der Schwere dieses Körpers im Unterschied zu den anderen gesagt wird; von der gleichen Entfernung ungezählter Welten, die wir von diesem Planeten aus jenseits der anderen Planeten erblicken; von der schwindelerregend schnellen Bewegung all der anderen um dieses eine Gestirn herum, anstelle der Bewegung dieses einen bezüglich aller anderen; und sie werden zumindest Verdacht schöpfen können, was andere schwerwiegende Unstimmigkeiten angeht, die in der Vulgärphilosophie unterstellt werden. Um nun zu dem Gegenstand zu kommen, von dem wir ausgegangen waren, sage ich nochmals, daß das Ganze insgesamt ebensowenig wie seine Teile geeignet wäre, sich zur Mitte des anderen hinzubewegen, wie nah auch immer ein anderes Gestirn diesem wäre, so daß der Raum oder Punkt des Außenkreises jenes Gestirns den Raum oder Punkt des Außenkreises dieses Gestirns berührte.

ELPINO. Die Natur hat es in weiser Voraussicht so geordnet, daß es gerade umgekehrt ist; denn andernfalls würde ein Körper den ihm entgegengesetzten zerstören. Das Kalte und Feuchte und das Warme und Trockene würden sich gegenseitig umbringen – während sie, in passender Entfernung angeordnet, eins durch das andere leben und weben. Weiterhin würde ein gleicher Körper den anderen an der Mitteilung und am Empfangen des Zuträglichen hindern, das er dem Ungleichen gibt und von ihm erhält; wie uns die zuweilen nicht unerheblichen Schäden deutlich machen, die wir in unserer Hinfälligkeit dadurch erleiden, daß eine andere Erde, welche wir Mond nennen, zwischen uns und die Sonne tritt. Was geschähe denn wohl, wenn der Mond der Erde näher wäre und uns merklich länger dieser heißen Lebensflamme beraubte?

PHILOTHEO. Ihr habt recht. Fahrt nun im Gegenstand des Aristoteles fort.

ELPINO. Er bringt danach einen Scheineinwand, der so lautet: Ein Körper bewegt sich deshalb nicht zum anderen hin, weil er, je weiter er von ihm räumlich entfernt ist, auch desto verschiedener seiner Natur nach von ihm ist. Und dagegen sagt er, daß die größere oder geringere Entfernung nicht mächtig ist, zu bewirken, daß die Natur so oder anders sei.[2]

PHILOTHEO. Dies ist, so verstanden, wie es verstanden werden muß, vollkommen wahr. Aber wir haben eine andere Antwort zu geben und bringen einen anderen Grund vor, weshalb eine Erde sich nicht zu einer anderen hinbewegt, sei diese nun nah oder fern.

ELPINO. Diesen Grund habe ich verstanden. Jedoch scheint mir auch das wahr zu sein, was die Alten anscheinend sagen wollten: daß ein Körper durch seine größere Entfernung immer geringere Eignung hat (von den Alten häufig Eigenart oder Natur genannt); denn die Teile, denen viel Luft unterliegt, sind weniger mächtig, das Medium zu zerteilen und nach unten zu kommen.

PHILOTHEO. Es ist gewiß und an den Teilen der Erde oft erprobt, daß sie von einer gewissen Grenze ihres Entferntseins und Abstandes zu ihrem Enthaltenden zurückzukehren pflegen; und sie streben um so eiliger zu ihm hin, je mehr sie sich ihm nähern. Aber wir sprechen jetzt von den Teilen einer anderen Erde.

ELPINO. Da nun die eine Erde der anderen und ein Teil dem anderen ähnlich ist, was glaubst du, was geschähe, wenn sie sich nahe wären? Wäre nicht die Möglichkeit gegeben, zu der einen wie zu der anderen zu gehen und dementsprechend auf- oder niederzusteigen?

PHILOTHEO. Wenn man einmal etwas Unstimmiges angenommen hat (wenn es denn unstimmig ist), was hindert, daß weiteres Unstimmiges daraus folgt? Aber lassen wir das beiseite; ich sage, daß die Teile, die sich in gleichem Verhältnis zu beiden Erden und im gleichen Abstand von ihnen befinden, entweder bleiben, wo sie sind, oder aber – wenn sie einen Ort bestimmen, dem sie zueilen – absteigend heißen in bezug auf diesen Ort oder aufsteigend in bezug auf den, von dem sie sich entfernen.

2 Vgl. ebd., 276b 11.

ELPINO. Wer weiß aber, ob die Teile eines Grundkörpers sich zu einem anderen Grundkörper hinbewegen, obwohl dieser artgleich ist? Denn es scheint, als könnten die Teile und Glieder eines Menschen zu einem anderen nicht passen oder stimmen.

PHILOTHEO. Das ist grundsätzlich und primär wahr; aber beiläufig und sekundär geschieht auch das Gegenteil. Denn die Erfahrung hat gezeigt, daß das Fleisch des einen an dem Ort anhaftet, wo die Nase des anderen war; und wir trauen uns zu, das Ohr eines anderen ganz leicht an den Platz nachrücken zu lassen, wo sein Ohr war.[3]

ELPINO. Das kann keine landläufige Chirurgie sein.

PHILOTHEO. Das ist sie wohl nicht.

ELPINO. Ich möchte aber doch eins wissen: Wenn es geschähe, daß ein Stein mitten in der Luft wäre, in gleichem Abstand von zwei Erden: wie haben wir es uns zu denken, daß er unbeweglich bliebe? – und in welcher Weise würde er sich entscheiden, eher zu dem einen als zu dem anderen Körper zu gehen?

PHILOTHEO. Ich sage folgendes: Da der Stein seiner Gestalt nach den einen enthaltenden Körper nicht mehr angeht als den anderen und der eine und der andere das gleiche Verhältnis zu dem Stein haben und ihm ganz gleichartig zugeneigt sind, würde es geschehen, daß der Stein im Zweifel der Entscheidung zwischen zwei entgegengesetzten Zielen an Ort und Stelle bleibt, unfähig, sich zu entschließen, zum einen eher als zum anderen zu gehen, von denen der eine ihn nicht mehr zu sich zieht als der andere, und den Stein treibt es nicht mehr zum einen als zum anderen. Wenn aber der eine ihm seiner Art und Natur nach gemäßer und ihm ähnlicher und zu seiner Erhaltung besser geeignet ist, wird er sich dafür entscheiden, sich auf dem kürzesten Weg zu ihm zu begeben. Denn das hauptsächliche Prinzip der Be-

3 Man vgl. den Bericht von einem solchen Experiment im Jahre 1561: C. Porzio, *Opere*, Turin 1852, S. 22ff. – Weiterhin zu diesem Thema: F. Marchand, *Der Process der Wundheilung*, Stuttgart 1901, S. 391f.

wegung ist nicht die eigene Sphäre und der eigene enthaltende Körper, sondern der Selbsterhaltungstrieb: Wie wir die Flammen auf der Erde züngeln, sich neigen und in die Tiefe lecken sehen, um zum nächsten Ort zu gelangen, an dem sie sich entzünden und nähren können, und wie sie davon absehen, zur Sonne aufzusteigen, zu der sie sich nicht ohne Gefahr, auf dem Weg abzukühlen, erheben können.

ELPINO. Was sagst du aber zu dem, was Aristoteles hinzufügt, nämlich daß die Teile gleichartiger Körper, wie weit sie auch voneinander entfernt sein mögen, sich dennoch zu ihrem Ganzen und zu den ihnen ähnlichen Teilen hinbewegen?

PHILOTHEO. Wer sähe wohl nicht, daß dies wider jede Vernunft und jeden Sinn ist, in Anbetracht dessen, was wir vor kurzem gesagt haben? – Gewiß, die Teile außerhalb ihres Kugelkörpers bewegen sich zum benachbarten ähnlichen Körper, auch wenn dieser nicht ihr hauptsächlicher enthaltender Körper ist; und zuweilen auch zu einem anderen, der sie erhalten und ernähren soll, obgleich er ihnen der Art nach nicht ähnlich ist. Denn das treibende innere Prinzip entspringt nicht aus der Beziehung zu einem bestimmten Ort, einem bestimmten Punkt oder einer eigenen Sphäre, sondern aus dem natürlichen Trieb, den Ort aufzusuchen, wo der Körper besser oder rascher die Mittel hat, sich in seinem gegenwärtigen Sein zu erhalten; und dies begehren naturgemäß alle Dinge, wie unwürdig dieses Sein auch sei. Wie auch am heftigsten die Menschen zu leben begehren und zu sterben fürchten, die ohne das Licht der wahren Philosophie sind, von keinem Sein etwas wissen als von dem gegenwärtigen und meinen, es könne nichts anderes geschehen als das, was sie getroffen hat. Denn sie sind nicht zu der Einsicht gelangt, daß das Lebensprinzip nicht in den Äußerlichkeiten [*accidenti*] besteht, die aus der Zusammensetzung hervorgehen, sondern in einer ungeteilten und unauflöslichen Substanz, zu welcher, wenn sie ungetrübt ist, kein Begehren, sich zu erhalten, stimmt, noch auch die Furcht, verlorenzugehen; dies kommt vielmehr dem Zusammengesetzten zu, und zwar aus Gründen der Symmetrie, der Verflechtung, der Akzidentien. Denn weder die geistige Substanz, welche als die einende zu verstehen ist, noch die materielle, die als das zu verstehen ist, was geeint wird, können Wandel oder Erleiden erfahren, und demzufolge suchen sie auch nicht, sich zu erhalten, und es kommt diesen Substanzen keinerlei Bewegung zu, sondern nur dem Zusammengesetzten. Diese Lehre begreift man, wenn man weiß, daß Leicht- und Schwersein weder den Welten noch Teilen derselben zukommt; denn diese Unterschiede bestehen nicht im Hinblick auf die Natur, sondern nur im Sinne der Setzung und relativ. Weiter ergibt sich aus dem, was wir bereits anderweitig erwogen haben (daß das Universum keine Grenze und keinen äußersten Punkt hat, sondern unermeßlich und unendlich ist), der Schluß, daß die Hauptkörper nicht hinsichtlich eines irgendwie gearteten Mittelpunkts oder äußersten Punkts als geradlinig bewegt bestimmt werden können, denn sie haben überall außerhalb ihres Außenkreises denselben Bezug; daher haben sie keine andere geradlinige Bewegung als die ihrer Teile, bezogen auf kein anderes Zentrum, keinen anderen Mittelpunkt, als das eigene Ganze, Enthaltende, Vollkommene. Aber davon werden wir andernorts bei anderer Gelegenheit handeln. Um nun zum Punkt zu kommen, behaupte ich: Dieser Philosoph kann, seinen eigenen Prinzipien nach, nicht bestätigen, daß ein Körper, wie weit entfernt auch immer, Eignung habe, zu seinem enthaltenden oder einem ihm ähnlichen Körper zurückzukehren, solange er annimmt, daß die Kometen aus irdischer Materie bestehen, daß diese Materie in Form einer Ausdünstung in die Feuerregion aufgestiegen ist und daß diese Teile – die unfähig sind, in die Tiefe hinabzusteigen, sondern, angezogen von der Bewegung des ersten Bewegbaren, die Erde umkreisen – dabei doch nicht aus der fünften Essenz sind, sondern äußerst schwere und dichte Erdkörper. Wofür deutlich spricht, daß sie in so großen Abständen wiedererscheinen und so lange dem heftigen Feuerbrand Widerstand leisten: derart, daß es zuweilen länger als einen Monat dauert, bis sie verbrennen, wie denn in unserer Zeit einer 45 Tage lang gesehen worden ist.[4] Wenn nun das Schwereverhältnis durch die Entfernung nicht zerstört wird, weshalb kommt ein solcher Körper dann nicht nur nicht herab oder bleibt unbeweglich stehen, sondern umkreist auch noch die Erde? Wenn Aristoteles sagt, er kreise nicht aus sich heraus, sondern weil er mitgerissen wird, dann bestehe ich weiterhin darauf, daß so auch seine Himmel und Gestirne (die weder schwer noch leicht, noch von ähnlicher Materie sein sollen) mitgerissen werden. Ganz zu schweigen davon, daß die Bewegung jener Körper eine nur ihnen eigentümliche zu sein scheint, denn sie ist nie der Tagesbewegung noch der Bewegung der anderen Gestirne konform.

Dieses Argument ist bestens geeignet, diejenigen zu überzeugen, die seine Prinzipien teilen. Denn von der wahren Natur der Kometen werden wir noch sprechen und ihnen eine eigene Betrachtung widmen, wo wir zeigen werden, daß solche Brände nicht der Feuersphäre entstammen, da sie dann von allen Seiten entzündet würden, wenn sie dem ganzen Umfang und der ganzen Oberfläche ihrer Masse nach in der von der Reibung erhitzten Luft, wie sie sagen, oder auch Feuersphäre, enthalten wären. Aber immer sehen wir den Brand auf einer Seite. – Wir folgern, daß besagte Kometen eine Art von Gestirnen sind, wie die Alten ganz richtig gesagt und gedacht haben; und zwar ein Gestirn solcher Art, daß es, wie es sich in seiner Eigenbewegung der Erde nähert und von ihr entfernt, nach dem Maß des Näherkommens und Fernerrückens zunächst zu wachsen scheint, als ob es sich entzündete, und dann schwindet, als

4 Gentile nimmt an, Bruno beziehe sich auf den Kometen von 1582, entdeckt von Tycho Brahe. Zur zeitgenössischen Diskussion um die Kometen vgl. D. Hellman: *The Comet of 1577. Its Place in the History of Astronomy*, New York 1944.

ob es verlösche; und es bewegt sich nicht um die Erde, sondern seine Eigenbewegung ist diejenige, die über die der Erde eigene Tagesbewegung hinausgeht, denn diese letztere läßt die Lichter, die außerhalb ihres Außenkreises sind, auf- und untergehen, indem sie ihnen den Rücken wendet. Und es ist nicht möglich, daß jener so große Erdkörper von der Luft, die so flüssig erscheint und ein so wenig dichter Körper ist, daß sie keinem anderen widersteht, mitgeführt und wider seine Natur in der Schwebe gehalten werden könnte. – Wenn dem so wäre, dann wäre seine Bewegung ausschließlich der des ersten Bewegbaren konform, von dem er mitgeführt wird, und er würde nicht die Planetenbewegung nachahmen; daher wird einmal geurteilt, er sei von der Natur Merkurs, dann wieder, er sei von der des Mondes, dann von der Saturns, dann wieder von der anderer Planeten. Aber davon wird anderweitig eigens die Rede sein.[5] Für den Augenblick genügt es, davon so viel gesagt zu haben, wie hinreichend ist als Argument gegen den, der nicht will, daß aus der größeren oder geringeren Entfernung größere und geringere Befähigung zur Bewegung abgeleitet wird, welche er gegen jede Wahrheit als natürliche Eigenbewegung bezeichnet. Diese läßt nicht zu, daß man sagen kann, sie sei dem natürlich und eigentümlich, was sich in einem solchen Zustand befindet, da sie ihm niemals gemäß sein kann, und daher darf man, wenn über eine gewisse Entfernung hinaus die Teile sich überhaupt zum enthaltenden Körper hinbewegen, nicht sagen, daß diese Bewegung ihnen natürlich sei.

ELPINO. Der ist gut beraten, der wohl erwägt, daß jener Philosoph den wahren Naturprinzipien ganz entgegengesetzte Grundsätze hatte. Er wiederholt darauf, daß, »wenn

5 Bruno wird dieses Thema sieben Jahre später wieder aufnehmen, in der dritten Schrift der sog. Frankfurter Trilogie, im *De immenso et innumerabilibus*, Buch 4, Kap. 9 und Buch 6, Kap. 29. – Vgl. G. Bruno, *Opera Latine Conscripta*, hrsg. von F. Fiorentino, F. Tocco u. a., 3 Bde. in 8 Tlen., Neapel/Florenz 1879–91, repr. Nachdr. Stuttgart-Bad Cannstatt 1961–62.

die Bewegung einfacher Körper ihnen natürlich ist, diese einfachen Körper, die in vielen Welten sind, sich zur selben Mitte oder zum selben Rand hinbewegen«.[6]

PHILOTHEO. Das ist es, was er niemals wird beweisen können, das heißt, daß sie sich zum selben individuellen und einzelnen Ort[7] hinbewegen. Denn daraus, daß die Körper von der gleichen Art sind, folgert man, daß ihnen ein Ort und Mittelpunkt gleicher Art zukommt, der ihr eigenes Zentrum ist; aber weder kann noch darf man schließen, daß sie einen der Zahl nach gleichen Ort fordern.

ELPINO. Er hat diesen Einwand in gewissem Sinne vorausgeahnt; und daher preßt er aus all seinem vergeblichen Bemühen dies heraus: beweisen zu wollen, daß die zahlenmäßige Verschiedenheit nicht Ursache einer Verschiedenheit des Ortes sei.[8]

PHILOTHEO. Im allgemeinen sehen wir gerade das Gegenteil. – Doch sagt, wie beweist er dies?

ELPINO. Er sagt folgendes: Damit die zahlenmäßige Verschiedenheit der Körper Anlaß für ihre örtliche Verschiedenheit gibt, wäre erforderlich, daß nach Zahl und Gewicht verschiedene Teile dieser Erde in ebendieser Erde jeweils ihren eigenen Mittelpunkt haben. Was unmöglich und unzulässig ist, da ja die Zahl der Mittelpunkte der Zahl der einzelnen Erdteile entsprechen würde.[9]

PHILOTHEO. Nun bedenkt, wie armselig die Überzeugungskraft dieses Arguments ist. Bedenkt, ob Ihr nicht einstweilen von der entgegengesetzten Ansicht ausgehen oder besser für diese Ansicht Bestätigung erhalten könnt. Wer würde bezweifeln, daß es durchaus zulässig ist, zu sagen, ein Seiendes sei der Mittelpunkt der gesamten Masse

6 Vgl. Aristoteles, *Über den Himmel* I,8,276b 29–32.
7 In der Ausg. Gentile/Aquilecchia heißt es *loro* ›ihr‹ anstelle von *loco* ›Ort‹. – Korrigiert nach S. 122 des Exemplars des Erstdrucks im Besitz der Biblioteca Nazionale, Neapel.
8 Vgl. Aristoteles, *Über den Himmel* I,8,276b 32–277a 4.
9 Ebd., 277a 4–9.

des Körpers und des ganzen Lebewesens, auf den alle Teile sich beziehen, um den sie sich sammeln und durch den sie Einheit und Grund haben; – und zu sagen, es könnten in der Tat unzählige Mittelpunkte sein, je nachdem wir in jedem der unzählbaren Teile einen Mittelpunkt suchen oder nehmen oder annehmen können? Im Menschen ist eines, welches man das Herz nennt, das Zentrum schlechthin; und danach sind der Zentren sehr viele, gemäß der Vielzahl der Teile, unter denen das Herz seinen Mittelpunkt hat, die Lunge den ihren, der Kopf, der Arm, die Hand, der Fuß, dieser Knochen und jene Ader, dieses Glied und jene Teilchen, welche jene Glieder bilden und ihren eigentümlichen und bestimmten Ort und Platz haben – sowohl hinsichtlich des Ersten und Allgemeinen, das als Ganzes unteilbar ist, als auch hinsichtlich des ihm Nächsten und Besonderen, welches dieses oder jenes Glied des Unteilbaren als Ganzes ist.

Elpino. Bedenkt: Man kann ihn auch so verstehen, daß er nicht schlechthin sagen will, *wodurch* jeder Teil seinen Mittelpunkt hat; sondern *daß* er einen Mittelpunkt hat, zu dem er sich hinbewegt.

Philotheo. Am Ende kommt das auf eines hinaus: Für die Lebewesen ist nicht erforderlich, daß alle Teile zum Mittelpunkt und Zentrum hinstreben; denn das ist unmöglich und unzulässig; gefordert wird vielmehr, daß sie hinsichtlich der Verbindung der Teile und des Gefüges des Ganzen darauf bezogen sind. Denn das Leben und den Zusammenhalt der teilbaren Dinge sieht man nirgends als in der gebührenden Verbindung der Teile, die immer so angesehen werden, daß sie jenes Ziel [*termine*] gemeinsam haben, welches als derselbe Mittelpunkt und dasselbe Zentrum aller genommen wird. Daher beziehen sich die Teile, was das Gefüge des Ganzen angeht, auf nur einen Mittelpunkt; was den Aufbau jedes Gliedes angeht, beziehen sich die Teilchen eines jeden auf den Mittelpunkt jedes Gliedes, derart, daß die Leber aufgrund der Verbindung ihrer Teile Bestand hat – ebenso die Lunge, der Kopf, das Ohr, das Auge und anderes. Da seht Ihr, daß es nicht nur nicht unzulässig, sondern ganz und gar natürlich ist und daß es viele Mittelpunkte geben kann – nach dem Maß einer Vielzahl von Teilen, wenn es ihm so gefällig ist; denn hierbei hat das eine Bestand, Dauer und Zusammenhalt durch Zusammenhalt, Bestand und Dauer des anderen. – Wahrlich, der Intellekt empört sich angesichts solcher Grillen, wie dieser Philosoph sie vorbringt.

ELPINO. Dies muß man des Ansehens wegen leiden, das er genießt – mehr deshalb, weil man ihn nicht verstanden hat, als aus einem anderen Grund. Und dabei bedenkt doch mit Verlaub, wie sehr der edle Herr sich in diesem lumpigen Argument gefiel! Seht, wie er fast triumphierend hinzufügt: »Wenn also, wer Gegenteiliges behauptet, diese Reden und Gründe nicht zu widerlegen vermag, dann ist notwendig eine Mitte und ein Außenkreis [*orizonte*].«[10]

PHILOTHEO. Wie wahr! – Fahrt fort.

ELPINO. Darauf beweist er, daß die einfachen Bewegungen endlich und begrenzt sind; denn das, was er sagte hinsichtlich dessen, daß die Welt eine ist und daß die einfachen Bewegungen ihren eigenen Ort haben, war hierauf gegründet. Er sagt also: »Jedes Bewegbare bewegt sich von einem gewissen Grenzpunkt [*termine*] zu einem anderen gewissen Grenzpunkt, und immer besteht eine spezifische Differenz zwischen dem Ausgangs- und dem Endpunkt [*il termino onde, ed il termino ove*], da jede Veränderung endlich ist; solche Grenzen sind Krankheit und Gesundheit, Kleinheit und Größe, hier und dort; denn was geheilt wird, strebt nicht irgendwohin, wie es sich gerade trifft, sondern zur Gesundheit. Also geschieht die Bewegung der Erde und des Feuers nicht ins Unendliche, sondern hin zu gewissen Grenzpunkten, die verschieden sind von jenen Orten, von denen sie sich fortbewegen; denn die Bewegung nach oben

10 Ebd., 277a 9–10.

ist nicht die Bewegung nach unten, und diese zwei Orte sind die Außenkreise der Bewegung. So ist die geradlinige Bewegung bestimmt. Nicht weniger bestimmt ist die kreisförmige Bewegung; denn vom einen zum anderen bestimmten Grenzpunkt, vom einen zum anderen ihm Entgegengesetzten ist sie ganz dieselbe, wenn wir die Verschiedenheit der Bewegung in Rechnung stellen wollen, die im Durchmesser des Kreises ist; denn die Bewegung des Gesamtkreises hat kein Entgegengesetztes (da sie an keinem anderen Punkt aufhört als an dem, von dem sie ausgegangen ist), wohl aber in den Teilen des Umlaufs, wenn dieser von einem Endpunkt des Durchmessers zum anderen, ihm gegenüberliegenden genommen wird.«[11]

PHILOTHEO. Daß die Bewegung begrenzt und endlich ist, wer würde das schon leugnen oder daran zweifeln. Aber es ist falsch, daß schlechthin Oben und Unten festgelegt sein soll, wie wir bereits mehrfach gesagt und bewiesen haben. Denn alles bewegt sich unterschiedslos in die eine oder andere Richtung, je nachdem, wo der Ort seiner Erhaltung ist. Und wir sagen (wobei wir weiterhin die Prinzipien des Aristoteles und anderer seinesgleichen zugrunde legen), daß, wenn unterhalb der Erde ein anderer Körper wäre, die Teile der Erde gewaltsam dort bleiben – und das heißt: ihrer Natur nach aufsteigen – würden. Und Aristoteles wird nicht leugnen, daß, wenn die Teile des Feuers oberhalb von dessen Sphäre wären (wie sie zum Beispiel die Kuppel oder Sphäre Merkurs annehmen), diese naturgemäß herabsteigen würden. Ihr seht also, wie gut diese Philosophen Oben und Unten, Schwer und Leicht bestimmen, wenn ihr einmal erwogen habt, daß alle Körper, wo auch immer sie sind und wohin auch immer sie sich bewegen, den Ort ihrer Erhaltung möglichst beibehalten oder aufsuchen. Jedoch, so wahr auch ist, daß alles sich von seinen Anfangs- zu seinen Endpunkten durch die jeweiligen Zwischenräume bewegt und

11 Ebd., 277a 14–26.

daß jede Bewegung, kreisförmig oder geradlinig, vom einen zum anderen Entgegengesetzten begrenzt und bestimmt ist, folgt daraus nicht, daß das Universum endlich in der Größe ist, noch, daß die Welt nur eine ist; und es wird nicht hinfällig, daß die Bewegung schlechthin jeder beliebigen Einzelwirkung unendlich ist, weshalb jener Geist (wie wir einmal sagen wollen), der diese Zusammensetzung, Vereinigung und Belebung eingeht, in anderen und immer wieder in unendlichen anderen sein kann und sein wird. Es kann daher stehenbleiben, daß jede Bewegung endlich ist (solange von der Bewegung, die gegenwärtig ist, und nicht absolut und schlechthin bezüglich jedes Einzelnen oder im allgemeinen die Rede ist) und daß unendlich viele Welten sind; denn jede der unendlich vielen Welten ist endlich und hat einen endlichen Bereich, und somit kommen jeder von ihnen vorgeschriebene Grenzen ihrer Bewegung und der Bewegung ihrer Teile zu.

Elpino. Da habt Ihr recht; und damit wird – ohne daß irgend etwas Unstimmiges gegen uns folgen würde, noch irgend etwas, was für das spräche, was er beweisen will – jenes »Zeichen« beigebracht, das er anfügt zum Beweis, »daß die Bewegung nicht unendlich ist, da die Erde und das Feuer sich desto schneller bewegen, je mehr sie sich ihrer Sphäre nähern; weshalb, wenn die Bewegung unendlich wäre, die Geschwindigkeit, die Leichtheit und die Schwere ins Unendliche wachsen würden«.[12]

Philotheo. Wohl bekomm's ihm!

Fracastorio. Ja. Aber dies scheint mir ein Taschenspielertrick; denn wenn die Atome unendliche Bewegung haben, aufgrund des örtlichen Fortschreitens, das sie in verschiedenen Zeiträumen vollziehen (indem sie bald aus dem einen aus-, bald in das andere einfließen, sich bald der einen, bald der anderen Zusammensetzung zugesellen, bald zu dieser, bald zu jener Gestaltung durch den unendlichen Raum hinei-

12 Ebd., 277a 27–31.

len), dann haben sie mit Gewißheit unendliche Ortsbewegung, durchlaufen unendlichen Raum und treten in unendliche Verwandlungen ein. Deshalb folgt noch nicht, daß sie unendliche Schwere, Leichtheit oder Geschwindigkeit hätten.

PHILOTHEO. Lassen wir die Bewegung der ersten Teile und Elemente beiseite und betrachten wir nur die einer bestimmten Art von Seiendem, oder Substanz, nächsten Bestandteile: wie die Teile der Erde, die wiederum Erde sind. Von diesen wird der Wahrheit gemäß gesagt, daß sie in den Welten, wo sie sich befinden, und in jenen Bereichen, in denen sie ihre Kreise ziehen, in der Form, die sie erhalten, sich nicht anders bewegen als von einem Grenzpunkt zum anderen. – Und nicht *mehr* folgt hieraus: Also ist das Universum endlich und die Welt ist eine – als daraus folgt: Also werden die Affen ohne Schwanz geboren, also sehen die Eulen nachts ohne Brille, also machen die Fledermäuse Wolle. Auch wird man, wenn man von diesen Teilen spricht, niemals schließen können: Das Universum ist unendlich, der Erden sind unendlich viele; also wird ein Teil der Erde sich ins Unendliche fortdauernd bewegen können und zu einer unendlich fernen Erde hin unendlichen Antrieb haben und unendlich schwer sein. Und dies aus zwei Gründen: Der eine ist, daß dieser Durchlauf nicht sein könnte, da das Universum aus gegensätzlichen Prinzipien besteht und dieser Teil daher nicht weit gelangen würde, ehe er von seinem Gegensatz überwunden würde, weshalb es dazu käme, daß es nicht mehr dieser Teil wäre, der sich bewegt; denn diese Substanz ist nicht mehr Erde, wenn sie durch den Sieg des Gegensätzlichen Aufbau und Gestalt gewechselt hat. Der zweite Grund ist dieser: Wir sehen im allgemeinen, daß nichts ferner liegt, als daß die unendliche Entfernung Anstoß der Schwere oder der Leichtheit – wie sie sagen – sein könnte; da jener Antrieb der Teile nur innerhalb des Bereichs seines Enthaltenden statthaben kann; wenn die Teile außerhalb seiner wären, würden sie sich nicht *mehr* bewegen als die Säfte der Lebewesen, die sich von den äußeren

Teilen zu den inneren, oberen und unteren bewegen im Auf- und Absteigen, sich von der einen nach der anderen Seite und wieder zu der ersten hin entfernen und die, wenn sie aus diesem Enthaltenden herausgebracht werden, jene Kraft und natürlichen Antrieb bereits verlieren, auch wenn sie noch an ihn angrenzen. Dieses Verhältnis gilt also für einen so großen Raum, wie durch den Halbmesser vom Zentrum der jeweiligen Region bis zu ihrem Außenkreis gemessen wird, wobei im Umkreis des ersteren die geringste und in der Nähe der letzteren die größte Schwere ist; und im Zwischenbereich, je nach dem Grad der Nähe zum einen oder zum anderen, wird sie größer oder geringer. Dies wird in dieser Abbildung deutlich, in welcher A das Zentrum des Bereichs bedeutet, wo – nach der geläufigen Redeweise – der Stein weder schwer noch leicht ist; B bedeutet den Außenkreis des Bereichs, wo er ebenfalls weder schwer noch leicht ist und in Ruhe bleibt (woraus noch einmal der Zusammenfall von Größtem und Kleinstem deutlich wird, die am Ende des Buchs *Über die Ursache, das Prinzip und das Eine* bewiesen wird. 1, 2, 3, 4, 5, 6, 7, 8, 9 bedeuten die Unterschiede der dazwischenliegenden Räume:

B	9	nicht schwer, nicht leicht
	8	am wenigsten schwer, ganz leicht
	7	viel weniger schwer, viel leichter
	6	weniger schwer, leichter
	5	schwer, leicht
	4	schwerer, weniger leicht
	3	viel schwerer, viel weniger leicht
	2	ganz schwer, am wenigsten leicht
A	1	weder schwer noch leicht

Nun seht ihr auch, wieviel daran fehlt, daß eine Erde sich zur anderen hinbewegen müßte, und daß ebenso die Teile einer jeden, aus ihrem Außenkreis herausgebracht, keinen solchen Antrieb haben.

Elpino. Wollt Ihr behaupten, daß dieser Außenkreis bestimmt sei?

Philotheo. Ja, was die größte Schwere angeht, die im größten Teil sein kann; oder wenn es dir gefällt (denn der gesamte Globus ist weder schwer noch leicht), in der Erde insgesamt. Was aber die dazwischenliegenden Unterschiede der Schweren und Leichten betrifft, so behaupte ich, daß man ebenso viele verschiedene Unterschiede annehmen muß, wie die Gewichte verschiedener Teile sein können, die in dem größten und kleinsten Schweren enthalten sind.

Elpino. Diese Skala ist also diskret zu verstehen.

Philotheo. Jeder, der Verstand hat, kann die Art und Weise selbst erfassen. – Was nun die Argumente des Aristoteles angeht, die Ihr wiedergegeben habt, ist genug gesagt. Sehen wir nun, ob er in denen, die noch folgen, etwas vorbringt.

Elpino. Mit Verlaub, geduldet Euch, daß wir darüber nächstens sprechen; denn ich werde von Albertino erwartet, der die Absicht hat, morgen hierherzukommen, um Euch noch anzutreffen. Von ihm könnt Ihr, glaube ich, die stärksten Argumente vernehmen, die für die gegensätzliche Position angeführt werden können, da er in der landläufigen Philosophie sehr bewandert ist.

Philotheo. Ganz nach Eurem Belieben.

Ende des vierten Dialogs

Fünfter Dialog

Albertino, neuer Gesprächsteilnehmer

ALBERTINO. Ich möchte doch wissen, wer diese Wundererscheinung ist, dieses unglaubliche Ungeheuer, dieser seltsame Kauz und außerordentliche Kopf; was er der Welt an Neuheiten bringt; oder aber was er an Altem und Abgelegtem wieder zu Ehren bringt und welche durchtrennten Wurzeln er in unserer Zeit neue Schößlinge treiben läßt.

ELPINO. Es sind durchtrennte Wurzeln, die aufs neue grünen, es ist Altes, das wiederkehrt, verborgene Wahrheiten sind es, die aufgedeckt werden; und es ist ein neues Licht, das nach langer Nacht am Horizont und Himmelsgewölbe unserer Erkenntnis zu leuchten beginnt und sich der Mittagshöhe unserer Einsicht nähert.

ALBERTINO. Würde ich meinen Elpino nicht kennen – ich wüßte, was ich hierauf sagen würde.

ELPINO. Sagt nur immer, was Euch gefällig ist; denn wenn Ihr so viel Verstand habt, wie ich zu haben glaube, werdet Ihr ihm beistimmen, so wie ich ihm beistimme; habt Ihr einen besseren Verstand, werdet Ihr ihm eher und besser beistimmen, wie es denn, meine ich, auch geschehen wird. Diejenigen, denen die landläufige Philosophie und gewöhnliche Wissenschaft Schwierigkeiten bereitet, worin sie noch Schüler und wenig bewandert sind (auch wenn sie selbst, wie es häufig zu geschehen pflegt, sich nicht dafür halten), sind nicht leicht zu unserer Meinung zu bekehren; denn über solche Leute vermag der allgemeine Glauben [*fede universale*] mehr, und bei ihnen feiert der Ruhm derjenigen Autoren, die man ihnen in die Hand gegeben hat, die größten Triumphe; weshalb sie nach dem Ruf streben, als Ausleger und Kommentatoren dieser letzteren zu gelten. Aber die anderen, für welche diese Philosophie offen daliegt und die zu dem Punkt gelangt sind, wo sie nicht mehr emsig sind, den Rest ihres Lebens damit hinzubringen, das zu verstehen, was ein anderer sagt, sondern ein eigenes Licht und die Augen eines wahrhaft wirkenden Intellekts besitzen, dringen in jeden Winkel ein, und wie Argus können sie mit den Augen verschiedener Kenntnisse durch tausend Pforten diese Philosophie nackt sehen; wenn sie nähertreten, werden sie unterscheiden können zwischen dem, was man glaubt und für gegeben und wahr hält, weil man es durch die Macht der Gewohnheit und nach allgemeiner Anschauung aus der Ferne betrachtet, und dem, was wirklich ist und sich mit Gewißheit als in der Wahrheit und Substanz der Dinge begründet erweisen muß. Schwerlich, sage ich, werden diejenigen diese Philosophie gutheißen, die keine glücklichen natürlichen Geistesgaben besitzen oder aber nicht – wenigstens in mittlerem Grade – in verschiedenen Fähigkeiten ausgebildet und des Reflexionsakts [*atto reflesso*] des Intellekts nicht soweit mächtig sind, daß sie einen Unterschied zu machen wüßten zwischen dem, was auf den Glauben gegründet ist, und dem, was auf die Evidenz der wahren Prinzipien aufgebaut ist; denn es werden Dinge gemeinhin als Prinzip genommen, die bei rechter Betrachtung als unmögliche Schlußfolgerung und widernatürlich erachtet werden. Ganz zu schweigen von den schmutzigen und käuflichen Geistern, die, um die Wahrheit so gut wie gar nicht bemüht, sich damit begnügen, im Sinne dessen, was gemeinhin als Wissen angesehen wird, zu wissen; laue Freunde der wahren Weisheit, doch heiß begierig, im Ruhm und Ruf solcher Weisheit zu stehen; die zu scheinen wünschen, nicht zu sein. Schwerlich sage ich, wird derjenige zwischen verschiedenen Meinungen und zuweilen widersprüchlichen Lehrsätzen zu wählen imstande sein, der nicht ein festes und richtiges Urteil über sie hat. Schwierig ist es zu urteilen für den, der nicht fähig ist, diese und jene zu vergleichen. Nur sehr mühsam wird der die verschiedenen Lehrmeinungen miteinander vergleichen können, der nicht den Unterschied begreift, welcher sie trennt. Äußerst beschwerlich ist zu erfassen, worin sie sich unterscheiden und die einen von den anderen verschieden sind, da die Substanz und das Sein einer jeden verborgen ist. Noch wird dies je evident sein können, wenn es nicht offen daliegt mit seinen Ursachen und Prinzipien, in denen es sein Fundament hat. Dann also, wenn Ihr mit dem Auge des Intellekts und geschultem Sinn die Fundamente, Prinzipien und Ursachen betrachtet habt, in welchen diese verschiedenen und gegensätzlichen Philosophien gründen, wenn Ihr gesehen habt, welches die Natur, Substanz und Eigenart einer jeden ist, wenn Ihr mit der Waage des Geistes das Gewicht beider geprüft und gesehen habt, welcher Unterschied zwischen beiden besteht, wenn Ihr nach reiflicher Erwägung recht geurteilt habt, dann werdet Ihr, ohne auch nur im geringsten zu zögern, der Wahrheit zustimmen.

ALBERTINO. Eitlen und närrischen Meinungen Aufmerksamkeit zu zollen ist Sache der Eitlen und Narren, sagt der Fürst Aristoteles.

ELPINO. Sehr gut gesagt. Aber wenn Ihr genau hinseht, findet diese Sentenz, dieser Ratschlag, auf seine eigenen Meinungen da Anwendung, wo sie sich als vollkommen närrisch und eitel erweisen werden. Wer vollkommen urteilen will, wie ich gesagt habe, muß die Gewohnheit des Glaubens abzulegen wissen; er muß die eine und die andere zweier widersprüchlicher Meinungen als gleichermaßen möglich veranschlagen und ganz die Neigung ablegen, von der er von Geburt an durchdrungen ist: sowohl die der Geburt, welche uns dem allgemeinen Zusammenleben überantwortet, als auch jene, durch welche wir mittels der Philosophie, für das gemeine Volk sterbend, in den Kreis der Gelehrten, die von der Menge und zu bestimmter Zeit als Weise geschätzt werden, hineingeboren werden. Ich will folgendes sagen: Wenn es zu einer Kontroverse kommt zwischen diesen und anderen, die in einer anderen Zeit bei einer anderen Menge für Weise gelten, dann müssen wir – wenn wir recht urteilen wollen – uns das in den Sinn rufen, was

Aristoteles selbst sagt, und zwar, daß wir, wo wir auf wenige Dinge den Sinn richten, leichthin Sprüche fällen; und weiter, daß die Meinung zuweilen durch die Macht der Gewohnheit sich derart unserer Zustimmung bemächtigt hat, daß uns das als notwendig erscheint, was unmöglich ist; und wir sehen und erkennen das als unmöglich, was völlig wahr und notwendig ist. Und wenn dies bei den Dingen geschieht, die durch sich selbst offenbar sind, was geschieht dann wohl bei den Dingen, die zweifelhaft sind und von richtig gewählten Prinzipien und festen Grundlagen abhängen?

Albertino. Es ist die Ansicht des Kommentators Averroës und auch vieler anderer, daß man das wenige, was Aristoteles nicht wußte, nicht wissen kann.

Elpino. Zusammen mit der großen Menge war dieser mit seinem Verstand so weit in der Tiefe, und sie waren in so tiefer Finsternis, daß das höchste und klarste, was sie sahen, für sie Aristoteles war. Wenn daher dieser und andere, wo sie derartige Sentenzen fallenlassen, angemessener reden würden, so würden sie sagen, daß Aristoteles nach ihrem Dafürhalten ein Gott sei; daher verkündigen sie nicht so sehr den Ruhm des Aristoteles, als daß sie vielmehr ihre eigene Armseligkeit zum Ausdruck bringen; denn dies ist so in ihren Augen, wie nach Meinung der Äffin die schönsten Geschöpfe der Welt ihre Kinder und das schönste männliche Wesen auf Erden ihr äffischer Gemahl ist.

Albertino. *Parturient montes* ... [Gebirge gebären ...][1]

Elpino. Ihr werdet schon sehen, daß das, was da geboren wird, keine Maus ist.

Albertino. Viele haben gegen Aristoteles ihre Pfeile abgeschossen und ihre Geschütze aufgefahren; aber die Bollwerke sind eingestürzt, die Pfeile stumpf geworden, und der Bogen ist ihnen zerbrochen.

Elpino. Was soll auch geschehen, wenn eine Eitelkeit ge-

1 Sprichwörtlich aus Horaz, *Ars poetica* 139: *Parturient montes, nascetur ridiculus mus.* (»Gebirge gebären, heraus kommt ein komisches Mäuschen.«)

gen die andere zu Felde zieht? – Die eine ist mächtig gegen sie alle; nicht schon deshalb hört sie auf, nichtig zu sein; und sie sollte nicht am Ende ans Licht gezogen und von der Wahrheit besiegt werden?

ALBERTINO. Ich sage, es ist unmöglich, Aristoteles beweiskräftig zu widersprechen.

ELPINO. Das zu sagen, ist allzu voreilig.

ALBERTINO. Ich sage es nicht, ohne zuvor wohl gesehen und noch besser erwogen zu haben, was Aristoteles sagt. Und ich bin so weit entfernt, darin einen Irrtum zu finden, daß ich nichts darin erblicke, was nicht etwas Göttliches hätte; und ich glaube, niemand kann etwas bemerken, was ich nicht zu bemerken imstande wäre.

ELPINO. Dann meßt Ihr also eines anderen Magen und Hirn an Eurem eignen und glaubt, einem anderen sei das nicht möglich, was Euch unmöglich ist. Einige auf der Welt sind so elend und vom Glück verlassen, daß sie nicht nur jeden Gutes bar und beraubt sind, sondern außerdem nach dem Ratschluß des Schicksals eine Furie und Erinnye zur ewigen Begleiterin zu haben, die ihren Blick absichtlich durch den Schleier fressenden Neides sich trüben läßt, damit sie die eigene Blöße, Armut und Not und ebenso auch die Zierden, Reichtümer und Beglückungen der anderen nicht sehen: Sie wollen sich lieber in abstoßendem und hochmütigem Mangel verzehren und unter dem Viehdung halsstarriger Unwissenheit begraben liegen, als sich zu einer neuen Lehre [*disciplina*] zu bekennen, da dies für sie einem Geständnis gleichkommt, bisher unwissend gewesen und einem Unwissenden gefolgt zu sein.

ALBERTINO. Ihr wollt also, *verbi gratia* [sozusagen], daß ich zum Schüler dieses Menschen werde? – daß ich, der ich ein von tausend Akademien anerkannter Doktor bin und in den ersten Akademien der Welt öffentlich Philosophie gelehrt habe, jetzt Aristoteles abschwören und mich von so einem in der Philosophie belehren lassen solle?

ELPINO. Ich für mein Teil würde wünschen, nicht als

Doktor und Gelehrter, sondern als Ungelehrter belehrt zu werden. Nicht als der, der ich sein sollte, sondern als der, der ich nicht bin, würde ich zu lernen wünschen. Und als Lehrmeister nähme ich nicht nur diesen, sondern jeden beliebigen anderen, den die Götter mir dazu bestimmt haben, indem sie ihn das begreifen lassen, was ich nicht begreife.

ALBERTINO. Ich soll also wieder kindisch werden.

ELPINO. Im Gegenteil: Ihr sollt die Kinderschuhe endgültig ablegen.

ALBERTINO. Untertänigen Dank für Eure Höflichkeit, da Ihr ernstlich glaubt, mit Förderung und Erhebung zu höchsten Ehren angedeihen zu lassen, indem Ihr mich zum Hörer dieses Gepeinigten macht, von dem jeder weiß, wie sehr er immer dann, wenn er sich gegen die gängigen Lehren stellt, den Akademien verhaßt ist, von wenigen gelobt, von niemandem anerkannt, von allen verfolgt wird.

ELPINO. Allerdings von allen, die aber einer wie der andere sind; – allerdings von wenigen, jedoch sind es hervorragende und heldenhafte Männer; – Gegner der landläufigen Lehren nicht deshalb, weil es Lehren oder weil sie landläufig sind, sondern weil sie falsch sind; – von den Akademien gehaßt, weil dort, wo Unähnlichkeit herrscht, keine Liebe ist; – gepeinigt, weil die Menge gegen den ist, der sich außerhalb ihrer stellt; und wer sich erhebt, der macht sich zur Zielscheibe für viele. Und um Euch seine Gesinnung zu beschreiben, was die Behandlung spekulativer Dinge angeht, so sage ich Euch, daß er nicht so sehr begierig ist zu lehren, als vielmehr zu begreifen; und daß es ihm lieber sein wird, zu hören, daß Ihr ihn belehren wollt (wenn er nur die Hoffnung hat, daß sich dies bewahrheitet), als wenn Ihr ihm sagtet, daß Ihr von ihm belehrt werden möchtet, denn sein Wunsch zu lernen ist größer als sein Wunsch zu unterrichten, und er glaubt sich geeigneter zum ersteren als zum letzteren. – Aber da ist er ja selbst, in Begleitung von Fracastorio.

ALBERTINO. Es freut mich sehr, daß Ihr gekommen seid.

PHILOTHEO. Und mich, Euch hier zu finden.

ALBERTINO.

S'a la foresta fieno e paglia rumino,
Col bue, monton, becco, asino e cavallo,
Or, per far meglior vita, senza fallo,
Qua me ne vegno a farmi catecumino.[2]

[Statt im Wald weiter Heu und Stroh wiederzukäuen, / mit Ochs, Schaf- und Ziegenbock, Esel und Pferd, / komm ich nun hierher und empfange den Taufunterricht, / um – ohne Frage – ein besseres Leben zu führen.]

FRACASTORIO. Seid willkommen!

ALBERTINO. Bisher habe ich von Euren Ansichten eine so hohe Meinung gehegt, daß ich sie nicht einmal des Anhörens für würdig befunden habe, geschweige denn einer Antwort.

PHILOTHEO. Ich habe während der ersten Jahre meiner Beschäftigung mit Aristoteles bis zu einem gewissen Punkt so ähnlich geurteilt. Jetzt, nachdem ich mehr gesehen und erwogen habe und in der Lage sein muß, in reiferer Rede ein Urteil zu fällen, mag es sein, daß ich das Erlernte vergessen und den gesunden Verstand eingebüßt habe. Da aber dies eine Krankheit ist, die niemand weniger fühlt als der Kranke selbst, bin ich, da der Verdacht mich peinigt und ich von der Lehre zur Unwissenheit fortgeschritten bin, es sehr zufrieden, an einen Arzt gekommen zu sein, der von allen als Meister und als fähig angesehen wird, mich von meinem Wahn zu befreien.

ALBERTINO.

Nol può far la natura, io far nol posso,
S'il male è penetrato in sin a l'osso.[3]

[Die Natur kann es nicht tun, noch kann ich es, / wenn das Übel bis in den Knochen eingedrungen ist.]

2 Aus dem burlesken Sonett eines unbekannten Autors.
3 Nach L. Ariosto, *Orlando Furioso* XXIV,3.

Fracastorio. Mit Verlaub, Herr, fühlt ihm zuerst den Puls und schaut den Urin an, so bleibt uns nachher – wenn wir ihn nicht heilen können – die Diagnose.

Albertino. Die Weise, den Puls zu fühlen, ist die, zu sehen, wie Ihr Euch aus einigen Argumenten auslösen und herausarbeiten könnt, welche ich Euch sofort hören lassen werde und die notwendig zum Schluß führen, daß mehrere Welten unmöglich sein können; gar nicht zu reden von unendlich vielen Welten.

Philotheo. Ich werde Euch nicht wenig zu Dank verpflichtet sein, wenn Ihr mich dies gelehrt haben werdet. Und im Falle, daß Eure Absicht Schiffbruch erleiden sollte, werde ich dennoch Euer Schuldner sein, und zwar deshalb, weil Ihr mich in meiner Ansicht bestätigen werdet. Denn gewiß halte ich Euch für einen solchen Mann, daß ich durch Euch der ganzen Überzeugungskraft der gegenteiligen Meinung innewerden kann. Und da Ihr in den gewöhnlichen Wissenschaften im höchsten Grad bewandert seid, könnt Ihr die Tragkraft der Fundamente und der Gebäude derselben aufgrund des Unterschieds derselben von unseren Prinzipien leicht beurteilen. Damit nun keine Unterbrechungen in der Argumentation eintreten und jeder in aller Ruhe seine Gründe hören lassen kann, so habt die Güte, all diejenigen Argumente anzuführen, die Ihr für die solidesten und für die hauptsächlichen haltet: diejenigen, die Eurer Meinung nach beweiskräftig folgern.

Albertino. Das will ich tun.

Erstens also: Außerhalb der Welt werden weder Ort noch Zeit angenommen, da ein erster Himmel und erster Körper behauptet wird, der von uns äußerst weit entfernt ist, und dieser ist das erste Bewegbare. Von daher ist es unsere Gewohnheit, das Himmel zu nennen, was der äußerste Außenkreis und Horizont der Welt ist, wo alle unbeweglichen, festen und ruhenden Dinge sind, welche die Intelligenzen sind, die die Sphären [*orbi*] bewegen. Wenn wir weiter die Welt in den Himmelskörper und den Körper aus Elementen unterteilen, dann stellt sich letzterer als begrenzt und enthalten, ersterer als begrenzend und enthaltend dar: Und es herrscht im Universum die Ordnung, daß im Aufstieg vom gröberen zum feineren Körper derjenige, welcher oberhalb der Außenwölbung des Feuers ist und an dem die Sonne, der Mond und die Sterne angebracht sind, eine fünfte Wesenheit ist. Diesem Körper ist angemessen, daß er nicht bis ins Unendliche geht, da es sonst unmöglich wäre, zum ersten Bewegbaren zu gelangen. Ebenso ist ihm angemessen, daß nicht wiederum andere Elemente darin anzutreffen sind, sowohl deshalb, weil diese sich dann auf dem Umkreis befänden, als auch deshalb, weil der unzerstörbare und göttliche Körper von dem zerstörbaren umfaßt würde, was unzulässig ist; denn dem, was göttlich ist, ist die Bestimmung der Form und der Wirklichkeit angemessen, und infolgedessen die Bestimmung, das Umgreifende, Gestaltende, Begrenzende zu sein, und nicht die Seinsweise des begrenzten, umgriffenen und gestalteten Stoffs [*materia*].[4] Weiter argumentiere ich folgendermaßen mit Aristoteles: Wenn sich außerhalb dieses Himmels irgendein Körper befindet, so ist er entweder ein einfacher oder aber ein zusammengesetzter Körper. Und was du auch immer sagst, ich frage weiter: Entweder ist er dort als an seinem natürlichen Ort oder als an seinem akzidentellen, ihm Gewalt antuenden Ort. Wir beweisen, daß sich dort kein einfacher Körper befindet: Es ist nämlich unmöglich, daß ein kugelförmiger Körper seinen Ort verändert. Denn wie es unmöglich ist, daß er sein Zentrum ändert, so ist es unmöglich, daß er seinen Aufenthaltsort ändert: Kann er doch außerhalb seines eigenen Ortes nicht anders als gewaltsam sein, und Gewalt kann in ihm nicht sein, weder im aktiven noch im passiven Sinn. Ebenso ist es unmöglich, daß außerhalb des Himmels ein einfacher Körper von geradliniger Bewegung ist, sei er nun schwer oder leicht: Er kann dort nicht auf natürliche

4 Vgl. Aristoteles, *Über den Himmel* I,9,278b 11–24.

Weise sein, denn die Orte dieser einfachen Körper sind andere als die Orte, die außerhalb der Welt angenommen werden. Und ebensowenig könnt Ihr sagen, daß er in akzidenteller Weise dort sei; denn dann wären dort andere Körper ihrer Natur nach. Wenn nun bewiesen ist, daß keine einfachen Körper sind außer denen, die am Aufbau der Welt beteiligt sind, welche gemäß dreier Arten der Ortsbewegung bewegbar sind, dann folgt daraus, daß außerhalb der Welt kein anderer einfacher Körper ist. Wenn dem so ist, dann ist weiterhin auch unmöglich, daß dort irgend etwas Zusammengesetztes ist: Denn dieses entsteht aus den einfachen Körpern und löst sich in sie auf. So ist denn offensichtlich, daß nicht mehrere Welten sind, denn der Himmel ist ein einziger, vollkommen und vollendet, und ein anderer seinesgleichen ist nicht, noch kann er sein. Daraus leitet sich ab, daß außerhalb dieses Körpers kein Ort – weder erfüllt noch leer – und keine Zeit sein kann.[5] – Es ist dort kein Ort, denn dieser enthält, wenn er erfüllt ist, einen Körper, der entweder einfach oder zusammengesetzt ist; und wir haben gesagt, daß außerhalb des Himmels kein Körper ist, er sei einfach oder zusammengesetzt. Wenn er leer ist, dann kann nach der Bestimmung des Leeren (das als Raum definiert wird, in dem ein Körper sein kann) dort etwas sein; und wir haben gezeigt, daß außerhalb des Himmels kein Körper sein kann. – Es ist dort keine Zeit; denn die Zeit ist die Zahl der Bewegung, die Bewegung ist nicht, es sei denn von Körpern, daher ist dort, wo kein Körper ist, auch keine Bewegung, noch Zahl und Maß der Bewegung; und wo dies nicht ist, ist keine Zeit. Wir haben außerdem gezeigt, daß außerhalb der Welt kein Körper ist, und folglich ist für uns bewiesen, daß dort weder Bewegung noch Zeit ist. Wenn dem so ist, dann ist dort weder Zeitliches noch Bewegbares. Und folglich ist die Welt eine.[6]

Zweitens: Aus der Einheit ihres Bewegers folgt grund-

5 Ebd., 278b 25 – 279a 7.
6 Ebd., 279a 11–18.

sätzlich die Einheit der Welt. – Niemand bestreitet, daß die Kreisbewegung wahrhaft eine ist, gleichförmig und ohne Anfang und Ende. Wenn sie *eine* ist, so ist sie eine Wirkung, welche nur von *einer* Ursache her sein kann. Wenn also der erste Himmel einer ist, unter dem alle die Untergeordneten sind, die zu einer Ordnung zusammenwirken, muß der Beweger und Herrscher ein einziger sein. Da dieser unstofflich ist, ist er nicht zahlenmäßig vermehrbar aufgrund dieses Stoffes. Wenn der Beweger *einer* ist, und wenn durch *einen* Beweger nur *eine* Bewegung und diese (sie sei zusammengesetzt oder nicht) nicht anders als in *einem* Bewegbaren ist, es sei einfach oder zusammengesetzt, dann bleibt nur noch, daß das bewegbare Universum *eines* ist. Mithin gibt es nicht mehr als eine Welt.[7]

Drittens: Aus den Orten der bewegbaren Körper folgt grundsätzlich, daß die Welt eine ist. – Es gibt drei Arten bewegbarer Körper: allgemein schwere, allgemein leichte und die, welche weder das eine noch das andere sind, oder: Erde und Wasser, Luft und Feuer, Himmel. So sind die Orte der bewegbaren Körper drei: der tiefste und mittlere, zu dem sich der schwerste Körper hinbewegt; der höchste, der am weitesten davon entfernt ist; und der zwischen dem tiefsten und dem höchsten Ort gelegene. Der erste ist schwer, der zweite weder schwer noch leicht, der dritte leicht. Der erste gehört dem Zentrum an, der zweite dem Außenkreis, der dritte dem Raum zwischen dem einen und dem anderen. Folglich ist ein unterer Ort, wohin sich alles Schwere bewegt, ganz gleich, in welcher Welt es sich befindet; es ist ein höherer Ort, zu dem sich alles Leichte aus jeder beliebigen Welt hinbewegt; und es ist folglich ein Ort, an dem sich der Himmel dreht, welcher Welt auch immer. Wenn nur *ein* Ort ist, dann ist *eine* Welt, und mehr als eine Welt ist nicht.[8]

7 Ebd., II,2,300b 32ff. – Vgl. auch Aristoteles, *Metaphysik* XII, 8, 1074a 36.

8 Vgl. Aristoteles, *Über den Himmel* I,1,268a 17–24 und 3,269b 29–31.

Viertens nehme ich einmal an, es seien mehrere Mittelpunkte, zu denen sich das Schwere verschiedener Welten bewegt, und es seien mehrere Umkreise [*orizonti*], zu denen das Leichte sich hinbewegt, und diese Orte verschiedener Welten unterschieden sich nicht hinsichtlich der Art, sondern nur hinsichtlich der Zahl. Dann ergäbe sich, daß der Mittelpunkt vom Mittelpunkt größeren Abstand hat als der Mittelpunkt vom Umkreis; der Mittelpunkt aber stimmt mit dem Mittelpunkt in der Art überein; Mittelpunkt und Umkreis sind Gegensätze. Folglich besteht ein größerer räumlicher Abstand zwischen denen, die in der Art übereinstimmen, als zwischen den Entgegengesetzten [*contrarii*]. Dies ist gegen die Natur solcher Gegensätze [*oppositi*]; denn wenn man sagt, daß die ersten Entgegengesetzten am weitesten voneinander entfernt sind, dann ist dies »am weitesten« als räumliche Entfernung verstanden, welche in den wahrnehmbaren Entgegengesetzten sein muß. Ihr seht also, was daraus folgt, wenn man annimmt, es gebe mehr als eine Welt. Mithin ist eine solche Hypothese nicht nur falsch, sondern auch unmöglich.[9]

Fünftens: Wenn es mehrere Welten derselben Art gibt, müssen sie entweder gleich groß sein, oder aber – was für das, was unseren Gegenstand betrifft, auf dasselbe hinauskommt – sie müssen in einem quantitativen Verhältnis zueinander stehen; wenn dem so ist, können an diese Welt nicht mehr als sechs andere angrenzen: Denn ohne Durchdringung der Körper können an eine Kugel nicht mehr als sechs weitere Kugeln angrenzen, ebenso wie nicht mehr als sechs gleich große Kreise ohne Überschneidung der Linien einen weiteren berühren können. Wenn dem so ist, ergibt sich, daß mehrere Umkreise in ebenso vielen Punkten – in welchen sechs außerhalb gelegene Welten unsere

9 Die Argumente 4–6 und 8–12 haben keine Entsprechung bei Aristoteles; sie entstammen dem Kommentar Alberts (des Großen) von Köln zur Schrift *Über den Himmel*. – Vgl. Albert der Große, *Opera omnia*, Editio Coloniensis, Bd. 5, Tl. 1, Münster 1971, S. 65–69.

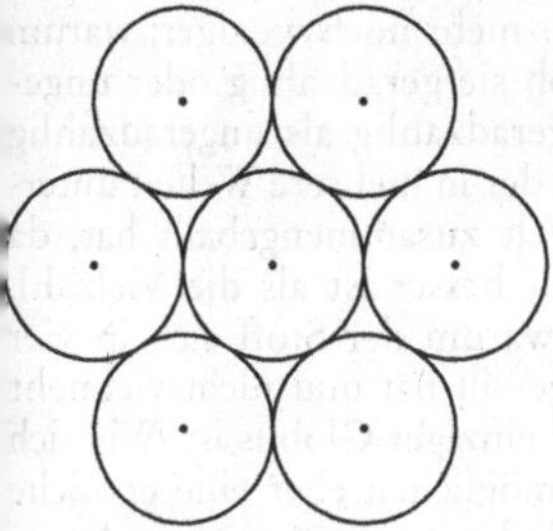

Welt oder eine andere berühren – um einen Mittelpunkt liegen. Da nun aber feststeht, daß die Kraft der beiden Entgegengesetzten gleich groß sein muß und daß aus dieser Art der Setzung Ungleichheit folgt, kommt Ihr dazu, die oberen Elemente mächtiger [*più potenti*] zu machen als die unteren, den ersteren zum Sieg über die letzteren zu verhelfen und diese Masse aufzulösen.

Sechstens: Da feststeht, daß die Außenkreise der Welten einander nicht berühren außer in einem Punkt, muß notwendig Raum bleiben zwischen der Außenwölbung einer Kugel und der der anderen. In diesem Raum ist entweder etwas, was ihn erfüllt, oder aber nichts. Wenn dort etwas ist, kann es gewiß nicht von der Natur eines von der Außenwölbung entfernten Elements sein, denn jener Raum ist, wie man sieht, dreieckig und dabei von drei bogenförmigen Linien begrenzt, die den Außenkreisen dreier Welten zugehören; daher ist der Mittelpunkt von den Teilen am weitesten entfernt, die den Eckpunkten am nächsten sind, und sehr weit von diesen, wie man ganz klar sieht. Man muß somit, um den Raum zu füllen, neue Elemente erfinden und eine neue Welt, andere als diese Elemente und diese Welt. – Andernfalls ist es notwendig, das Leere anzunehmen, was wir als unmöglich voraussetzen.

Siebtens: Wenn mehrere Welten sind, so sind sie entweder endlich oder unendlich viele. Sind ihrer unendlich viele, so haben wir das aktual Unendliche [*infinito in atto*] – was aus vielerlei Gründen als unmöglich gilt. Sind ihrer endlich viele, so müssen sie in irgendeiner bestimmten Anzahl existieren: Und das führt uns dazu, nachzuforschen, warum es gerade so viele sind und weder mehr noch weniger; warum es nicht noch eine mehr ist; ob sie geradzahlig oder ungeradzahlig sind; warum eher geradzahlig als ungeradzahlig oder aber, warum dieser Stoff, der in mehrere Welten unterteilt ist, sich nicht in eine Welt zusammengeballt hat, da doch feststeht, daß die Einheit besser ist als die Vielzahl, wenn alles andere gleich ist; warum der Stoff sich in vier oder sechs oder zehn Erden geteilt hat und nicht vielmehr ein großer, vollkommener und einziger Globus ist. Wie sich also vom Möglichen und Unmöglichen eher eine endliche als eine unendliche Anzahl findet, so ist zwischen Angemessenem und Unangemessenem die Einheit vernünftiger und naturgemäßer als die Vielzahl oder Mehrzahl.[10]

Siebtens[11] sehen wir in allen Dingen, daß die Natur immer beim rechten Maß stehenbleibt [*in compendio*]. Denn wie ihr nichts Notwendiges mangelt, so bringt sie auch nichts Überflüssiges hervor. Da sie also das All durch die Werke, die in dieser Welt sind, zur Wirklichkeit bringen [*ponere in effetto*] kann, ist darüber hinaus kein Grund vorhanden, sich auszumalen, es gebe noch weitere.[12]

Achtens: Wenn es unendlich viele Welten oder mehr als eine gäbe, so wären sie hauptsächlich deshalb, weil Gott sie schaffen kann, oder vielmehr, weil sie von Gott abhängen können. Aber so wahr dies auch ist, so folgt deshalb noch nicht, daß sie auch sind: Denn außer Gottes aktiver Wirkmächtigkeit, sie zu schaffen, ist die passive Seinsmächtigkeit der Dinge erforderlich. Denn von der absoluten Wirkmöglichkeit Gottes hängt nicht das wenige ab, was in der Natur geschaffen werden kann; nicht jede aktive Wirkmöglichkeit wandelt sich ja in passive Seinsmächtigkeit um, sondern nur diejenige, die ein entsprechendes Erleidendes hat, das heißt, ein derartiges Zugrundeliegendes, daß es das gesamte Wir-

10 Vgl. Aristoteles, *Über den Himmel* I,8,276b 23. – Vgl. auch Aristoteles, *Metaphysik* XII,10,1075a 18.

11 Bruno zählt versehentlich zweimal »siebtens«.

12 Siehe Anm. 9.

ken [*atto*] des Wirkenden aufnehmen kann. Und in diesem Sinne besitzt nichts Verursachtes eine Entsprechung zur ersten Ursache. Was also das Wesen [*natura*] der Welt angeht, so kann es nicht mehr als eine geben, wenngleich Gott mehr als eine schaffen kann.

Neuntens ist die Mehrzahl der Welten widervernünftig, weil in ihnen keine Gesittung [*bontà civile*] wäre, welche im gesitteten Zusammenleben [*civil conversazione*] besteht; und die Schöpfergötter verschiedener Welten hätten nicht wohl daran getan, nicht zu bewirken, daß die Bewohner derselben keinen Verkehr untereinander haben.

Zehntens kommt es mit der Mehrzahl der Welten zu Behinderungen in der Arbeit jedes Bewegers oder Gottes; denn da die Sphären sich notwendigerweise in einem Punkt berühren, geschieht es, daß der eine sich nicht gegen den anderen bewegen kann, und schwerlich wird die Welt von den Göttern durch die Bewegung regiert werden können.

Elftens kann aus *Einem* keine Mehrzahl von Einzelwesen hervorgehen, es sei denn durch jenen Akt, durch welchen die Natur sich mittels Teilung des Stoffes vervielfacht, nämlich den Akt der Zeugung. So sagt Aristoteles, und mit ihm alle Peripatetiker. Es wird nicht anders eine Vielzahl von Einzelwesen innerhalb einer Art geschaffen als nur durch den Akt der Zeugung. Aber diejenigen, die behaupten, es seien mehrere Welten aus Stoff und Form derselben Art, sagen nicht, die eine wandele sich in die andere um, noch, eine entstehe aus der anderen.

Zwölftens: Dem Vollkommenen ist nichts hinzuzufügen. Wenn also diese Welt vollkommen ist, bedarf sie gewiß nicht, daß ihr eine andere beigesellt wird. Die Welt ist vollkommen, erstens als Art des Kontinuums, das an keine andere Art des Kontinuums angrenzt, da ja der im mathematischen Sinne unteilbare Punkt auf einer Linie läuft, welche eine Art des Kontinuums bildet; die Linie auf der Ebene, welche die zweite Art des Kontinuums bildet; die Fläche auf dem Körper, welcher die dritte Art des Kontinuums bildet.

Der Körper läuft oder wandert in keiner weiteren Art des Kontinuums; wenn er aber Teil des Universums ist, grenzt er an einen anderen Körper; wenn er das Universum ist, ist er vollkommen und hat keine Grenze als durch sich selbst. Folglich ist die Welt und das Universum eins, wenn es vollkommen sein soll.[13] Dies sind die zwölf Gründe, die ich fürs erste angeführt haben möchte. Stellt Ihr mich in diesen zufrieden, so will ich mich für in allen zufriedengestellt erachten.

PHILOTHEO. Mein lieber Albertino, wer sich vornimmt, einen Schluß zu verteidigen, muß als erstes – wenn er nicht ganz und gar verrückt ist – die Gegengründe untersucht haben; so wie der Soldat ein Dummkopf wäre, der es auf sich nähme, eine Bergfestung zu verteidigen, ohne die Umgebung und die Orte betrachtet zu haben, von denen aus sie angegriffen werden kann. Die Gründe, die Ihr vorbringt (wenn es denn Gründe sind), sind sehr verbreitet und von vielen vielmals wiederholt worden. Auf alle kann vollkommen wirksam nur dann geantwortet werden, wenn man das Fundament dieser Gründe einerseits und die Art unserer Behauptung andererseits betrachtet hat. Das eine wie das andere wird Euch klarwerden aufgrund der Ordnung, die ich bei der Antwort einhalten werde; und diese wird aus wenigen Worten bestehen, denn wenn weiteres zu sagen und zu erklären nötig sein wird, überlasse ich Euch Elpino zu treuen Händen, der Euch das wiederholen wird, was er von mir vernommen hat.

ALBERTINO. Sorgt zunächst dafür, daß ich merke, dies könne von einigem Nutzen sein und nicht bar der Befriedigung für den, der zu wissen begehrt; denn gewiß wird es mir nicht zuwider sein, erst Euch zu hören und dann ihn.

PHILOTHEO. Im Fall von Männern, die des Wissens und des Urteils mächtig sind – und zu diesen zähle ich Euch –,

13 Dieses letzte Argument hat eine Entsprechung bei Aristoteles (*Physik* III, 6, 207a 7 ff.), wo es allerdings nicht gegen die Vielzahl der Welten, sondern gegen die Unendlichkeit der Welt vorgebracht wird.

genügt es, ihnen den Ausgangspunkt der Betrachtung zu zeigen; denn sie dringen dann ganz von sich aus zum Urteil über die Mittel vor, durch die man zur einen oder zur anderen der widersprechenden Behauptungen hinabsteigen kann. Was den ersten Zweifel angeht, sagen wir also, daß jener ganze Bau in sich zusammenfällt, wenn man voraussetzt, daß die Unterscheidungen von Hohlkugeln [*òrbi*] und Himmeln nicht sind und daß die Gestirne sich im unermeßlichen Ätherraum aus einem inneren Prinzip heraus sowohl um ihr eigenes Zentrum als auch um einen weiteren Mittelpunkt herum bewegen. Es gibt kein erstes Bewegbares, das wirklich so viele Körper um diese Mitte herum mit sich fortreißt, sondern vielmehr verursacht dieser eine Globus den Anschein dieses Fortreißens. Und die Gründe dafür wird Euch Elpino nennen.

ALBERTINO. Ich werde sie gern vernehmen.

PHILOTHEO. Wenn Ihr vernehmen und begreifen werdet, daß jene Behauptung wider die Natur ist, die unsere aber aller Vernunft, Sinnesempfindung und natürlicher Nachprüfung [*verificazion*] gemäß ist, werdet Ihr nicht mehr sagen, daß es einen Rand, ein Letztes des Körpers und der Bewegung des Universums gebe; und Ihr werdet sehen,[14] daß es nichts als eine leere Einbildung ist, zu meinen, es gebe ein solches erstes Bewegbares, einen solchen höchsten und enthaltenden Himmel, anstelle eines allgemeinen Schoßes, in welchem nicht anders die anderen Welten bestehen als diese Erdkugel in diesem Raum, wo sie von dieser Luft umfangen wird, ohne daß sie an einen anderen Körper geklebt oder genagelt wäre und eine andere Grundlage [*base*] als das eigene Zentrum hätte. Und wenn sich dann zeigen wird, daß diese Welt als von nicht anderer Beschaffenheit und Natur erwiesen werden kann, aus dem Grunde, daß sie keine anderen Eigenschaften [*accidenti*] aufweist als die umliegenden Gestirne, dann ist sie nicht *mehr* als in der Mitte des

14 Im Original fehlt »Ihr werdet sehen«; dadurch logischer Bruch.

Universums befindlich anzusehen als jene, und ebensowenig eher sie als von jenen umkreist, als jene von ihr; weshalb am Ende, indem die Ununterschiedenheit des Wesens gefolgert wird, auch die Hinfälligkeit der Trägerkörper [*orbi deferenti*], die Kraft der bewegenden Seele und der inneren antreibenden Natur dieser Kugelkörper, die Ununterschiedenheit des weiten Raums des Universums, die Unvernünftigkeit eines Randes und einer äußeren Gestalt desselben gefolgert wird.

ALBERTINO. Dinge in der Tat, die der Natur nicht widerstreiten, können größere Stimmigkeit haben; aber sie sind äußerst schwer zu beweisen und erfordern außerordentlich viel Witz, um sich aus dem entgegengesetzten Sinneseindruck und den Gegengründen herauszuarbeiten.

PHILOTHEO. Ist einmal der Anfang des Fadens gefunden, so löst sich das Knäuel ganz leicht. Denn die Schwierigkeit rührt von einer Verfahrensweise [*modo*] und von einer unangemessenen Voraussetzung her: und diese ist die Schwere der Erde, ihre Unbeweglichkeit, die Annahme des ersten Bewegbaren zusammen mit weiteren sieben, acht oder neun oder mehr, wo die Gestirne eingepflanzt, eingesenkt, angeklebt, angenagelt, angeknotet, angeleimt, eingemeißelt oder aufgemalt sind; – und nicht Bewohner eines und desselben Raums, zusammen mit diesem Gestirn, welches von uns die Erde genannt wird, und deren Bereich, Gestalt und Natur, wie Ihr vernehmen werdet, nicht mehr und nicht weniger elementar ist als die der anderen, die nicht weniger bewegbar ist aus einem innewohnenden Prinzip, als es ein jedes jener anderen göttlichen beseelten Geschöpfe ist.

ALBERTINO. Gewiß werden dann, wenn mir dieser eine Gedanke erst einmal in den Kopf gegangen sein wird, alle anderen, die Ihr mir vorlegt, leicht nachfolgen: Ihr werdet die Wurzeln einer Philosophie ausgerissen und zugleich die einer anderen eingepflanzt haben.

PHILOTHEO. So werdet Ihr es verachten, weiterhin jenes Gemeinverständnis für Vernunft anzusehen, mittels welchem vom großen Haufen ein äußerster Umkreis und Horizont, schlechthin hoch und erhaben, angrenzend an die göttlichen Substanzen und Bewegerinnen dieser erfundenen Hohlkugeln behauptet wird; Ihr werdet aber zumindest eingestehen, es sei gleichermaßen glaubhaft, daß ebenso, wie diese Erde ein bewegliches Lebewesen und aus einem inneren Prinzip heraus veränderlich ist, auch jene anderen alle ganz ebenso sein können, und nicht bewegbar nach der Bewegung eines Körpers, der keinerlei Festigkeit noch Widerstand besitzt, noch auch dünner und feiner als diese Luft, in der wir atmen. Ihr werdet dafürhalten, daß diese Behauptung in reiner Phantasie besteht und für die Wahrnehmung nicht erwiesen werden kann; daß jedoch unsere Behauptung jeder gesunden Wahrnehmung und wohlgegründeten Vernunft gemäß ist. Ihr werdet zustimmen, daß es nicht wahrscheinlicher ist, daß die erfundenen konkaven und konvexen Sphären bewegt werden und die Sterne mit sich führen, als es wahr und unserem Intellekt gemäß ist, daß die Gestirne – ohne deshalb fürchten zu müssen, unendlich weit in die Tiefe zu fallen oder in die Höhe zu steigen, da ja im unendlichen Raum kein Unterschied zwischen oben und unten, rechts und links, vorn und hinten ist – die einen um die anderen aufgrund ihres Lebens und ihrer Dauer ihre Kreise ziehen, in der Weise, wie Ihr zu gegebener Zeit vernehmen werdet. Ihr werdet sehen, wie außerhalb jenes eingebildeten Himmelskreises einfache oder zusammengesetzte Körper sein können, die in geradliniger Bewegung bewegbar sind; denn ebenso, wie die Teile dieses Globus sich geradlinig bewegen können, können sich um nichts weniger die Teile der anderen so bewegen; denn aus nichts anderem ist dieser geschaffen und zusammengesetzt, als es jene anderen um ihn sind; und nicht weniger scheint dieser sich um die anderen zu drehen als diese sich um ihn.

ALBERTINO. Mehr als je zuvor bemerke ich jetzt, daß der allergeringste Irrtum am Anfang den größten Unterschied und die größte Abweichung am Ende bewirkt; eine einzige einfache Unstimmigkeit vervielfacht und verzweigt sich nach und nach in unendlich viele weitere, so wie aus geringer Wurzel große Bauten und unzählige Zweige hervorgehen. Bei meinem Leben, Philotheo, ich bin sehr begierig, daß mir das, was du mir vorlegst, von dir bewiesen werde und aus etwas, was ich für hörenswert und wahrscheinlich erachte, zu etwas werde, was sich mir als wahr offenbart.

PHILOTHEO. Ich werde so viel tun, wie mir die Zeit erlaubt, und dabei Eurem Urteil vieles überlassen, was Euch bisher verborgen war – nicht aus Unfähigkeit, sondern durch Unaufmerksamkeit.

ALBERTINO. Sagt denn ruhig das Ganze in der Weise von Satz [*articolo*] und Schlußfolgerung, da ich weiß, daß Ihr, bevor Ihr zu dieser Ansicht gelangt seid, die Kraft der entgegengesetzten Ansicht sehr wohl habt prüfen können; ich bin mir gewiß, daß Euch nicht weniger als mir die Geheimnisse der gängigen Philosophie offenbar sind. – Fahrt fort.

PHILOTHEO. Man braucht also nicht nachzuforschen, ob es außerhalb des Himmels Ort, Leeres oder Zeit gibt; denn der allgemeine Ort ist *einer*, *einer* der unermeßliche Raum, den wir die Freiheit haben, das Leere zu nennen; in welchem unzählige und unendlich viele Kugelkörper sind, so wie dieser, auf dem wir leben, darin ist. Diesen Raum nennen wir unendlich, denn es gibt weder einen Grund noch einen Vorteil, noch einen Sinn, noch ein Wesen [*natura*], die ihn zu beenden zwängen: In diesem Raum sind unendlich viele Welten gleich dieser, die der Gattung nach nicht von ihr unterschieden sind; denn es gibt weder einen Grund noch einen Mangel an natürlichem Vermögen [*facultà*] (und ich meine ebenso die passive wie die aktive Seinsmächtigkeit), weshalb ebenso, wie in diesem Raum um uns Welten sind, nicht auch solche Welten im gesamten weiten Raum sein sollten, der seiner Natur nach nicht verschieden ist von diesem oder anders als er.

ALBERTINO. Wenn das, was Ihr vorher gesagt habt, wahr ist (wie es bis jetzt nicht weniger wahrscheinlich ist als die Gegenposition), dann ist dies notwendig.

PHILOTHEO. Außerhalb also der eingebildeten Außenwölbung oder des Außenkreises ist Zeit, weil dort das Maß und Verhältnis der Bewegung ist, weil dort ebensolche bewegbaren Körper sind. Und dies sei teils vorausgesetzt, teils vorgetragen bezüglich dessen, was Ihr als ersten Grund der Einheit [*unità*] der Welt genannt habt.

Was nun das angeht, was Ihr als zweites behauptet habt, so sage ich Euch, daß in der Tat ein erster und vornehmster Beweger ist, der aber nicht in der Weise der erste und vornehmste ist, daß man wie auf einer Art Leiter von ihm zum zweiten und dritten und zu den weiteren herabsteigen könnte, und noch weiter bis zum mittleren und letzten: diese Beweger sind ja nicht, noch können sie sein; denn wo eine unendliche Anzahl ist, da ist weder Rang noch Zahlenfolge, wenn sie auch in einer Ordnung gemäß der Vernunft und der Würde verschiedener Arten und Gattungen oder verschiedener Stufen innerhalb derselben Gattung oder Art ist. Es sind also unendlich viele Beweger, so wie unendlich viele Seelen dieser unendlich vielen Kugeln sind, und weil diese Seelen innere Formen und Akte sind, ist in bezug auf sie ein Vornehmstes, von dem sie alle abhängen, ein Erstes, das den Geistern, Seelen, Göttern, Bewegern die Kraft zu bewegen und dem Stoff, dem Körper, dem Beseelten, der untergeordneten Natur, dem Bewegbaren die Kraft, bewegt zu werden, schenkt. Es sind also unendlich viele Bewegbare und Beweger, welche alle auf einen wirkfähigen und erleidensfähigen Anfangsgrund [*un principio attivo ed un principio passivo*] zurückgehen, so wie jede Zahl auf die Einheit zurückgeht; und die unendliche Anzahl und die Einheit fallen in eins zusammen, und das höchste Einwirkende und alles zu schaffen Mächtige [*potente far il tutto*] fällt in eins zusammen mit dem alles zu werden Mächtigen [*possibile esser fatto il tutto*], wie am Ende des Buches *Über die Ursache, das Prinzip und das Eine* gezeigt ist. Der Zahl und Menge nach ist unendlich vieles Bewegbares und unendlich vieles Bewegendes; aber in der Einheit und Einzigkeit ist ein unendlicher unbewegter Beweger, ein unendliches unbewegtes Universum; und diese unendliche Anzahl und Größe und jene unendliche Einheit und Einfachheit fallen in einem schlechthin einfachen und unteilbaren Anfangsgrund, Wahren und Seienden zusammen. So ist kein erstes Bewegbares, auf welches in einer gewissen Ordnung das zweite folgen würde, bis hin zum letzten oder unendlichen: sondern alle Bewegbaren sind dem ersten und universellen Beweger gleich nah und gleich fern. – So wie, logisch gesprochen, alle Arten das gleiche Verhältnis zur selben Gattung und alle Einzelwesen zur selben Art haben, so ist von einem universellen unendlichen Beweger in einem unendlichen Raum eine universelle unendliche Bewegung, von der unendliche Bewegbare und Beweger abhängen, deren jeder hinsichtlich seines Umfangs und seiner Wirksamkeit endlich ist.

Was das dritte Argument angeht, so behaupte ich, daß es im Ätherraum nicht irgendeinen bestimmten Punkt gibt, zu dem sich das Schwere – wie zu einer Mitte – hinbewegt und von dem sich das Leichte – wie zu einem Außenkreis – entfernt; denn im Universum ist weder Mitte noch Außenkreis, sondern allenfalls ist Mitte in allem, und in jedem Punkt kann man an irgendeinem Außenkreis teilhaben, bezüglich irgendeines anderen Mittelpunkts oder Zentrums. Was uns betrifft, wird schwer dasjenige genannt, was sich vom Außenkreis dieser Kugel zur Mitte hinbewegt; leicht das, was umgekehrt und entgegengesetzt zum entgegengesetzten Ort zieht; und wir werden sehen, daß nichts schwer ist, was nicht auch zugleich leicht wäre; denn alle Teile der Erde ändern in der Folge ihre Lage, Ort und Zusammensetzung, und im Laufe vieler Jahrhunderte ist da kein Teil der Mitte, der nicht Teil des Außenkreises würde, noch ein außen gelegener, der nicht Teil der Mitte oder ihrer Umgebung würde. Wir werden sehen, daß Schwere und Leichtheit nichts anderes sind als der Drang der Teile der Körper zu ihrem Enthaltenden und Erhaltenden hin, wo immer dieses sich befinden mag. Daher sind es nicht Unterschiede des Ortes, die jene Teile an sich ziehen oder von sich fortsenden, sondern das Begehren, sich zu erhalten, welches jedes Ding als ein inneres Prinzip treibt und es – wenn kein Hindernis entgegensteht – dorthin führt, wo es am besten dem Entgegengesetzten entflieht und sich dem ihm Zukömmlichen [*conveniente*] beigesellt. So streben also um nichts weniger die Teile vom Außenkreis des Mondes oder anderer Welten derselben Art oder Gattung zur Mitte des Kugelkörpers hin, wie durch ihre Schwere gezwungen; und dem Außenkreis bewegen sich die verdünnten Teile zu, als sei es kraft ihrer Leichtheit. Und dies geschieht nicht etwa, um den Außenkreis zu fliehen oder sich daran festzuklammern; denn wenn dem so wäre, würden sie desto schneller auf ihn zueilen, je mehr sie sich ihm nähern; und je weiter sie sich entfernen, desto stärker würden sie auf den entgegengesetzten Ort zustürzen. Wovon wir das Gegenteil beobachten, da sie ja dann, wenn sie über den irdischen Bereich hinausbewegt werden, in der Luft schwebend verharren und weder emporsteigen noch herabsinken, bis sie nicht – entweder durch Anlagerung von Teilen oder durch Verdichtung aufgrund von Kälte – größere Schwere erlangen, weshalb sie, die Luft zerteilend, zu ihrem Enthaltenden zurückkehren, oder aber, durch die Wärme aufgelöst und verdünnt, sich in Atome zerstreuen.

ALBERTINO. Oh, wie fest wird dies in meinem Geist verhaftet sein, wenn Ihr mich mit mehr Gemach die Unterschiede der Gestirne von dieser Erdkugel werdet haben sehen lassen!

PHILOTHEO. Dies wird Euch leicht Elpino wiederholen können, in der Weise, wie er es von mir hat vernehmen können. Und er wird Euch genauer hören lassen, wie kein Körper hinsichtlich des Bereichs des Universums schwer und leicht ist, sondern nur die Teile hinsichtlich seines Ganzen, ihn Enthaltenden und Erhaltenden. Denn sie bewegen sich zu verschiedenen Orten [*ad ogni differenza locale*] aus ihrem Bestreben heraus, sich in ihrem gegenwärtigen Sein zu erhalten, sie ballen sich zusammen, wie es die Meere und Tropfen tun, und sie zerstreuen sich, wie die Flüssigkeiten auf der Oberfläche der Sonne oder anderer Feuer. Denn jede natürliche Bewegung, die aus einem innewohnenden Prinzip heraus ist, ist nur, um das Widrige [*disconveniente*] und Entgegengesetzte zu fliehen und dem freundlich Gesonnenen und Zukömmlichen zu folgen. Daher bewegt sich nichts von seinem Ort, wenn es nicht vom Entgegengesetzten verjagt wird, und nichts ist am eigenen Ort schwer oder leicht; jedoch ist die Erde schwer, wenn sie, in die Luft erhoben, zu ihrem Ort hindrängt; ebenso ist das Wasser, in die Luft erhoben, schwer; nicht schwer ist es an seinem eigenen Ort; daher ist dem, was unter Wasser ist, das gesamte Wasser nicht schwer, und ein kleines Gefäß voll Wasser, über die Oberfläche des Trockenen erhoben, wird schwer. Das Haupt ist nicht schwer für den eigenen Oberkörper, aber das Haupt eines anderen, wenn es daraufgesetzt wird, ist schwer; der Grund dafür ist, daß es nicht an seinem natürlichen Ort ist. Wenn also Schwere und Leichtheit Drang zum erhaltenden Ort und Flucht vor dem Entgegengesetzten ist, ist nichts schwer oder leicht, wenn es naturgemäß gelagert [*costituito*] ist: Und nichts hat in großem Abstand vom eigenen Erhaltenden und weit entfernt vom Entgegengesetzten Schwere oder Leichtheit, bevor es nicht das Förderliche des einen und die Störung des anderen verspürt; wenn es aber diese Belästigung des einen verspürt, verzagt es und ist ratlos und unschlüssig hinsichtlich des Entgegengesetzten, dem es anheimfällt.

ALBERTINO. Es sind große Dinge, die Ihr ankündigt und zum großen Teil verwirklicht.

PHILOTHEO. Um nicht zweimal dasselbe vorzutragen, erteile ich Elpino den Auftrag, Euch zu sagen, was zu sagen bleibt.

ALBERTINO. Mir scheint, als erfaßte ich alles, denn ein Zweifel erregt den nächsten, eine Wahrheit beweist die andere: Und ich fange an, mehr zu erfassen, als ich aussprechen kann; und bis jetzt war ich mir vieler Dinge gewiß, an denen ich nun zu zweifeln beginne. Daher fällt es mir allmählich leichter, Euch zustimmen zu können.

PHILOTHEO. Habt Ihr mich erst völlig verstanden, so werdet Ihr mir völlig zustimmen. Aber haltet zunächst dieses fest; oder seid wenigstens – wie Ihr Euch gezeigt habt – nicht entschieden der entgegengesetzten Meinung, wie Ihr es wart, bevor Ihr darin angefochten worden seid. Denn nach und nach und zu verschiedenen Gelegenheiten werden wir dazu kommen, alles zu erklären, was auf den Gegenstand Bezug haben mag; denn dies hängt von verschiedenen Prinzipien und Ursachen ab, weshalb ebenso, wie ein Irrtum dem anderen folgt, auch auf eine aufgedeckte Wahrheit die nächste folgt.

Zum vierten Argument sagen wir, daß – obwohl es so viele Mittelpunkte gibt wie einzelne Globen, Welten oder Sphären – nicht folgt, daß die Teile eines jeden solchen Einzelwesens auf einen anderen als den eigenen Mittelpunkt Bezug hätten, noch, daß sie sich zu einem anderen Außenkreis als dem der eigenen Sphäre hin entfernten. So streben denn die Teile dieser Erde nicht zu einem anderen Zentrum, noch vereinen sie sich mit einem anderen Globus als diesem, ganz wie die Körpersäfte und die Teile der Lebewesen in ihrem eigenen Zugrundeliegenden [*supposito*] Hin- und Rückfluß haben und keine Zugehörigkeit zu einem der Zahl nach von diesem Verschiedenen.

Nun zu dem, was Ihr als Unstimmigkeit anführt, daß nämlich die Mitte, welche doch der Art nach mit einer anderen Mitte übereinstimmt [*conviene*], sich dann in größerem Abstand von ihr befindet, als die Mitte und der Außenkreis voneinander entfernt sind, welche doch einander entgegengesetzt sind und deshalb den größten Abstand haben und haben müssen; ich antworte Euch, erstens, daß die Entgegengesetzten nicht den größten Abstand haben müssen, sondern einen, der erlaubt, daß das eine auf das andere sowohl Einwirkung hat, als auch diese von ihm erfährt: So wie wir die Sonne sehr nahe sehen im Hinblick auf ihre Erden, die um sie liegen; bringt doch die Naturordnung mit sich, daß das eine der beiden Entgegengesetzten durch das andere lebt, besteht und sich nährt, indem es durch dasselbe beeinflußt, verändert und überwunden wird und sich in das andere verwandelt.

Weiterhin haben wir, Elpino und ich, kürzlich von der Anordnung der Elemente gehandelt, welche alle beim Aufbau jedes Weltkörpers zusammenwirken, als dessen Teile jedes Element in jedem anderen und eins mit dem anderen vermischt ist; und sie sind nicht getrennt und geschieden, wie Enthaltenes und Enthaltendes, denn überall dort, wo das Trockene ist, ist Wasser, Luft und Feuer – offenbar oder verborgen; und daß die Unterscheidung, die wir zwischen den Weltkörpern treffen und nach welcher die einen Feuer sind, andere Wasser, wie Mond und Erde, nicht daraus entspringt, daß sie aus dem einfachen Element bestehen, sondern daraus, daß dieses in der betreffenden Zusammensetzung vorherrscht.

Weiter ist vollkommen falsch, daß die Entgegengesetzten den größten Abstand einhalten; denn in allen Dingen wird Entgegengesetztes verbunden und vereint, und das Universum hat – den Hauptbestandteilen wie den anderen Bestandteilen nach – nicht anders als durch diese Verbindung und Vereinigung Bestand; denn es ist ja kein Teil der Erde, der nicht in sich im engsten Verein das Wasser enthielte, ohne welches er keine Dichte, keine Vereinigung der Atome und keine Festigkeit besitzt. Und welcher Erdkörper wäre denn zudem so dicht, daß er nicht seine unsichtbaren Poren hätte, ohne welche diese Körper nicht teilbar wären und nicht durchdringbar vom Feuer oder von dessen Hitze, welche doch aber wahrnehmbar ist und von einer solchen Substanz ausgeht?[15] Wo also ist der Teil deines kalten und

15 Im Original fehlt das Fragezeichen.

trockenen Körpers, der nicht etwas von diesem deinem zweiten – feuchten und warmen – Körper hätte? Diese Unterscheidung der Elemente ist folglich keine natürliche, sondern eine logische; und wenn die Sonne in ihrem Bereich fern vom Bereich der Erde ist, so sind deshalb doch nicht Luft, Trockenes und Wasser ferner von ihr, als sie es von diesem Körper sind: denn ebenso ist jene ein zusammengesetzter Körper, wie es dieser ist, wenn auch von den besagten vier Elementen eines in diesem vorherrscht, ein anderes in jenem. Wenn wir zudem fordern, daß die Natur jener Logik entsprechen soll, welche verlangt, daß die größte Entfernung zwischen Entgegengesetztem bestehen müsse, dann muß zwischen deinem Feuer, das leicht, und der Erde, die schwer ist, dein Himmel gesetzt sein, der weder schwer noch leicht ist. Und wenn du dich auch darauf beschränkst, zu sagen, du meintest diese Ordnung innerhalb der vier genannten Elemente, dann ist es trotzdem erforderlich, daß du sie anders anordnest. Damit will ich sagen, daß es Aufgabe des Wassers ist, den Mittelpunkt und natürlichen Ort des Allerschwersten einzunehmen, wenn das Feuer am Rand ist, als am natürlichen Ort des Leichtesten im Bereich der Elemente; denn das Wasser, das kalt und feucht und dem Feuer hinsichtlich beider Eigenschaften entgegengesetzt ist, muß dem warmen[16] und trockenen Element am fernsten sein; und die Luft, die Ihr warm und feucht nennt, müßte der kalten und trockenen Erde am fernsten sein. Ihr seht also, wie haltlos diese Aussage der Peripatetiker ist, ganz gleich, ob Ihr sie an der Wahrheit der Natur oder an ihren eigenen Grundsätzen und Fundamenten meßt.

ALBERTINO. Das sehe ich – und in aller Deutlichkeit.

PHILOTHEO. Seht auch dies: daß unsere Philosophie nicht wider die Vernunft ist, wenn sie Entgegengesetztes auf einen Anfangsgrund zurückführt, auf ein Ziel bezieht und in eins zusammenfallen läßt, so daß ein erstes Zugrundeliegen-

16 Im Original steht *freddo* ›kalt‹.

des des einen und des anderen ist; und wir halten dafür, daß, ausgehend von diesem Zusammenfall, am Ende hervorragend gesagt und erwogen wird, daß das Entgegengesetzte im Entgegengesetzten ist, weshalb es nicht schwierig sein mag, so weit zu gelangen zu wissen, wie alles von allem sei: was Aristoteles nicht fassen konnte, und mit ihm andere Sophisten.

Albertino. Gern höre ich Euch an. – Ich weiß, daß so viele und so unterschiedliche Folgerungen sich nicht auf einmal und in einem Handstreich beweisen lassen; da Ihr mir aber als unstimmig aufdeckt, was ich für notwendig erachtete, werde ich mißtrauisch gegen alles andere, was ich aus dem gleichen oder einem ähnlichen Grund für notwendig halte. Daher bereite ich mich, in Schweigen und mit Aufmerksamkeit Eure Grundlagen, Prinzipien und Ausführungen anzuhören.

Elpino. Ihr werdet sehen, daß es kein goldenes Zeitalter ist, welches Aristoteles der Philosophie gebracht hat. Zunächst seien die Zweifel ausgeräumt, die Ihr vorgebracht habt.

Albertino. Ich bin nicht sehr wißbegierig hinsichtlich jener übrigen, denn ich wünsche sehnlich, jene Lehre der Prinzipien zu vernehmen, von denen her diese Zweifel sich *iuxta* [gemäß] Eurer Philosophie lösen.

Philotheo. Diese werden wir später erörtern. – Was das fünfte Argument angeht, müßt Ihr beachten, daß wir – wenn wir uns die vielen, die unendlich vielen Welten nach jenem Verhältnis der Zusammensetzung vorstellen, wie Ihr zu tun pflegt (als verstünden wir darunter, außer einem Gemisch von vier Elementen in der herkömmlichen Anordnung, acht, neun oder zehn weitere Himmel, aus anderem Stoff und von anderer Natur, welche dieses Gemisch enthalten und es in schneller Bewegung umkreisen), und außerhalb einer solchen Kugel immer neue Welten, gleichermaßen kugelförmig und in derselben Weise bewegbar – Rechenschaft geben und uns ausdenken müßten, in welcher

Weise die eine Welt an die andere angrenzend oder ihr benachbart ist; in diesem Fall ergingen wir uns in Phantastereien, in wie vielen Punkten des Außenkreises sie von der Außenlinie der umliegenden Welten berührt werden kann; in diesem Fall sähet Ihr, daß, obwohl mehr als ein Umkreis und Horizont um eine Welt wäre, sie nicht deshalb eine einzige Welt bildeten, sondern der eine zu dieser die Beziehung hätte, die jeder zu der seinen hat; denn sie haben an dem Ort Einfluß, an welchem und um welchen sie sich drehen und wenden. So wie dann, wenn mehrere Lebewesen zusammengezwungen und einander benachbart wären, deshalb nicht folgen würde, daß die Gliedmaßen des einen dem anderen angehören könnten, so daß einem jeden von ihnen mehrere Köpfe und Oberkörper angehören könnten. Wir sind jedoch durch die Gnade der Götter frei von der Verlegenheit, uns solche Ausflüchte zu erbetteln, denn anstelle so vieler rascher und säumiger bewegbarer Sphären – gerader und geneigter, östlicher und westlicher, über und unter der Achse des Tierkreises, in dieser und jener, großer und geringer Neigung – haben wir einen einzigen Himmel, einen einzigen Raum, durch welchen dieses Gestirn, auf dem wir sind, wie alle anderen seine Kreisbahnen und Umläufe vollzieht. Diese sind die unendlich vielen Welten, das heißt, die unzähligen Gestirne; jener ist der unendliche Raum, das heißt, der enthaltende Himmel, der von ihnen durchstreift wird. Hinweggefegt ist das Phantasiegebilde der allgemeinen Umdrehung aller um diese Mitte herum, indem wir die Umdrehung dieses Körpers klar erkennen, welcher durch die Drehung um sein eigenes Zentrum in vierundzwanzig Stunden zur Ansicht der umliegenden Lichter gelangt. Daher wird ganz und gar hinweggefegt, daß die Kugelschalen [*orbi deferenti*] die an ihnen befestigten Gestirne um unseren Bereich herum enthalten sollen; jedem wird vielmehr fortan nur jene Bewegung zugeschrieben, welche wir »epizyklisch« nennen, mit ihren Unterschieden gegenüber den anderen beweglichen Gestirnen; sie ziehen, angetrieben durch keinen anderen Beweger als die eigene Seele, – so wie dieses Gestirn um das eigene Zentrum und um das Element des Feuers herum – ihre Bahnen für langwährende Zeitalter, wenn nicht für ewig.

Ihr seht also, welcher Art die Welten sind und welcher Art der Himmel ist. Der Himmel ist so, wie wir ihn um diesen Erdball herum sehen, welcher nicht weniger als die anderen ein leuchtendes und vorzügliches Gestirn ist. Die Welten sind, wie sie sich mit lichtem und strahlendem Antlitz zeigen, in gewissen Abständen voneinander getrennt angeordnet; wobei nirgends die eine der anderen näher ist, als der Mond der Erde sein kann, als die Planeten der Sonne sein können: damit nicht ein Entgegengesetztes das andere zerstört, sondern es ernährt, und eine gleiche Welt nicht die andere hindert, sondern ihr Raum gibt. So erwärmt sich, je nach Verhältnis, Maß und Zeit, dieser kalte Erdball an der Sonne, bald in dieser, bald in jener Richtung, bald von dieser, bald von jener Seite. Und in einem gewissen Wechsel weicht er bald der nahen Erde, welche wir Mond nennen, bald gibt er ihr Anlaß zu weichen; wobei bald der eine, bald die andere sich weiter von der Sonne entfernt oder sich ihr mehr nähert; weshalb er Gegenerde genannt wird von Timaios und von anderen Pythagoreern.[17] Dies sind nun alles Welten, die von ihren Lebewesen bewohnt und bebaut werden, darüber hinaus, daß sie selbst die allerersten und göttlichsten Lebewesen des Universums sind; und jede von ihnen ist um nichts weniger aus vier Elementen zusammengesetzt als diese, auf der wir uns befinden; wenngleich in den einen die eine Wirkeigenschaft [*qualità attiva*] vorherrscht, in anderen eine andere; daher sind einige dank des Wassers, andere dank des Feuers sichtbar. Außer den vier Elementen, die in die Zusammensetzung dieser Welten eingehen, ist ein unermeßlicher Ätherraum, wie wir gesagt haben, in welchem alles sich bewegt, lebt und webt. Dieser ist der Äther,

17 Vgl. Aristoteles, *Über den Himmel* II,13,293a 24.

der alles enthält und durchdringt; und er wird, insofern er sich in der Zusammensetzung findet (insofern, sage ich, als er Teil der Zusammensetzung ist), gemeinhin »Luft« genannt, was dies Dunstartige um die Gewässer und innerhalb des Festlandes ist, das zwischen den allerhöchsten Bergen eingeschlossen und fähig ist, dichte Wolken und stürmische Süd- und Nordwinde hervorzubringen. Insofern er aber rein ist und nicht als Teil in Zusammengesetztes eingeht, sondern Ort und Enthaltendes ist, in dem jenes sich bewegt und seine Bahnen zieht, wird er im eigentlichen Sinne »Äther« genannt, denn er nimmt seine Benennung vom »Lauf« her.[18] Dieser trägt, obgleich seine Substanz genau dieselbe ist wie die desjenigen, was in den Eingeweiden der Erde aufgewühlt wird, nichtsdestoweniger einen anderen Namen; wie auch das »Luft« heißt, was uns umgibt; wie es aber in gewisser Weise einen Teil von uns bildet oder zu unserer Zusammensetzung beiträgt und in der Lunge, den Arterien und anderen Hohlräumen und Poren aufgefunden wird, heißt es »Geist«. Dasselbe verdichtet sich zu Dunst in der Umgebung kalter Körper, und in der Umgebung des heißen Gestirns wird es wie zu einer Flamme verdünnt; diese ist nur sichtbar, wenn sie einem dichten Körper benachbart ist, der von ihrer heißen Glut entzündet werden kann. – Derart, daß der Äther, was ihn selbst und seine eigene Natur angeht, keine bestimmte Eigenschaft kennt, sondern alle die empfängt, die von nahegelegenen Körpern dargeboten werden, und diese Eigenschaften durch seine Bewegung bis zur äußersten Reichweite der Wirkungskraft der jeweiligen wirkenden Prinzipien trägt. Nun ist Euch gezeigt, welcher Art der Himmel ist und welcher Art die Welten sind; womit du dich nicht nur von gegenwärtigen Zweifeln, sondern auch von unzähligen anderen wirst befreien können und damit das Prinzip vieler wahrer physikalischer Resultate in der Hand hast. Und wenn bis jetzt die eine

18 Vgl. ebd. I,4. Ebenso Platon, *Kratylos* 410b.

oder andere Aussage vorausgesetzt und nicht bewiesen erscheinen mag, so überlasse ich sie für den Augenblick Eurem Unterscheidungsvermögen; wenn es ohne Trübung ist, wird es sie, noch ehe es sie als wahr entdeckt, für sehr viel wahrscheinlicher halten als die entgegengesetzte Behauptung.

ALBERTINO. Sprich zu mir, Theophilo, denn ich höre dich an.

THEOPHILO. So haben wir auch das sechste Argument gelöst, welches danach fragt, was sich – vorausgesetzt, die Welten berühren sich in einem Punkt – in jenen dreieckigen Räumen befinde, was weder von der Natur des Himmels noch von der der Elemente ist. Denn wir haben einen Himmel, in welchem die Welten ihre entsprechenden Räume, Bereiche und Entfernungen haben; und dieser verbreitet sich über alles, durchdringt alles und enthält alles, ist allem angrenzend und benachbart und läßt kein Leeres; es sei denn, es beliebte dir, ihn selbst (als Ort und Sitz, an dem alles sich bewegt, und als Raum, in welchem alles umläuft) das Leere zu nennen, wie viele es getan haben – oder auch erstes Zugrundeliegendes, das in diesem Leeren angenommen wird, damit er keine Teile und keinen Ort hat; – es sei denn, du wolltest ihn im privativen und logischen Sinn als etwas der Vernunft, nicht der Natur nach vom Seienden und Körper Unterschiedenes annehmen. – Dergestalt, daß nichts als seiend zu betrachten ist, was nicht an einem endlichen oder unendlichen Ort ist, entweder in körperhafter oder in unkörperlicher Weise, entweder als Ganzes oder nach seinen Teilen: Und dieser Ort ist am Ende nichts anderes als der Raum, welcher nichts anderes ist als das Leere; und von diesem sagen wir, wenn wir ihn als etwas Dauerndes [*persistente*] auffassen wollen, er sei das Ätherfeld, das die Welten enthält; wenn wir ihn als etwas Bestehendes [*consistente*] auffassen wollen, sagen wir, er sei der Raum, in dem das Ätherfeld ist, in welchem die Welten sind, und von dem nicht denkbar ist, daß er in anderem sei. Da seht Ihr, daß wir es nicht nötig haben, neue Elemente und Welten zu erfinden, im Gegensatz zu jenen anderen, die beim geringsten Anlaß anfingen, Umlaufkreise, göttliche Materien, feinere und dichtere Teile himmlischer Natur, Quintessenzen und andere Gebilde der Phantasie und Namen zu erfinden, die jeder Grundlage [*suggetto*] und Wahrheit entbehren.

Auf das siebte Argument sagen wir, daß das unendliche Universum eines ist, als ein Kontinuum, zusammengesetzt aus Ätherräumen und Welten; daß unendlich viele Welten sind, welche mit gleichem Recht in anderen Bereichen angenommen werden und auch sind, wie diese Welt, die wir bewohnen, dieser Raum und dieser Bereich angenommen werden und auch sind, wie ich Elpino in den letzten Tagen auseinandergesetzt habe, dem zustimmend und das bekräftigend, was Demokrit, Epikur und viele andere gesagt haben, die ein offeneres Auge für die Naturbetrachtung hatten und für die Einsprüche derselben nicht taub waren.

Desine quapropter, novitate exterritus ipsa,
Expuere ex animo rationem: sed magis acri
Iudicio perpende, et si tibi vera videtur,
Dede manus; aut si falsa est, accingere contra.
Quaerit enim rationem animus, cum summa loci sit
Infinita foris haec extra moenia mundi;
Quid sit ibi porro, quo prospicere usque velit mens,
Atque animi tractus liber quo pervolet ipse.
Principio nobis in cunctas undique partes,
Et latere ex utroque, infra supraque per omne,
Nulla est finis, uti docui, res ipsaque per se
Vociferatur, et elucet natura profundi.[19]

[Laß darum ab, allein vor der Neuheit nur dich entsetzend, / aus dem Geist diese Lehre zu weisen, sondern nur mehr noch / wäge mit scharfem

19 Lukrez, *De rerum natura* II, 1040–51, leicht geändert. – Dt. Übersetzung von K. Büchner (siehe S. 8, Anm. 1).

Urteil ab, und wenn es dir wahr scheint, / strecke die Hände, scheint es dir falsch, so rüste dagegen! / Sucht doch Erklärung der Geist, da draußen die Summe des Raumes / ohne Begrenzung ist, entfernt von den Mauern der Welt hier, / was dort weiter sei, wo der Sinn uns hinblicken möchte / und wo des Geistes Wurf in Freiheit selber hindurchfliegt. / Erstens: blicken wir überall hin nach jeder der Seiten / rechts und links und drüber und drunten im All durch: / grenzenlos dehnt sich der Raum. So hab ich gelehrt und von sich aus / rufen die Dinge es laut und leuchtet das Wesen der Tiefe.]

Die Natur erhebt ihre Stimme gegen das achte Argument, welches will, daß die Natur bei einem rechten Maß [*compendio*] stehenbleibe; denn ob wir dies gleich in jeder unter den großen und kleinen Welten erfahren, so sieht man es doch nicht in allen; denn das Auge unserer Sinneswahrnehmung ist, ohne ein Ende zu sehen, überwältigt vom unermeßlichen Raum, der sich zeigt; und es wird verwirrt und übermannt von der Zahl der Sterne, die sich immer fort und fort vervielfacht; so daß es die Sinneswahrnehmung unbestimmt läßt und die Vernunft zwingt, immer weiter Raum an Raum, Bereich an Bereich, Welt an Welt zu fügen.

Nullo iam pacto verisimile esse putandumst,
Undique cum vorsum spacium vacet infinitum,
Seminaque innumero numero, summaque profunda
Multimodis volitent aeterno percita motu,
Hunc unum terrarum orbem, caelumque creatum.
Quare etiam atque etiam tales fatare necesse est,
Esse alios alibi congressum materiei:
Qualis hic est avido complexu quem tenet aether.[20]

20 Ebd., 1052–57; 1064–66.

[Nun ist auf keinerlei Weise der Wahrheit es ähnlich zu achten, / da nach jeglicher Richtung der Raum unendlich erstreckt sich, / zahllos an Zahl dazu die Samen im grundlosen Ganzen / schwirren, in vielerlei Art erregt in steter Bewegung, / daß als einziger hier der Erdkreis und Himmel geschaffen wäre. / Drum mußt noch und noch du zugeben, daß von der gleichen / Art auch sonst noch es gibt woanders Versammlung des Stoffes, / so wie hier, die der Äther umfaßt in heißem Umfangen.]

Sie murrt gegen das neunte Argument, welches annimmt, und nicht beweist, daß der unendlichen aktiven Wirkmöglichkeit keine unendliche passive Seinsmächtigkeit entsprechen soll und daß keine unendliche Materie zugrunde liegen und kein unendlicher Raum zum Feld werden könne; und folglich könne die Wirklichkeit [*atto*] und das Wirken in keinem Verhältnis stehen zum Wirkenden, und das Wirkende könne die gesamte Wirkung mitteilen, ohne daß die gesamte mitgeteilte Wirkung auch wäre (ein Widerspruch, wie er offenbarer nicht vorstellbar ist). Mithin ist also sehr wohl gesagt:

Praeterea cum materies est multa parata,
Cum locus est praesto, nec res nec causa moratur
Ulla, geri debent nimirum et confieri res.
Nunc ex seminibus si tanta est copia quantam
Enumerare aetas animantum non queat omnis,
Visque eadem et natura manet, quae semina rerum
Coniicere in loca quaeque queat, simili ratione
Atque huc sunt coniecta: necesse 'st confiteare
Esse alios aliis terrarum in partibus orbes,
Et varias hominum genteis, et secla ferarum.[21]

[Weiter zudem: wo Stoff in Fülle dazu noch bereit ist, / wo vorhanden der Raum, weder Ding

21 Ebd., 1067–76.

noch Ursache hindert / irgend, müssen natürlich Vorgänge sein und Dinge entstehen. / Wenn der Samen Menge daher so mächtig ist, wie sie / aufzuzählen die sämtliche Zeit nicht vermöchte des Lebens, / denen dieselbe Natur verbleibt, die imstande ist, weiter / Samen der Dinge zusammen an einen Ort auf die gleiche / Weise zu werfen, wie hierher sie wurden geschleudert: gedrängt bist / du zu gestehen: andere gibt es in anderen Teilen / Erden und bunte Stämme der Menschen und Rassen von Tieren.]

Wir sagen auf das weitere Argument, daß jener gute, gesittete Verkehr solcher Art zwischen den verschiedenen Welten nicht nötiger ist, als daß alle Menschen ein Mensch und alle Lebewesen ein Lebewesen sind. Ganz zu schweigen davon, daß wir aus Erfahrung wissen, daß es zum Besten der Bewohner dieser Welt ist, daß die Natur die Völker durch Berge und Meere getrennt hat: Dadurch, daß es durch Menschenwerk zu Verkehr zwischen ihnen gekommen ist, wird nicht so leicht Gutes gebracht wie genommen, denn durch den Umgang verdoppeln sich eher die Laster, als daß die Tugenden zunähmen. Deshalb klagt der Tragiker ganz richtig:

Bene dissepti foedera mundi
Traxit in unum Thessala pinus
Iussitque pati verbera pontum,
Partemque metus fieri nostri
Mare sepostum.[22]

[Die Gesetze der Welt, einst weise getrennt, / verschmolzen in eins, da thessalischer Baum / die Hiebe der See zu erdulden gebot / und unserer Angst das entlegene Meer / zum Anteil bestimmt.]

22 Seneca, *Medea* 335–339. – Dt. Übersetzung von B. W. Häuptli: Seneca, *Medea*, Lt./Dt., Stuttgart: Reclam, 1993.

Die Antwort auf das zehnte ist dieselbe wie die auf das fünfte; denn jede Welt erhält so ihren Raum im Ätherfeld, daß die eine die andere in keiner Weise berührt oder mit ihr zusammenstößt; sie kreisen vielmehr in solchem Abstand voneinander und sind so angeordnet, daß die Entgegengesetzten einander nicht zerstören, sondern eins das andere nährt.

Auf das elfte, welches behauptet, die durch Zertrennung und Teilung vervielfältigte Natur werde nicht anders erwirkt als durch Zeugung, indem ein Einzelwesen das andere als seinen Nachkommen hervorbringe, sagen wir, daß dies nicht universell wahr ist, weil aus einer und derselben Masse mittels der einwirkenden Sonne viele und vielfältige Gefäße in unterschiedlichen Formen und unzähligen Gestalten hergestellt werden. Ganz zu schweigen davon, daß bei der Zerstörung und Erneuerung einer Welt die Hervorbringung der Lebewesen, vollkommener wie unvollkommener, durch die Kraft [*forza e virtù*] der Natur bewirkt wird, ohne einen Akt der Zeugung.

Auf das zwölfte und letzte – welches daraus, daß diese oder eine andere Welt vollkommen ist, ableiten will, daß keine weiteren Welten erforderlich seien – sage ich, daß sie gewiß nicht um der Vollkommenheit und um des Bestandes dieser Welt willen erforderlich sind; wohl aber ist um des Bestandes und um der Vollkommenheit des Universums willen notwendig, daß ihrer unendlich viele sind. Aus der Vollkommenheit dieser Welt oder jener anderen folgt also nicht, daß etwa entweder jene Welten oder aber diese Welt weniger vollkommen wären: denn diese ebenso wie jene – und jene wie diese – bestehen aus ihren Teilen und sind durch ihre Teile ein Ganzes.

Albertino. O Philotheo, keine Stimme des Pöbels, keine Entrüstung des gemeinen Haufens, kein Murren von Dummköpfen, keine Verachtung gewisser Satrapen, keine Torheit Unsinniger, keine Stumpfheit Halbwissender, keine Behauptung von Lügnern, keine Anklagen Übelwollender und keine Herabsetzung von Neidern sollen mich deines edlen Anblicks berauben und mich von dem göttlichen Umgang mit dir abhalten! Bleibe standhaft, mein Philotheo, bleibe standhaft; laß den Mut nicht sinken und weiche nicht zurück, nur weil der große und ehrwürdige Senat törichter Unwissenheit mit vielen Künsten und Machenschaften droht und dein herrliches Unterfangen und hohes Werk zu zerstören sucht. Und sei gewiß: Am Ende werden alle das sehen, was ich sehe; sie werden anerkennen, es sei ebenso einfach für einen jeden, dich zu loben, wie es für alle schwierig ist, dich etwas zu lehren. Alle, wenn sie nicht ganz und gar verdorben sind, werden guten Gewissens für dich zeugen, wie ein jeder am Ende vom hohen Ratschluß des eigenen inneren Sinns belehrt wird; denn wir erheben die Güter des Geistes von nirgendwoher als vom Geist selbst. Und da allen eine gewisse natürliche Heiligkeit innewohnt, welche, im Intellekt thronend, über Gut und Böse, über Licht und Finsternis richtet, wird es so kommen, daß die eigenen Erwägungen [*cogitazioni*] eines jeden sich in deiner Sache als vollkommene Zeugen und Verteidiger erheben. Dergestalt, daß sie – wenn sie nicht deine Freunde werden, sondern träge in der Verteidigung dumpfer Unwissenheit und erwiesener Sophisten verharren wollen – in sich selbst den Henker fühlen werden, der dein Rächer ist und der sie, je tiefer sie ihn in der Tiefe des Denkens verbergen, desto mehr foltert. So wird der Höllenwurm, verjagt aus der starren Mähne der Eumeniden angesichts des Zuschandenwerdens seines Planes gegen dich, sich empört gegen die Brust oder die Hand des ungerechten Urhebers wenden und ihn eines solchen Todes sterben lassen, wie der es vermag, der stygisches Gift verspritzt, wo der Biß der spitzen Zähne einer solchen Schlange getroffen hat.

Fahre fort darin, uns erkennen zu lassen, was in Wahrheit der Himmel ist, was in Wahrheit die Planeten und Gestirne alle sind; wie die unendlich vielen Welten voneinander verschieden sind; wie ein unendlicher Raum nicht unmöglich ist, sondern notwendig; wie diese unendliche Wirkung der unendlichen Ursache angemessen ist; was die wahre Substanz und Materie, die wahre Wirklichkeit [*atto*] und das wahre Wirkende [*efficiente*] des Ganzen ist; wie aus denselben Prinzipien und Elementen alles gebildet wird, was wahrnehmbar und zusammengesetzt ist. Führe die Kenntnis vom unendlichen Universum zum Sieg. Zerfetze die konkaven und konvexen Flächen, die so viele Elemente und Himmel von außen und innen begrenzen. Mach uns die Kugelschalen und Fixsterne zum Gespött. Zerbrich jene vom gemeinen Volk in seiner Blindheit wertgehaltenen Diamantmauern des ersten Bewegbaren und des letzten Konvexen und wirf sie nieder mit dem Widerhall und Wirbelwind lebendiger Gründe. Der Erde werde es genommen, einziges und eigentliches Zentrum zu sein. Fege diesen unwürdigen Glauben an eine fünfte Essenz hinweg. Gib uns die Wissenschaft von der Zusammensetzung dieses unseres Gestirns, unserer Welt, die gleich derjenigen so vieler Gestirne und Welten ist, wie wir erblicken können. Möge jede der unendlich vielen herrlichen und großen Welten immer wieder aufs neue zugleich mit ihrer Abfolge und Ordnung unendlich viele geringere Welten nähren. Zerschlage die äußeren Beweger zugleich mit den Grenzen dieser Himmel. Öffne uns die Tür, durch welche wir die Ununterschiedenheit dieses Gestirns gegenüber den anderen schauen. Zeige, daß das Bestehen der anderen Welten im Äther dasselbe wie das der unseren ist. Erhelle, daß die Bewegung aller aus der inneren Seele entspringt, auf daß wir mit dem Licht dieser Betrachtungsweise festeren Schrittes vorwärtsschreiten zur Kenntnis der Natur.

Philotheo. Was mag es wohl bedeuten, o Elpino, daß uns der Doktor Burchio weder so schnell noch überhaupt hat beistimmen können?

Elpino. Nur einem wachen Verstand ist es eigen, wenig zu sehen und zu hören und mittels dessen viel zu überlegen und zu begreifen.

ALBERTINO. Ist es mir bis jetzt auch noch nicht gegeben, den ganzen Körper des leuchtenden Planeten zu sehen, so gelingt es mir doch, dank der Strahlen, die durch die Ritzen der geschlossenen Fenster meines Intellekts dringen, auszumachen, daß es kein Glanz einer künstlichen und sophistischen Laterne ist, kein Licht eines Mondes oder eines anderen kleinen Sterns. Ich bereite mich daher für die Zukunft zu einem besseren Verständnis [*apprension*].

PHILOTHEO. Eure Gesellschaft wird hochwillkommen sein.

ELPINO. Laßt uns nun zum Abendessen gehen.

Ende der fünf Dialoge
über das Unendliche, das Universum und die Welten.

Anhang

Zu dieser Ausgabe

Vorlage für die Übersetzung ist die folgende Ausgabe, der auch der größte Teil der Quellenangaben und Verweise entnommen ist:

> Giordano Bruno: Dialoghi italiani. Dialoghi metafisici e dialoghi morali, nuovamente ristampati con note da Giovanni Gentile. 3a edizione a cura di Giovanni Aquilecchia. Vol. 1. Florenz: Sansoni, 1958.

Einige offensichtliche Druckfehler wurden nach dem in der Nationalbibliothek von Neapel aufbewahrten Exemplar der Erstausgabe korrigiert. Der schwankende Gebrauch der Anredepronomina *du* und *Ihr* wurde beibehalten.

In Übereinstimmung mit der Erstausgabe – und abweichend von der Ausgabe Gentile/Aquilecchia – wird der Name der Hauptfigur der Dialoge Philotheo – und nicht Filoteo – geschrieben.

Ich danke Herrn Prof. Kurt Flasch, Frau Prof. Maria-Rita Pagnoni-Sturlese und Herrn Dr. Maurizio Cambi für ihr freundschaftliches und aktives Interesse an meiner Arbeit.

Ich danke Herrn Dr. Ulderico Pomarici vom Istituto Suor Orsola Benincasa, Neapel, für seine Unterstützung bei der Klärung einiger bibliographischer Hinweise und für den Zugang zu den Publikationen, mit denen das Institut einen großen Beitrag zur Erforschung der Renaissance in Süditalien leistet.

Ich danke schließlich dem Istituto Italiano per gli Studi Filosofici in Neapel, das mir durch Stipendien ermöglichte, an Seminaren teilzunehmen, in denen Wissenschaftler von Weltruf ihr Wissen über Humanismus und Renaissance vortrugen.

Daten zu Leben und Werk Giordano Brunos

1548 in Nola bei Neapel geboren; Taufname Filippo. Der Vater, Giovanni Bruno, in Militärdiensten, die Mutter: Fraulissa Savolino.

1562 Beginn des Studiums an der von Friedrich II. gegründeten Universität (»Studio«) von Neapel.

1565 Eintritt in den Dominikanerorden. Er nimmt den Namen Giordano an.

1566/67 Erste Konflikte mit dem Orden aufgrund von Äußerungen gegen Marien- und Heiligenverehrung. Der für die Novizen verantwortliche Ordensvorgesetzte schlägt die Anklage nieder.

1570? Erste (verlorengegangene) Schrift, Papst Pius V. gewidmet und mnemotechnischen Inhalts: *L'arca di Noè*.

1572 Priesterweihe und Beginn des Studiums der Theologie in San Domenico Maggiore, Neapel.

1575 Studienabschluß mit einer Verteidigung der *Summa contra Gentiles* des Thomas von Aquin und der Sentenzen des Petrus Lombardus.

1576 Verbotene Lektüre der Scholien des Erasmus von Rotterdam zu Werken des Hieronymus und des Johannes Chrysostomus.
Durch unvorsichtige Äußerungen gerät er in den Verdacht der Häresie in Fragen der Trinität.
Flucht nach Rom. Er legt das Ordensgewand ab. Weitere Flucht nach Genua und Noli in Ligurien. Er hält Privatvorlesungen über die Kugel (nach der Schrift von Johannes von Sacrobosco).

1577 Von Noli begibt er sich nach Savona, Turin, Venedig (dort Veröffentlichung einer zweiten, ebenfalls verlorengegangenen Schrift: *De' segni de' tempi*) und weiter nach Padua, Brescia, Bergamo.

1578 Er verläßt Italien über Mailand und Chambéry (Savoyen); ursprünglich ist sein Ziel Lyon, er wendet sich dann aber – gewarnt vor einer möglichen feindseligen Haltung in der Region aufgrund der bürgerkriegsähnlichen Wirren – nach Genf, wo seit 1552 eine italienische evangelische Gemeinde besteht, welche Graf Gian Galeazzo Caracciolo gegründet hatte. Er tritt zum Calvinismus über.

Seinen Lebensunterhalt verdient er durch Korrekturlesen.
Eine – verlorengegangene – Streitschrift gegen den Inhaber des Lehrstuhls für Philosophie, Antoine de la Faye, führt zu einem Prozeß gegen ihn. Er widerruft seine Thesen, und seine Exkommunikation wird aufgehoben.
Er verläßt die Stadt und nimmt seine geplante Reise nach Frankreich wieder auf.
In Lyon findet er keine Möglichkeit, seinen Lebensunterhalt zu verdienen, weshalb er nach Toulouse weiterreist, welches in den religiösen Auseinandersetzungen entschieden katholisch orientiert ist.

1579–81 Er hält zunächst Privatvorlesungen in Toulouse, erwirbt den Titel des »Magister Artium« und wird Ordentlicher Lektor für Philosophie. Er liest unter anderem über Aristoteles' Schrift *Über die Seele*.
In dieser Zeit entsteht die mnemotechnische Schrift *Clavis magna*, die ebenfalls verlorengegangen ist.
Im Sommer 1581 flammen die Kämpfe zwischen Hugenotten und Katholiken wieder auf: Giordano Bruno muß Toulouse verlassen.
Er begibt sich nach Paris, wo er sich einführt durch einen Kurs von dreißig Lektionen über ebenso viele Attribute Gottes nach Thomas von Aquin.
Er erhält eine Audienz bei König Heinrich III., den er mit seiner Gedächtniskunst beeindruckt.

1582 Aufenthalt in Paris.
Er widmet dem König eine Schrift, *De umbris idearum*, mit einem Anhang mit dem Titel *Ars memoriae*. Heinrich III. ernennt ihn zum außerordentlichen Lektor.
Im selben Jahr erscheinen *Cantus Circaeus*, *De compendiosa architectura et complemento Artis Lullii* sowie Brunos einzige Komödie, *Il Candelaio*, welche Hinweise auf weitere – verlorengegangene – italienische Prosa-Schriften enthält.

1583 Bruno verläßt Paris, vermutlich in erster Linie aufgrund der Verschärfung der Gegensätze zwischen der Hofpartei des Königs und der katholischen Liga unter Führung des Hauses Guise.
Er setzt nach England über und begibt sich nach London: Er hat ein Empfehlungsschreiben für den Botschafter

Frankreichs in London, Michel de Castelnau, in dessen Haus er aufgenommen wird.

1583–86 Aufenthalt in London. Bis auf die in Paris erschienene Komödie sind alle erhaltenen Werke Brunos in italienischer Sprache in London geschrieben und gedruckt (die ersten drei tragen als fiktiven Erscheinungsort Venedig, die letzten drei Paris). Den Druck hat Bruno wohl selbst überwacht, da der Londoner Drucker, John Charlewood, sonst keine italienischen Manuskripte betreute.

Noch im Jahr 1583 findet Brunos viel diskutierter Kontakt mit der Universität Oxford statt, der eher ein Zusammenstoß ist. Die Ursachen des Skandals sind in der Hauptsache die auf Marsilio Ficino (1433–99) verweisende Diktion Brunos in seinen Vorträgen und nicht zuletzt seine Verteidigung des Kopernikanismus. – Dies sind Themen, für die wohl in gebildeten Hofkreisen Aufgeschlossenheit zu finden ist, nicht aber an der Universität, die im Gefolge der anglikanischen Reform Englands eine Krise durchmacht.

Der Mißerfolg in Oxford veranlaßt Bruno, das Publikum für seine Schriften außerhalb der Universität zu suchen.

Seine ersten Schriften sind in Latein geschrieben: *Ars reminiscendi*, *Explicatio triginta sigillorum*, *Sigillus sigillorum*; sie erscheinen in einem Band vereint.

1584 In rascher Folge erscheinen *La cena de le Ceneri*, *De la causa, principio et uno*, *De l'infinito, universo e mondi*, *Spaccio de la bestia trionfante*. Das vierte Werk, *Spaccio de la bestia trionfante*, ist ausdrücklich in Nola, Brunos Heimat, und auf einem mythischen Olymp angesiedelt. Es ist dem Dichter Sir Philipp Sidney gewidmet.

1585 Es folgt *Cabala del cavallo pegaseo con l'aggiunta dell' asino cillenico*. Diese Schrift ist nur in wenigen Exemplaren der Erstausgabe überliefert, da sie auf Ablehnung stößt und von Bruno zurückgezogen wird.

Das letzte der sechs italienischen Werke seines Londoner Aufenthalts, *De gli eroici furori*, ist wiederum Sidney gewidmet.

Im November 1585 kehrt Bruno im Gefolge des Botschafters für ein halbes Jahr nach Paris zurück.

1585/86 Brunos Pariser Schriften aus dem Jahr 1586 sind: *Figuratio Aristotelici physici auditus*, vier Dialoge zur Erfindung eines italienischen Landsmanns aus Salerno, Fabrizio Mordente, die ihm die Feindschaft nicht nur dieses letzteren, sondern auch die von dessen Beschützern aus der Liga eintragen (*Dialogi duo de Fabricii Mordentis Salernitani prope divina adinventione* mit dem Anhang *Insomnium, Idiota triumphans, De somnii interpretazione*), sowie *Centum et viginti articuli de natura et mundo adversus peripateticos*, welche Gegenstand einer öffentlichen Disputation werden, in der Brunos Interpretation des Aristoteles und der peripatetischen Schule einen wahren Skandal auslöst.

1586–88 Bruno reist über Mainz und Wiesbaden nach Marburg, wo sich jedoch wiederum seine Aristotelesinterpretation als unvereinbar mit den örtlichen Traditionen erweist. Er wendet sich nach Wittenberg, wo ihn Alberico Gentile einführt.

1587 erscheinen seine Schriften *De lampade combinatoria lulliana* und *De progressu et lampade venatoria logicorum.*

Der von ihm gehaltene Kurs über die – Aristoteles zugeschriebene – Schrift *Rhetorica ad Alexandrum* wird 1612 von Brunos Schüler Alsted unter dem Titel *Artificium perorandi* herausgegeben.

Zwei weitere Schriften aus diesem Jahr werden erstmals 1890 und 1891 gedruckt: *Animadversiones circa lampadem lullianam* (Fragment) und *Lampas triginta statuarum.*

1689 erscheint zum zweitenmal die Schrift, die bei Brunos zweitem Pariser Aufenthalt so negative Folgen gehabt hatte: *Centum et viginti articuli de natura et mundo adversus peripateticos.*

Vermutlich entstehen in dieser Zeit auch die Kommentare zu Schriften des Aristoteles, die unter dem Titel *Libri physicorum Aristotelis explanati* ebenfalls zum erstenmal 1891 erscheinen.

Inzwischen verstärken sich jedoch die calvinistischen Tendenzen in Wittenberg unter dem Herzog Christian I. Vom 8. März 1588 datiert eine an den akademischen Senat gerichtete Rede, *Oratio valedictoria*, mit der er seinen Abschied von Wittenberg nimmt.

Für kurze Zeit hält er sich am Hof Kaiser Rudolfs II. in Prag auf. Dort läßt er ein zweites Mal seine Schrift *De lampade combinatoria* erscheinen, wobei er ihr die Schrift *De lulliano specierum scrutinio* vorausschickt. Dem Kaiser widmet er die Schrift *Articuli centum et sexaginta articuli adversus huius tempestatis mathematicos atque philosophos.*

1588–90 Aufenthalt in Helmstedt, angezogen von der durch Herzog Julius gegründeten »Academia Iulia«. Er verfaßt eine Rede zum Tod ebendieses Fürsten, die *Oratio consolatoria.*

In der Folge erreicht ihn seine dritte Exkommunikation, diesmal wegen des Verdachts calvinistischer Gesinnungen, durch den Superintendenten der örtlichen lutheranischen Kirche, Gilbert Voët.

Er arbeitet an den Schriften, die er 1591 in Frankfurt veröffentlichen wird, sowie an Schriften zur Magie: *De magia, Theses de magia, De magia mathematica, De rerum principiis et elementis et causis.*

1590 Ab Juni ist seine Anwesenheit in Frankfurt dokumentiert. Er überwacht den Druck der Trilogie *De triplici minimo et mensura libri V, De monade, numero et figura liber* sowie *De innumerabilibus, immenso et infigurabili libri octo.* Diese drei Werke schließen in vielem an die ersten drei italienischen Londoner Schriften an.

1591 Bruno wird vom Frankfurter Senat ausgewiesen und geht kurzfristig nach Zürich; seine dortigen Vorlesungen über scholastische Philosophie werden von Joseph Egli zusammengestellt und 1595 in Zürich herausgegeben unter dem Titel *Summa terminorum metaphysicorum.* Eine zweite Ausgabe, ergänzt durch die Schrift *Praxis descensus seu applicatio*, erscheint 1609 in Marburg.

Während eines zweiten kurzen Aufenthalts in Frankfurt veröffentlicht Bruno dort die Schrift *De imaginorum, signorum, et idearum compositione ad omnia inventionum, dispositionum et memoriae genera libri tres.*

Ihn erreicht die Einladung des Venezianer Patriziers Giovanni Mocenigo, der das Buch *De minimo* gelesen hat, ihn zu unterrichten.

Bruno folgt der Einladung, reist aber zunächst nach Padua weiter (der einzigen italienischen Universität, die protestantische Studenten aufnimmt). Er hält dort deutschen Studenten Vorlesungen. Unter ihnen ist auch sein Schüler Besler.

Aus dieser Zeit stammt die Niederschrift der Werke *Lampas triginta statuarum* aus dem Jahr 1587 und *De vinculis in genere* aus dem Jahr 1590 durch Besler.

Auf diese Zeit sind die erst 1962 durch Giovanni Aquilecchia aufgefundenen Schriften *Praelectiones geometricae* und *Ars deformationum* zu datieren. Offensichtlich bewirbt sich Bruno zunächst um den Lehrstuhl für Mathematik an der Universität, den im Jahr darauf Galileo Galilei erhalten wird.

1592 Ab März hält sich Bruno im Haus des Mocenigo auf. Im Mai wünscht er nach Frankfurt abzureisen, zur Drucklegung eines verlorengegangenen Werkes, die die *artes liberales* zum Gegenstand haben. Er möchte diese Schrift dem seit 1590 amtierenden Papst Clemens VIII. widmen und seinen Frieden mit der Kirche machen, um sein Wanderleben aufgeben zu können.

Giovanni Mocenigo, der vielleicht auf die Offenbarung magischer Geheimnisse gehofft hatte, setzt ihn durch seine Hausleute gefangen und denunziert ihn beim Inquisitor von Venedig, Fra Gabriele Saluzzo, wegen Ketzerei, wobei er eine – verlorene – Schrift ausliefert, die von den Attributen Gottes handelt.

In Venedig wird der Prozeß gegen Bruno eröffnet.

1593 Im Januar gibt der Senat von Venedig dem Auslieferungsverlangen aus Rom nach anfänglicher Ablehnung Gehör.

Der Prozeß wird in Rom fortgesetzt, wo Bruno versucht, die Fragen des Dogmas von philosophisch-spekulativen Fragen zu trennen. Hinsichtlich der ersteren ist er bereit zu widerrufen.

1595 Eine Liste der Werke Brunos wird dem Papst vorgelegt.

1597 Bruno wird eine Liste der zensierten Thesen zur Antwort vorgelegt.

1599 An Bruno ergeht die Aufforderung, acht Thesen bedingungslos abzuschwören. Zunächst erklärt er sich bereit, dann wünscht er offensichtlich, die philosophisch wichtigen Inhalte von dem Widerruf auszunehmen.

Clemens VIII. lehnt den Vorschlag ab, den Widerruf mittels Folter zu erzwingen. Bruno versucht, mit dem Papst direkt in Verbindung zu treten.

Eine neue Anklage wird erhoben, da ein Bericht aus England Nachricht von den Angriffen auf den Papst in der

Schrift *Spaccio della bestia trionfante* übermittelt. Bruno wird eine Frist von vierzig Tagen für den Widerruf eingeräumt.

1600 Am 20. Januar befiehlt der Papst seine Verurteilung als Ketzer und seine Auslieferung an den weltlichen Arm der Gerechtigkeit.

Am 17. Februar wird das Urteil auf dem Campo de' Fiori vollstreckt.

Literaturhinweise

Ausgaben

Die in lateinischer Sprache verfassten Schriften sind in der folgenden Ausgabe zugänglich:

Jordani Bruni Nolani Opera latine conscripta. Hrsg. von F. Fiorentino, F. Tocco [u. a.]. 3 Bde. 8 Tle. Neapel/Florenz 1879–91. Reprogr. Nachdr. Stuttgart-Bad Cannstatt 1961–62.

Als Einzelausgaben aufgrund neuentdeckter Manuskripte liegen vor:

Due dialoghi sconosciuti e due dialoghi noti: Idiota triumphans – De somnii interpretazione – Mordentius – De mordentii circino. Hrsg. und eingel. von G. Aquilecchia. Rom 1957.

Praelectiones geometricae e Ars deformationum. Hrsg. und eingel. von G. Aquilecchia. Rom 1964.

Von der historisch-kritischen Ausgabe der lateinischen Schriften ist bisher erschienen:

Le opere latine: edizione storico-critica. Bd. 1: De umbris idearum. Hrsg. von R. Sturlese. Vorw. von E. Garin. Florenz 1991.

Die in italienischer Sprache verfassten Schriften, unter Ausschluss der Komödie Il Candelaio, *liegen vor in der Ausgabe:*

Dialoghi italiani. Bd. 1: Dialoghi metafisici. Bd. 2: Dialoghi morali. Neudr. mit Anm. von G. Gentile. 3. Aufl., neu bearb. und eingel. von G. Aquilecchia. Florenz 1958, ²1985.

Für die Komödie Il Candelaio *ist nach wie vor die folgende Ausgabe gültig:*

Candelaio: commedia. Hrsg. und eingel. von V. Spampanato, Bari ²1923.

Von der kritischen Gesamtausgabe sämtlicher überlieferter Werke in italienischer Sprache ist bisher erschienen:

Opere italiane, testi critici e nota filologica di G. Aquilecchia, introd. e coord. generale di N. Ordine, comm. de G. A. Bd. 1: Candelaio. La cena de la Ceneri. De la causa, principio et uno. Bd. 2: De l'infinito, universo e mondi. Spaccio de la bestia trionfante. Cabala del cavallo pegaseo. De gli eroici furori. Turin 2002.

Übersetzungen ins Deutsche

Bruno, G.: Gesammelte Werke. Jena 1909.
– Werke. Mit der krit. Edition von G. Aquilecchia hrsg. von T. Leinkauf. Hamburg 2007 ff.

La cena de le Ceneri (1584)

Kuhlenbeck, L.: Das Aschermittwochsmahl. Leipzig 1904. (Gesammelte Werke. 1.)
Fellmann, F.: Das Aschermittwochsmahl. Frankfurt a. M. 1969.

De la causa, principio et uno (1584)

Jacobi, F. H.: Über die Lehre des Spinoza in Briefen an den Herrn Mendelssohn. Breslau 1789. [Auszug der Übers. im Anh.]
Lasson, A.: Von der Ursache, dem Prinzip und dem Einen. Heidelberg 1872. 5., erw. und teilw. neu bearb. Aufl. Hamburg 1977.
Kuhlenbeck, L.: Von der Ursache, dem Anfangsgrund und dem Einen. Jena 1904 (Gesammelte Werke. 4.)
Seliger, P.: Von der Ursache, dem Prinzip und dem Einen. Leipzig 1909.
Rippel, P.: Über die Ursache, das Prinzip und das Eine. Stuttgart 1986.
Leinkauf, T.: Über die Ursache, das Prinzip und das eine. Ital./Dt. Hamburg 2007. (Werke. 3.)

De l'infinito, universo e mondi (1584)

Kuhlenbeck, L.: Zwiegespräche von dem unendlichen All und den Welten. Jena 1892–93. [2]1896. [3]1904. Reprogr. Nachdr. Darmstadt 1973 . (Gesammelte Werke. 3.)
Bönker-Vallon, A.: Über das Unendliche, das Universum und die Welten. Ital./Dt. Hamburg 2007. (Werke. 4.)

Spaccio de la bestia trionfante (1584)

Kuhlenbeck, L.: Die Reformation des Himmels. Leipzig 1890. [2]1899. (Gesammelte Werke. 2.)
Seliger, P.: Die Vertreibung der triumphierenden Bestie. Berlin 1904.
Blum, E.: Austreibung des triumphierenden Tieres. Ital./Dt. Hamburg 2009. (Werke. 5.)

Cabala del cavallo pegaseo con l'aggiunta dell' asino cillenico (1585)

Kuhlenbeck, L.: Die Kabbala des Pegasus mit der Zugabe des Kyllenischen Esels. Jena 1909. (Gesammelte Werke. 6.)

Kodera, S.: Die Kabbala des pegaseischen Pferdes. Ital./Dt. Hamburg 2009. (Werke. 5.)

De gli eroici furori (1585)

Kuhlenbeck, L.: Zwiegespräche vom Helden und Schwärmer. Jena 1898. (Gesammelte Werke. 5.)

Grassi, E.: Heroische Leidenschaften und individuelles Leben. Auswahl und Interpretation. Hamburg 1957.

Bacmeister: C.: Von den heroischen Leidenschaften. Hamburg 1989.

Hayneck, C.: Von den heroischen Leidenschaften. Ital./Dt. Hamburg 2018. (Werke. 7.)

Centum et viginti articuli de natura et mundo adversus peripateticos [Einleitung zur Ausgabe von 1588]

Kuhlenbeck, L.: Der Erwecker oder eine Verteidigung der Thesen des Nolaners durch Johannes Hennequin. Jena 1909. (Gesammelte Werke. 6.)

Oratio valedictoria (1588)

Kuhlenbeck, L.: Die Abschiedsrede Brunos zu Wittenberg am 8. März 1588. Jena 1909. (Gesammelte Werke. 6.)

Oratio consolatoria (1589)

Kuhlenbeck, L.: Die Trostrede Brunos nach dem Abscheiden des Fürsten Julius am 1. Juli 1589 in Helmstedt. Jena 1909. (Gesammelte Werke. 6.)

De monade numero et figura (1591)

Samsonow, E. v. / Muslow, M. / Lorch, I. / Reuss, M.: Über die Monas, die Zahl und die Figur als Elemente einer sehr geheimen Physik, Mathematik und Metaphysik. Hamburg 1991.

Dokumente zur Biographie Brunos

Aquilecchia, G.: La lezione definitiva della Cena delle Ceneri di G. B. In: Atti dell'Accademia Nazionale dei Lincei, Memorie della classe di scienze morali, storiche e filologiche. S. 8 (1950) H. 3. S. 209–243.

– Un autografo sconosciuto di G. B. In: Giornale storico della letteratura italiana 134 (1957) S. 333–338.

– Un nuovo documento del processo di G. B. In: Giornale storico della letteratura italiana 134 (1957) S. 91–96.

Aquilecchia, G.: Presunti autografi bruniani. In: Giornale storico della letteratura italiana 140 (1963) S. 148–151.
– Ancora su G. B. a Oxford. In: Studi secenteschi 4 (1970) S. 3–13.
Berti, D. (Hrsg.): Documenti intorno a G. B. da Nola. Rom 1880.
Elton, O.: Modern Studies. London 1907. S. 334.
Firpo, L.: Il processo di G. B. In: Rivista storica italiana 60 (1948) S. 542–597 und 61 (1949) S. 5–59 (Neuausg. hrsg. von D. Quaglioni. Rom 1993.)
Harvey, G.: Marginalia. Hrsg. von G. C. Moore Smith. Stratford-upon-Avon 1913. S. 156.
Korzan, J.: Praski Krag humanistów wokół Giordana Bruna. In: Euhemer 71–72 (1969) H. 1–2, S. 81–93.
Limentani, L.: G. B. at Oxford. In: Civiltà moderna 9 (1937) S. 254–280.
McNulty, R.: B. at Oxford. In: Renaissance News 13 (1960) S. 300–305.
Mercati, A.: Il sommario del processo di G. B. Vatikanstadt 1942. Reprogr. Nachdr. Graz 1961.
Orsini, N.: Appunti su G. B. in Inghilterra: l'avversario di Oxford. In: Giornale critico della filosofia italiana 16 (1937) S. 41–43.
Sigwart, C.: Kleine Schriften I. Freiburg i. B. 1899. S. 120.
Spampanato, V.: Vita di G. B., con documenti editi e inediti. Messina 1921.
– Documenti della vita di G. B. Florenz 1933.
– B. e Nola. Castrovillari 1899.
Yates, F. A.: John Florio. The Life of an Italian in Shakespeare's England. Cambridge 1934. Kap. 5.
– G. B.'s Conflict with Oxford. In: F. A. Y.: Collected Essays. Bd. 1: Lull and B. London 1982. S. 129–133.
– The Religious Policy of G. B. In: F. A. Y.: Collected Essays. Bd. 1: Lull and B. London 1982. S. 134–150.
– G. B.: Some New Documents. In: F. A. Y.: Collected Essays. Bd. 2: Renaissance and Reform. London 1983. S. 111–129.
– Renaissance Philosophers in Elisabethan England: John Dee and G. B. In: F. A. Y.: Collected Essays. Bd. 1: Lull and B. London 1982. S. 210–222.

Bibliographien und Arbeiten zur Rezeption der Philosophie Brunos

Aquilecchia, G.: Nota su John Toland traduttore di G. B. In: English Miscellany 9 (1958) S. 77–86.

Aquilecchia, G.: Note di bibliografia bruniana. In: Lettere italiane 12 (1960) S. 322–325.
– G. B. Rom 1971.
Badaloni, N.: Appunti intorno alla fama del B. nei secoli XVII e XVIII. In: Società 14 (1958) S. 487–519.
Cacciatore, G.: Note sulla ricezione di G. B. nella filosofia italiana della seconda metà dell'Ottocento. In: Atti dell'Accademia di Scienze Morali e Politiche in Napoli 95 (1984) S. 295–313.
Corsano, A.: Studi bruniani. In: Filosofia 27 (1976) S. 287–290.
– Recenti studi bruniani. In: Filosofia 31 (1980) S. 663–666.
Gatti, H.: Minimum and Maximum, Finite and Infinite. B. and the Northumberland Circle. In: Journal of the Warburg and Courtauld Institutes 48 (1985) S. 144–163.
– G. B.: The Texts in the Library of the Ninth Earl of Northumberland. In: Journal of the Warburg and Courtauld Institutes 48 (1985).
Gentile, C.: G. B. ieri e oggi. Foggia 1982.
Gorfunkel, A. C.: G. B. in Russia. In: Rivista di filosofia 52 (1961) S. 461–475.
Hirdt, W. (Hrsg.): G. B. Deutsch-italienisches Kolloquium. Bonn/Berlin 1991.
– G. B. Tragik eines Unzeitgemäßen. Tübingen 1993.
Meroi, F.: Cabala parva. La filosofia di G. B. fra tradizione cristiana e pensiero moderno. Rom 2006.
Nowicki, A.: Intorno all presenza di G. B. nella cultura del Cinquecento e Seicento. Aggiunte alla bibliografia di Salvestrini. In: Atti dell'Accademia di Scienze Morali e Politiche in Napoli 79 (1968) S. 505–526.
– B. nel Settecento. In: Atti dell'Accademia di Scienze Morali e Politiche in Napoli 80 (1969) S. 199–230.
– B. nel Cinque, Sei e Settecento (aggiunte ulteriori alla Bibliografia Bruniana del Salvestrini). In: Atti dell'Accademia di Scienze Morali e Politiche in Napoli 81 (1970) S. 326–344.
– G. B. e la cultura contemporanea (in appendice la continuazione della Bibliografia del Salvestrini). In: Atti dell'Accademia di Scienze Morali e Politiche in Napoli 83 (1972) S. 391–450.
Pagnoni-Sturlese, M. R.: Bibliografia censimento e storia delle antiche stampe di G. B. Florenz 1987.
– »Et Nolanus vivat, recipiatur, adoretur«. Le note del »postillatore napoletano« al dialogo »De l'infinito« di G. B. [In Vorbereitung.]
– Postille autografe di John Toland allo Spaccio di B. In: Giornale critico della filosofia italiana 65 (1986) S. 27–41.

Pagnoni-Sturlese, M. R.: Su B. e Tycho Brahe. In: Rinascimento 25 (1985) S. 309–333.
Reidel, A.: Wirkungen und Nachwirkungen G. B.s als Typus des Freidenkertums der Renaissance. Heidelberg 1930.
Ricci, S.: G. B. e il Northumberland Circle (1600–1630). In: Rinascimento 25 (1985) S. 335–355.
– Un commento seicentesco al De immenso di G. B.: Oculus sidereus di Abraham von Franckenberg. In: Nouvelles de la République des Lettres 5 (1985) S. 49–65.
– B. ›spinozista‹, B. ›martire luterano‹. La polemica tra Lacroze e Heumann. In: Giornale critico della filosofia italiana 65 (1986) S. 42–61.
– Rivoluzione del cielo fisico, rivoluzione del cielo morale. Scienza e vita civile da G. B. ai Lincei. In: Studi filosofici 12/13 (1989/90) S. 245–296.
– La fortuna del pensiero di G. B. 1600–1750. Vorw. von E. Garin. Florenz 1990. (Giornale critico della filosofia italiana. Beih. 1.)
– La ricezione del pensiero di G. B. in Francia e in Germania. Da Diderot a Schelling. In: Giornale critico della filosofia italiana 90 (1991) S. 431–465.
Salvestrini, V.: Bibliografia di G. B. (1582–1950). Hrsg. von L. Firpo. Florenz 1958.

Biographien und Gesamtdarstellungen

Aquilecchia, G.: G. B. Rom 1971.
Badaloni, N.: La filosofia di G. B. Florenz 1955.
– G. B. tra cosmologia ed etica. Bari/Rom 1988.
Bartholmess, C.: J. B. Paris 1846.
Berti, D.: Vita di G. B. Pisa 1868.
– G. B. da Nola, sua vita e sua dottrina. Turin 1889.
Boulting, W.: G. B. His Life, Thought and Martyrdom. London 1914.
Ciardo, M.: G. B. tra l'Umanesimo e lo storicismo. Bologna 1960.
Ciliberto, M.: G. B. Bari 1990.
Corsano, A.: Il pensiero di G. B. nel suo svolgimento storico. Florenz 1940.
Dischner, G.: G. B. Denker, Dichter, Magier. Tübingen 2004.
Garin, E.: B. Rom/Mailand 1966.
Gorfunkel, A. C.: B. Moskau ²1973.
Guzzo, A.: G. B. Turin 1960.

Kirchhoff, J.: G. B. Hamburg 1980.
Levergois, B.: G. B. Paris 1995.
Meroi, F.: La mente di G. B. Florenz 2004.
Nowicki, A.: Centralne kategorie filozofii Giordana Bruna. Warschau 1962.
– G. B. Warschau 1979.
Olschki, L.: G. B. In: Deutsche Vierteljahrsschrift für Literaturwissenschaft und Geistesgeschichte 2 (1924) H. 1. S. 1–79.
Orrei, E.: G. B. e la sua dottrina. Mailand 1931.
Previti S. J. L.: G. B. e i suoi tempi. Prato 1887.
Reiner, J.: G. B. und seine Weltanschauung. Berlin/Leipzig 1907.
Scartazzini, J. A.: G. B. – ein Blutzeuge des Wissens. Biel/Steinheil 1867.
Spampanato, V.: Vita di G. B., con documenti editi e inediti. Messina 1921.
Stern, F. B.: G. B., Vision einer Weltsicht. Meisenheim am Glan 1977.
Tocco, F.: G. B. Florenz 1886.
Troilo, E.: La filosofia di G. B. 2 Bde. Turin/Rom 1907–14.

Allgemeine Forschungsliteratur und Einzelstudien

Beschränkt auf Arbeiten, die nach 1950 erschienen oder neu herausgegeben worden sind und die Vielfalt der Diskussionszusammenhänge illustrieren, die einen Zugang zum Werk Brunos ermöglichen.

Aquilecchia, G.: L'adozione del volgare nei dialoghi londinesi di G. B. In: Cultura neolatina 13 (1953) S. 165–189.
Atanasijevich, A.: The Metaphysical and Geometrical Doctrine of B. St. Louis (Missouri) 1962.
Badaloni, N.: L'arte e il pensiero di G. B. In: Letteratura italiana Laterza. Il Cinquecento. Tl. 2. Bari 1973. S. 426–454.
– G. B. Tra cosmologia ed etica. Bari/Rom 1988.
Barberi Squarotti, G.: Per una descrizione e interpretazione della poetica di G. B. In: Studi secenteschi 1 (1960) S. 39–59.
Bassi, S.: Il sogno di Ezechiele. Tocco e Gentile interpreti di Bruno. Florenz 2004.
– [u. a.] (Hrsg.): Bruno nel XXI secolo. Interpretazioni e ricerche; atti delle giornate di studio (Pisa, 15.–16. ottobre 2009). Florenz 2012.

Bassi, S.: L'incanto del pensiero. Studi e ricerche su G. B. Rom 2014.
Beierwaltes, W.: Einleitung. In: G. B.: Von der Ursache, dem Prinzip und dem Einen. Übers. von A. Lasson. 5., erw. und teilw. neu bearb. Aufl., Hamburg 1977.
– Actaeon – Zu einem mythologischen Symbol G. B.s. In: Zeitschrift für philosophische Forschung 32 (1978) S. 345–354. (Repr.: W. B.: Denken des Einen. Frankfurt a. M. 1985. S. 424–435.)
Bertini Malgarini, P.: G. B. linguista. In: Critica letteraria 8 (1980) S. 681–716.
Bloch, E.: Vorlesungen zur Philosophie der Renaissance. Frankfurt a. M. 1972. (Repr.: Zwischenwelten der Philosophiegeschichte. Frankfurt a. M. 1977.)
– Experimentum mundi. Frankfurt a. M. 1975.
– Tendenz, Latenz, Utopie. Frankfurt a. M. 1978.
Blum, P. R.: Aristoteles bei G. B. Studien zur philosophischen Rezeption. München 1980.
– G. B. am englischen Hof. Zur Präsentationsform seiner Philosophie. In: Europäische Hofkultur im 16. und 17. Jahrhundert. Bd. 3. Hamburg 1981. S. 685–692.
– D'ogni legge nemico e d'ogni fede: G. B.s Verhältnis zu den Konfessionen. In: Renaissance – Reformation. Gegensätze und Gemeinsamkeiten. Wiesbaden 1984. (Wolfenbütteler Abhandlungen zur Renaissanceforschung. 5.) S. 65–75.
– G. B. und M. Aquarius. In: Archiv für Geschichte der Philosophie 72 (1990) H. 3. S. 275–300.
Blumenberg, H.: Die kopernikanische Wende. Frankfurt a. M. 1965.
– Die Legitimität der Neuzeit. Frankfurt a. M. 1966.
– Das Universum eines Ketzers. In: G. B. Aschermittwochsmahl. Übers. von F. Fellmann. Frankfurt a. M. 1969.
– Der Prozeß der theoretischen Neugierde. Frankfurt a. M. 1973.
– Die Genesis der kopernikanischen Welt. Frankfurt a. M. 1975.
– Aspekte der Epochenschwelle. Cusaner und Nolaner. Frankfurt a. M. 1976.
– Die Lesbarkeit der Welt. Frankfurt a. M. 1981.
– Lebenszeit und Weltzeit. Frankfurt a. M. 1986.
Boas, M.: The Scientific Renaissance 1450–1630. London 1962. (Dt.: Die Renaissance der Naturwissenschaften 1450–1630. Das Zeitalter des Kopernikus. Gütersloh 1965.)
Boenker-Vallon, L.: Metaphysik und Mathematik bei G. B. Berlin 1995.
Bossy, J.: G. B. and the Embassy Affair. London 1991.
Bremer, D.: Antikes Denken im neuzeitlichen Bewußtsein darge-

stellt an der Entwicklung des Menschenbildes bei G. B. In: Zeitschrift für philosophische Forschung 34 (1980) S. 505–533.

Brockmeier, J.: Die Naturtheorie G. B.s. Erkenntnistheoretische und naturphilosophische Voraussetzungen des frühbürgerlichen Materialismus. Frankfurt a. M. / New York 1980.

Cambi, M.: G. B. tra mnemotecnica ed esigenza pansofica. Nota sul Explicatio triginta sigillorum. In: Discorsi 4 (1984) S. 29–62.

Campanini, M.: L'infinito e la filosofia naturale in G. B. In: Acme 31 (1980) S. 339–369.

Catana, L.: The Concept of Contraction in G. B.'s Philosophy. Ashgate 2005.

Chatelet, F. (Hrsg.): Histoire de la philosophie. Idées, Doctrines. Bd. 3: La philosophie du monde nouveau (XVIe et XVIIe siècles). Paris 1972.

Ciliberto, M.: Filosofia e lingua nelle opere volgari di B. In: Rinascimento 18 (1978) S. 151–179.

– Lessico di G. B. 2 Bde. Neapel 1979.

– Asini e pedanti. Ricerche su G. B. In: Rinascimento 24 (1984) S. 81–121.

– La ruota del tempo. Interpretazione di G. B. Rom 1986.

– G. B. Bari 1990.

Clough, C. H. (Hrsg.): Cultural Aspects of the Italian Renaissance. Essays in Honour of P. O. Kristeller. Manchester 1976.

Crombie, A. C.: From Augustine to Galileo. London 1952. (Dt.: Von Augustinus zu Galilei. Dic Emanzipation der Wissenschaft. München 1977.)

– Styles of Scientific Thinking in the European Tradition. London 1987.

Dagron, T.: Unité de l'être et dialectique. L'idée de philosophie naturelle chez G. B. Paris 1999.

De Bernart, L.: Immaginazione e scienza in G. B. L'infinito nelle forme dell'esperienza. Pisa 1986.

De Giovanni, B.: Lo spazio della vita fra G. B. e T. Campanella. In: Il Centauro 11–12 (Mai 1984) S. 4–32.

– L'infinito in B. In: Il Centauro 16 (1986) S. 3–21.

Delcò, A.: Moduli e pratiche di ermeneutica. Criteri per un'interpretazione del De la causa, principio et uno (dialogo secondo) di G. B. In: Filosofia 39 (1988) S. 113–129.

Doucet-Rosenstein, D.: Die Kombinatorik als Wissenschaftsmethode. München 1976.

Ellero, M. P.: Lo specchio della fantasia. Retorica, magia e scrittura in G. B. Lucca 2005.

Fellmann, F.: Scholastik und kosmologische Reform. Münster 1971.
– Mythos und Moral bei G. B. In: Terror und Spiel. Probleme der Mythenrezeption. Hrsg. von M. Fuhrmann. München 1971. (Poetik und Hermeneutik. 4.) S. 241–256.
– G. B. und die Anfänge des modernen Denkens. In: Die Pluralität der Welten. Aspekte der Renaissance in der Romania. Hrsg. von W.-D. Stempel und K. Stierle. München 1987. (Romanistisches Kolloquium. 4.)
Fink, E.: Die Exposition des Weltproblems bei G. B. In: Der Idealismus und seine Gegenwart. Festschrift Werner Marx zum 65. Geburtstag. Hamburg 1977. S. 127–132.
Firpo, L.: La philosophie des XVIe et XVIIe siècles. In: Philosophy in the Mid-Century. A Survey. Hrsg. von R. Klibansky. Bd. 4. Florenz 1959. S. 107–119.
Fischer, E. P.: Verbotenes Wissen. Geschichte einer Unterdrückung. Berlin 2019.
Franchini, R.: Interpretazioni da B. a Jaspers. Neapel 1975. (Opere. 7.)
Garin, E.: Medioevo e Rinascimento. Bari 1954. Neuausg. 1973.
– The Fifteenth Century in Italy. In: Philosophy in the Mid-Century. A Survey. Hrsg. von R. Klibansky. Bd. 4. Florenz 1959. S. 95–106.
– G. B. In: Giornale critico della filosofia italiana 38 (1959) S. 288–290.
– La cultura filosofica del Rinascimento italiano. Florenz 1961.
– Gli umanisti e la scienza. In: Rivista di Filosofia 52 (1961) H. 3. S. 259–278.
– Scienza e vita civile nel Rinascimento italiano. Bari 1965.
– La cultura del Rinascimento. Bari 1967. (Dt. in: Propyläen Weltgeschichte. Bd. 6. Frankfurt a. M. / Berlin 1964. S. 429–534.)
– Copernico e i filosofi del Rinascimento. In: Belfagor 28 (1973) S. 664–684.
– Rinascite e rivoluzioni. Movimenti culturali dal XIV al XVIII secolo. Bari 1975.
– Phantasia e imaginatio fra Marsilio Ficino e Pietro Pomponazzi. In: Phantasia – Imaginatio. V° Colloquio internazionale del Lessico intellettuale europeo. Rom 1988.
Gatti, H.: Essays on G. B. Princeton 2011.
Gentile, G.: Il pensiero italiano del Rinascimento. Florenz [4]1968 [Urspr. erschienen u. d. T. G. B. e il pensiero del Rinascimento. Florenz 1920].
Gombrich, E. H.: Icones Symbolicae: The Visual Image in Neo-Platonic Thought. In: Journal of the Warburg and Courtauld Institutes 11 (1948) S. 163–192.

Granada, M. A.: G. B. interprete di Copernico e Retico. In: Rinascimento 30 (1990) S. 343–365.
Grant, E.: Late Medieval Thought, Copernicus, and the Scientific Revolution. In: Journal of the History of Ideas 23 (1962) S. 197–220.
Greenberg, G.: The Infinite in G. B. New York 1950.
Guzzo, A.: G. B., uomo inquieto. In: Giornale di Metafisica 21 (1966) S. 60–87 und S. 281–324.
Harari, D.: Leon Hebraeus et G. B. In: Revue des Études juives 150 (1991) H. 1–2. S. 305–316.
Heipcke, K. / Neuser, W. / Wilcke, E. (Hrsg.): Die Frankfurter Schriften G. B.s und ihre Voraussetzungen. Weinheim 1991.
Heninger jr., S. K.: The Cosmographical Glass. Renaissance Diagrams of the Universe. San Marino 1977.
Horowitz, I. L.: The Renaissance Philosophy of G. B. New York 1952.
Ingegno, A.: Cosmologia e filosofia nel pensiero di G. B. Florenz 1978.
– La sommersa nave della religione. Studio sulla polemica anticristiana del B. Neapel 1984.
– (Hrsg.): G. B. nella cultura del suo tempo. Atti del convegno organizzato dall' Università di Urbino e dall' Istituto Italiano per gli Studi Filosofici. (Urbino – San Leo, 23.–24. settembre 2000). Neapel 2004.
Klein, R.: L'imagination comme vêtement de l'âme chez Marsile Ficin et G. B. In: R. K.: La forme et l'intelligible. Paris 1970. S. 65–88.
– La théorie de l'expression figurée dans les traités italiens sur les imprese. 1555–1612. In: R. K.: La forme et l'intelligible. Paris 1970. S. 125–150.
– La forme et l'intelligible. In: R. K.: La forme et l'intelligible. Paris 1970. S. 151–173.
– L'enfer de Ficin. In: R. K.: La forme et l'intelligible. Paris 1970. S. 89–124.
Koyré, A.: From the Closed World to the Infinite Universe. Baltimore 1957.
– Galileo and Plato. In: Journal of the History of Ideas 4 (1943) S. 400–428.
Kristeller, P. O.: The Classics and Renaissance Thought. Cambridge 1955.
– Eight Philosophers of the Italian Renaissance. Stanford 1964.
– Renaissance Concepts of Man. New York 1972.
– Humanismus und Renaissance. 2 Bde. München 1974–76.

Kuhn, T.: The Copernican Revolution. Cambridge 1957. (Dt.: Die kopernikanische Revolution. Braunschweig 1980.)
Maiorino, G.: The Breaking of the Circle: G. B. and the Poetics of Immeasurable Abundance. In: Journal of the History of Ideas 38 (1977) S. 317–327.
Mariani, A.: La negazione bruniana dell'estetica. In: Rinascimento 23 (1983) S. 303–327.
Maspoli Genetelli, S.: Il filosofo e le grottesche. La pluralità dell' esperienza estetica in Montaigne, Lomazzo e Bruno. Rom 2006.
Masullo, A.: La metafisica. Mailand 1980.
Medioevo e Rinascimento, Studi in onore di B. Nardi. Florenz 1955.
Mertens, M.: Magic and Memory in G. B. The Art of a Heroic Spirit. Leiden 2018.
Mondolfo, R.: Figure e idee della filosofia del Rinascimento. Florenz 1963. Kap. 2.
Montano, A.: Le radici presocratiche del pensiero di G. B. Marigliano 2013.
Moog-Grünewald, M.: Inverser Platonismus. Zur erkenntnistheoretischen Begründung moderner Ästhetik bei G. B. Heidelberg 2006.
Mossakowsky, S.: Symbolic Meaning of Copernicus' Seal. In: Journal of the History of Ideas 34 (1973) S. 450–460.
Munoz, B.: La philosophie morale de G. B. Liberté et infini. Paris 2014.
Namer, E.: Bruno ou l'univers infini comme fondement de la philosophie moderne. Paris 1966.
Nelson, J. C.: Renaissance Theory of Love. The Context of G. B.s »Eroici Furori«. New York 1958.
Noferi, A.: Caos, simulacro e scrittura nella teoria Bruniana dell'immaginazione. In: Letteratura e critica, Studi in onore di Natalino Sapegno. 2 Bde. Rom 1974. S. 361–408.
– Il gioco delle tracce. Studi su Dante, Petrarca, Bruno, il Neo-classicismo, Leopardi, l'Informale. Florenz 1979.
Nowicki, A.: Il policentrismo della cosmologia di G. B. come fondamento della sua filosofia policentrica della cultura. In: Misure critiche 6 (1976) Nr. 21–22. S. 57–72.
Ordine, N.: La cabala dell'asino. Asinità e conoscenza in G. B. Neapel 1987.
– Die Schwelle des Schattens. Literatur, Philosophie und Malerei bei G. B. Würzburg 2009.
Ossola, C.: Significati comuni e analogie nelle opere di G. B. In: Lettere italiane 43 (1991) H. 2. S. 244–249.

Otto, S. (Hrsg.): Geschichte der Philosophie in Text und Darstellung. Bd. 3: Renaissance und frühe Neuzeit. Stuttgart 1984.
– Figur, Imagination, Intention. Zu Brunos Begründung seiner konkreten Geometrie. In: Die Frankfurter Schriften G. B.s und ihre Voraussetzungen. Hrsg. von K. Heipke [u.a.]. Weinheim 1991. S. 37–50.
Papi, F.: Antropologia e civiltà nel pensiero di G. B. Florenz 1968.
Mann Paterson, A.: The Infinite Worlds of G. B. Springfield 1970.
Pirillo, D.: Filosofia ed eresia nell'Inghilterra del tardo Cinquecento. Bruno, Sidney e i dissidenti religiosi italiani. Rom 2010.
Platon et Aristote à la Renaissance, XVIe Colloque International de Tours. Paris 1976.
Puliafito Bleuel, A. L.: Comica pazzia. Vicissitudine e destini umani nel Candelaio di G. B. Florenz 2007.
Randall jr., J. H.: The School of Padua and the Emergence of Modern Science. Padua 1967.
Renaudet, A.: Humanisme et Renaissance. Genf 1958.
Ricci, S.: Una filosofia milizia. Tre studi sull'Accademia dei Lincei. Udine 1994.
– La fortuna del pensiero di G. B. 1600–1750. Florenz 1990.
Rosen, E.: Was Copernicus a Hermetist? In: Minnesota Studies in the Philosophy of Science. Minnesota 1970. S. 163–171.
Rossi, P.: Le origini della pansofia e il lullismo del secolo XVII. In: Umanesimo e Esoterismo, Atti del V convegno internazionale di studi umanistici. Hrsg. von E. Gann. Padua 1960. (Archivio di filosofia.) S. 199–216.
– I filosofi e le macchine, 1440–1700. Mailand 1962. [2]1972.
– Clavis universalis. Arti della memoria e logica combinatoria da Lullo a Leibniz. Bologna 1983.
Ruggiero, R. / Tenenti, A.: Die Grundlagen der modernen Welt. Spätmittelalter – Renaissance – Reformation. Frankfurt a. M. 1967.
Sabbatino, P.: G. B. e la »mutazione« del Rinascimento. Florenz 1991.
– A l'infinito m'ergo. G. B. e il volo del moderno Ulisse. Florenz 2004.
Schneider, S.: Kosmos, Seele, Text. Formen der Partizipation und ihrer literarische Vermittlung. Marsilio Ficino, Pierre de Ronsard, G. B. London [u.a.] 2012.
Waley Singer, D.: G. B. His Life and Work. With Annotated Translation of his Work on the Infinite Universe and Worlds. New York 1950.
– Science and Confidence in the Rational Mind. In: Centaurus 3 (1952) S. 166–182.

Le soleil à la Renaissance. Sciences et mythes. Colloque international tenu en avril 1963. Brüssel/Paris 1965.

Spruit, L.: Il problema della conoscenza in G. B. Neapel 1988.

Stadler, M.: Unendliche Schöpfung und Genesis von Bewußtsein. Überlegungen zur Geistphilosophie G. B.s. In: Philosophisches Jahrbuch 93 (1986) S. 39–60.

Stahlmann, W. D.: On Recent Copernicana. In: Journal of the History of Ideas 24 (1973) S. 483–489.

Sturlese, R.: Niccolò Cusano e gli inizi della speculazione del B. In: Historia Philosophiae Medii Aevi. Studien zur Geschichte der Philosophie im Mittelalter. Festschrift Kurt Flasch. Hrsg. von B. Mojsisch und O. Pluta. Amsterdam 1992.

– G. B.s Gedächtniskunst und das Geheimnis der Schatten der Ideen. In: W. Hirdt (Hrsg.): G. B. Tragik eines Unzeitgemäßen. Tübingen 1993.

Tissoni, R.: Saggio di un commento stilistico del Candelaio. In: Giornale critico della letteratura italiana 137 (1960) S. 41–60.

– Appunti per uno studio sulla prosa della dimostrazione scientifica nella Cena delle Ceneri di G. B. In: Romanische Forschungen 73 (1961) S. 347–388.

Vasoli, C.: Umanesimo e simbologia nei primi scritti lulliani e mnemotecnici del B. In: Umanesimo e simbolismo. Atti del IV convegno internazionale di studi umanistici. Padua 1958.

– Studi sulla cultura del Rinascimento. Manduria 1968.

– Copernico e la cultura filosofica italiana del suo tempo. In: Giornale di Fisica 14 (1973) S. 79–107.

– Profezia e ragione. Neapel 1974.

Védrine, H.: La conception de la nature chez B. Paris 1967.

– L'influence de Nicolas de Cues sur G. B. In: Nicolò Cusano agli inizi del mondo moderno. Florenz 1970.

– Les philosophies de la Renaissance. Paris 1970.

Waddington, R. B.: The Sun at the Center: Structure as Meaning in Pico della Mirandola's Heptaplus. In: The Journal on Medieval and Renaissance Studies 3 (1973) S. 69–86.

Walker, D. P.: The Decline of Hell. London 1964.

– Orpheus the Theologian and Renaissance Platonists. In: Journal of the Warburg and Courtauld Institute 16 (1953) S. 100–120.

Westman, R. S.: Magical Reform and Astronomical Reform. The Yates Thesis Reconsidered. In: R. S. W. / J. E. McGuire: Hermetism and the Scientific Revolution. Los Angeles 1977. S. 1–99.

Yates, F. A.: G. B. and the Hermetic Tradition. London 1964.
– The Art of Memory. London 1966.
– The Emblematic Conceit in G. B.s De gli eroici furori and in the Elizabethan Sonnet Sequences. In: F. A. Y.: Collected Essays. Bd. 1: Lull and Bruno. London 1982. S. 180–209.
Zambelli, P.: L'ambigua natura della magia. Filosofi, streghe, riti nel Rinascimento. Mailand 1991.
Zanone, V.: L'estetica di G. B. In: Rivista di estetica 12 (1967) S. 388–398.

Nachwort

Als Giordano Bruno – geboren als Filippo Bruno 1548 im Raum von Nola bei Neapel – seine fünf Dialoge *De l'infinito, universo e mondi* verfaßt, ist er sechsunddreißig Jahre alt: Wir sind im Jahr 1584. Er hat vor acht Jahren den Orden verlassen und sich in Rom, in Norditalien, in Genf, Toulouse und Paris aufgehalten. Seit einem Jahr ist er in London, wo er noch zwei Jahre bleiben wird. Vor sich hat er weitere acht Jahre philosophischer Lehre und Produktion, dann noch einmal acht als Gefangener der Inquisition. In einem der letzten von ihm zum Druck gegebenen Werke, *De immenso et innumerabilibus, seu de universo et mundis* von 1591, werden Teile der uns vorliegenden Schrift wieder aufgenommen und teilweise weiterentwickelt werden.

De l'infinito, universo e mondi ist das dritte von sechs in London in italienischer Sprache verfaßten Werken. Der erste italienische Herausgeber, Giovanni Gentile,[1] hat es mit den ersten beiden, *La cena de le Ceneri* und *De la causa, principio et uno*, in einem Band zusammengefaßt unter dem Titel »Metaphysische Dialoge« und so unterschieden von den folgenden dreien, den sogenannten »Moralischen Dialogen« – eine Bezeichnung, die sich eingebürgert hat, obwohl sie bei ihrer Einführung sofort Anlaß eines Disputs wurde.

Auch Gentile selbst hatte den Vorbehalt geäußert, dem modernen Leser könnten die astronomischen und kosmologischen Diskussionen des ersten und dritten Werks als der Metaphysik fremd erscheinen; nichtsdestoweniger sei Bru-

1 Giordano Bruno, *Opere italiane*, 2 Bde., Bari: Laterza, 1907–08, 2., erw. und überarb. Aufl. Bari: Laterza, 1925–27. – Zwei Ausgaben der sechs in London verfaßten Werke in italienischer Sprache sowie der 1582 in Paris erschienenen Komödie *Il Candelaio* waren in Deutschland besorgt worden: 1830 von A. Wagner und 1889 von P. Lagarde. Die letztere war auch in Italien mit nur geringfügigen Korrekturen bis zum Erscheinen von Gentiles Ausgabe nachgedruckt worden.

nos Philosophieren metaphysisch motiviert, ganz wie die aristotelische Physik, die er bekämpft.[2] Damit widersprach er Erminio Troilo, der bereits 1877 in einem Vortrag erklärt hatte, nur das Werk *De la causa, principio et uno* habe ein metaphysisches Thema, die übrigen seien entweder streng naturwissenschaftlich oder streng ethisch. Und Troilo antwortete denn auch, noch im Erscheinungsjahr der Ausgabe Gentiles, im Rahmen seines neuen Buches über Bruno mit einem Kapitel, dem er den bezeichnenden Titel gab: »Die Anti-Metaphysik«.[3]

Metaphysiker oder Anti-Metaphysiker? Wir könnten dies als überflüssige Gelehrtenfehde belächeln, wenn es sich um einen bloßen Streit über ein griffiges Etikett handelte. Aber das Problem, wie man in sein Denken eindringen könne, ist real: Ist er überhaupt ein Philosoph? Oder ein Zeuge aus den Zeiten der »kopernikanischen Wende« der Naturwissenschaft, »Vorläufer« und »Wegbereiter« der modernen Wissenschaft und Philosophie? Eine faszinierende Zwischen- und Zwittererscheinung mit einem Werk, das als Steinbruch ideengeschichtlicher Studien dienen kann? Ein Aristoteleskritiker mehr – in einer Zeit, als die Tage des Stagiriten als Leitbild der Naturwissenschaft ohnehin gezählt sind?

Aber es kann sein, daß er mehr ist als ein Eklektiker großen Stils; daß die Mühe, seinem Denken in den vielen, großenteils lateinischen Schriften nachzugehen, sich lohnt, indem sie uns eine eigene Weise des Philosophierens eröffnet; daß es ihm gelingt, die Elemente weiterzubilden, die er aus der Tradition schöpft und – dank seines sorgfältig geschul-

2 Zu dem Disput um Gentiles Charakterisierung der Londoner Dialoge als »metaphysisch« und »moralisch« vgl. die *Premessa* von G. Aquilecchia zu seiner Überarbeitung der Ausgabe Gentiles: Giordano Bruno, *Dialoghi italiani*, Neudr. mit Anm. von G. Gentile. 3. Aufl. bearb. von G. Aquilecchia. Bd. 1, Florenz: Sansoni, 1958, [2]1985.

3 Vgl. hierzu die *Prefazione*, die Gentile seiner Ausgabe vorangeschickt hatte (in der von Aquilecchia bearbeiteten dritten Auflage S. XXXf.).

ten, phänomenalen Gedächtnisses – mit großer Geste vor seinem Leser ausbreitet; daß er über den Kardinal aus Kues – von dem er so viele zentrale Begriffe seiner Philosophie übernimmt und dessen *Docta ignorantia* er in der uns vorliegenden Schrift anerkennend, aber auch gönnerhaft zitiert – wirklich wesentlich hinausgeht.

Nun braucht ein Autor kein Philosoph zu sein, um Interesse zu verdienen, und Giordano Bruno bliebe immer noch groß, auch wenn er nicht das wäre, als was er sich selbst darstellt: ein Philosoph, sondern zum Beispiel das, was Frances A. Yates in ihm zu entdecken glaubte: ein Magier und Prophet und eine Art europäischer Konspirateur. – Umgekehrt behielten Yates' Arbeiten, die neue, philosophiegeschichtlich relevante Bestrebungen der Renaissance aufschließen, auch dann ihren anregenden und fesselnden Charakter, wenn sie nicht recht haben sollte, was Brunos Stellung im Rahmen dieser geistigen Bewegungen betrifft.

Es geht, wie gesagt, nicht um Etiketten. Nur: Wofür ein Autor gehalten wird, hat Einfluß: zunächst auf seine Chancen, überhaupt gelesen zu werden, und weiter darauf, in Zusammenhänge gebracht zu werden, die Licht auf ihn werfen und die zu beleuchten er seinerseits beitragen kann. Bruno macht uns die Lektüre nicht leicht: Zu groß ist die Zahl der philosophischen Quellen und kulturellen Elemente, die er verarbeitet, so daß in Gesamtdarstellungen leicht seine philosophische Kontur entweder in der Vielzahl der angesprochenen Themen aufgelöst oder in global charakterisierenden Formeln zu sehr beschnitten wird; Einzelstudien dagegen teilen ihn zwischen weit auseinanderliegenden Spezialdisziplinen auf, von der Mathematik bis zur Literaturwissenschaft, von der Erkenntnistheorie bis zur Religionsgeschichte, so daß man beim Versuch, sein Denken von einem bestimmten Forschungssektor her neu zu bedenken, wiederum leicht den Faden verliert. – Der »Fall Bruno« ist darin, daß er uns durch den labyrinthischen Charakter der Schriften verwirrt und unser Bedürfnis nach Klärung und Sicherheit frustriert, das gerade Gegenteil vieler anderer Philosophen, »klassischerer« Denker, die deshalb nicht wieder- und in neuer Weise gelesen werden, weil unbewußt davon ausgegangen wird, daß schon bekannt sei, in welchen Fragen sie welche Auskunft geben können.

Im folgenden kann nichts behauptet oder vorgeschlagen werden, was Bruno als Denker oder als Figur insgesamt auch nur vorläufig charakterisiert. Beabsichtigt sind Bemerkungen, die einige strukturelle Eigentümlichkeiten der uns vorliegenden Schrift hervorheben sollen.

De l'infinito – Rückzug aus der Aktualität?

Mit *La cena de le Ceneri*, seinem ersten Dialogwerk in italienischer Sprache, hatte Bruno 1584 vor einem Publikum debütiert, für welches die italienische Kultur in vieler Hinsicht Vorbild war und bei dem die italienische Sprache großes Prestige genoß. Die Schrift zeigt, wie Bruno sich als zeitgenössischer und kosmopolitischer Repräsentant der italienischen Kultur einführen wollte: mit einer eigenen, hochkomplexen Variante der traditionsreichen Dialogform.

Um nur einige Elemente zu nennen, die das *Aschermittwochsmahl* charakterisieren: Die Diskussion über Kopernikus – geführt von dem »Nolaner« und zwei englischen »Doktoren« im Londoner Stadthaus eines Edelmanns – wird als ein Gespräch dargestellt, das innerhalb eines Rahmengesprächs stattfindet: ein Gespräch im Gespräch, wobei der Inhalt des ersten, die kopernikanische Reform des Sonnensystems, Anlaß gibt zu den Erwägungen des zweiten, die um die Reform der Philosophie kreisen. – Der Charakter der Debatte um Kopernikus als eines »Tagesthemas« wird unterstrichen durch die Darstellung einer zeitlich und örtlich genau lokalisierten Konfrontation in dieser Frage: eine zur Zeit der Abfassung wenig zurückliegende Abendeinladung mit Teilnehmern aus dem öffentlichen Leben, die Brunos Publikum ebenso bekannt sind wie dem Autor. – Bis zu diesem Punkt kann der Leser noch glauben, es handele sich um eine Art Realismus der Darstellung, die den Nebenzweck verfolgt, etwas von dem Prestige der genannten Persönlichkeiten auf den Autor strahlen zu lassen. Aber das ist nur ein Teil der Erklärung, denn Brunos Wille, eine doppelte Ebene von aktuellem Bezug und allgemeiner Bedeutung herzustellen, wird durch einige Züge der literarischen Stilisierung dieses Gesprächs bestätigt. So sind die beiden Kontrahenten nicht als Individuen dargestellt, sondern als Repräsentanten eines Typus, Produkte des zeitgenössischen Oxford.[4] An allen philosophischen Fragen desinteressiert, schlagen sie in erster Linie aus ihrer Universitätsbildung Kapital (ihre Namen verweisen auf die Ringe und Ketten, die sie tragen) und benutzen dann auch das Sozialprestige, das diese ihnen verleiht, um sich als Sachwalter allen Wissens und aller Wahrheit aufzuspielen. Dies ist für Bruno die verächtlichste, da käufliche, Form des »Pedantentums«, wobei letzteres ein Sammelbegriff ist, unter dem für Bruno alle Formen der Perversion des Wissens einbegriffen sind. Diesen beiden Pedanten stellt nun Bruno im Rahmengespräch die Figur des Prudenzio gegenüber, dessen Herkunft – wie die seines volkstümlichen Gegenspielers Frulla – aus der italienischen Komödie nicht zu übersehen ist.[5] Wenn auch harmloser, schöngeistiger und belehrbarer als die beiden Oxforder Pedanten, so repräsentiert Prudenzio doch denselben Typus des Wissens, den die beiden Doktoren sich angeeignet haben: ein Nachsprechen des aus der Tradition Aufgelesenen, »Bildungsballast«, der nur seinem

4 Vgl. G. Bruno, *Das Aschermittwochsmahl*, den Anfang des ersten und das Ende des vierten Dialogs.

5 Es darf nicht vergessen werden, daß Bruno 1582 in Paris auch eine Komödie veröffentlicht hatte: *Il Candelaio*.

Träger dient und der Suche nach der Wahrheit nicht verpflichtet ist.

So wie das pervertierte Wissen zweifach dargestellt wird, erfährt auch Brunos eigene Figur eine doppelte Brechung.[6] Bruno macht sich einerseits, wie bereits früher, die Tradition zunutze, als Sprachrohr des Autors eine Kunstfigur auftreten zu lassen; er nennt sie Theophilo (später Philotheo). Aber diese Tradition überbietet er dadurch, daß neben dem Theophilo des Rahmengesprächs als Figur der erzählten Aschermittwochsdiskussion der »Nolaner« auftritt, der dem »empirischen« Bruno noch nähersteht als Theophilo. Theophilo erklärt die Lehre eines anderen, eben des »Nolaners«, aber darin verweist er nicht nur aus dem Werk heraus auf den Autor, sondern auch in das Werk hinein: Durch die Erzählung der Gesprächsteilnehmer erfährt der »Nolaner« eine Stilisierung und gewinnt so ein literarisches Eigenleben. Sein Wissen steht zu dem von den Schulen hervorgebrachten wie das des Theophilo zu den rein dekorativen »schönen Künsten« des Prudenzio:

> PRUDENZIO. *O saeclum!* Voi mi parete far poco conto delle buone lettere. Come potremo far un buon tetralogo, se non sappiamo che significhi questa dizione »tetralogo« e, *quod peius est*, pensaremo che sia un dialogo? *Nonne a difinitione et a nominis explicatione exordiendum*, come il nostro Arpinate ne insegna?
>
> THEOPHILO. Voi, messer Prudenzio, sete troppo prudente. Lasciamo, vi priego, questi discorsi grammaticali; e fate conto che questo nostro raggionamento sia un dialogo, atteso che benché siamo quattro in persona,

6 Diesen Hinweis entnehme ich einem 1990 an der Philosophischen Fakultät der Universität Neapel gehaltenen Seminar-Vortrag G. Aquilecchias, dessen unermüdlicher Forschung, über das Verdienst der Neuausgabe der *Dialoghi italiani*, die kritische Ausgabe von *La cena de le Ceneri* und die Entdeckung unbekannter Manuskripte auch die philologische, historische und interpretatorische Erforschung des Londoner Aufenthalts Brunos zu verdanken ist.

saremo dui in officio di proponere e rispondere, di raggionare e ascoltare.[7]

Diese und andere Elemente werden in *La cena de le Ceneri* zu einem Feuerwerk der Satire verarbeitet, zu einer Streitschrift zugunsten der Bedeutung des Kopernikus für die Erneuerung der zum Pedantentum herabgesunkenen Philosophie. So verbindet sich mit der Aufforderung, vorurteilsfrei die von alten und neuen Autoren beschriebenen Naturerscheinungen neu zu betrachten, um zu einer erneuerten Einsicht zu gelangen, die unverhüllte Ermahnung an den englischen Adel, sich nicht nur der Geburt nach als Adel zu erweisen und nicht in geistiges Plebejertum zu verfallen:

> THEOPHILO. E' vero che ancora son molti che non son gentiluomini d'altro che di razza, i quali per più loro, e nostro espediente, è bene che non siano intesi, né visti ancora.[8]

Die Übernahme von Elementen der italienischen Komödie, der bereits klassischen Darstellungsform für Irrtum und moralischen Mangel, stellt die Ebene bereit, auf der den Formen gesellschaftlichen und theoretischen Verfalls das Versprechen theoretischer Belehrung und moralischer Besserung durch die wahre Philosophie gegenübergestellt wird.

7 PRUDENZIO. O saeclum, Ihr scheint mir wenig auf die schönen Wissenschaften zu geben. Wie können wir einen guten Tetralog führen, ohne zu wissen, was das Wort Tetralog bedeutet, und, *quod peius est*, in dem Glauben, es sei ein Dialog? *Nonne a difinitione et a nominis explicatione exordiendum*, wie uns Cicero lehrt?

THEOPHILO. Herr Prudenzio, Ihr seid allzu klug. Lassen wir doch bitte diese grammatikalischen Erörterungen. Bedenkt, daß unser Gespräch ein Dialog ist, denn sind wir auch vier Partner, so bilden wir doch nur zwei Gruppen, um jeweils vorzutragen und zu antworten, zu beweisen und zuzuhören. (G. Bruno, »La cena de le Ceneri«, in: G. B. (Anm. 2) S. 25. – Übers. von F. Fellmann: G. Bruno, *Das Aschermittwochsmahl*, Frankfurt a. M. 1969, S. 84.)

8 THEOPHILO. Es gibt aber auch viele Edelleute, die nur der Geburt nach adelig sind und bei denen es von Vorteil ist, wenn man sie nicht versteht und am besten auch gar nicht sieht. (Ebd., S. 87. – Übers. ebd., S. 136.)

Dieses zweifache Versprechen ist nun auch im Einleitungsschreiben von *De l'infinito* ausgedrückt. Im Licht des dritten Dialogwerks erscheint die Aktualität des ersten und zweiten nicht ganz so zeitgenössisch-einmalig. Die englische herrschende Klasse ist eine von vielen: Hat doch der Aufruf der Philosophen zum Erwerb von Weisheit an diejenigen, die von Stand und Vermögen her zur Führung der öffentlichen Sache berufen sind, zu Brunos Zeiten bereits eine lange Tradition, in die er sich hier stellt. Auf das geistige Orientierungsbedürfnis seiner Zeit antwortet Bruno, in deutlicher Abhebung von der Tendenz zur Erneuerung auf religiösem Gebiet, mit dem jahrtausendealten Angebot der Philosophie, zugleich mit der theoretischen Einsicht auch die Anleitung zum guten und glücklichen Leben zu geben.[9]

Aber Brunos Schrift mit ihren zahlreichen Elementen philosophischer Satire über seine Abenteuer in England wurde in ihrem Hintersinn nicht verstanden, sondern ernsthaft und wörtlich gelesen, als Kränkung des englischen Adels, des englischen Volkes gar. Dies vielleicht nicht so sehr im engeren Kreis derer, die ihn persönlich kannten, als vielmehr von seiten eines breiteren Publikums. Bruno übertreibt wohl nicht, wenn er sich gleich zu Beginn des Widmungsschreibens von *De l'infinito* über den gehässigen Charakter vieler Reaktionen auf sein Auftreten beklagt. Die heftigen Reaktionen, die hinsichtlich der Publikation von *La cena de le Ceneri* belegt sind, stehen im Zusammenhang damit, daß der Autor, der hier publizierte, nicht zuletzt im Licht der Tatsache gelesen wurde, daß er Ausländer war und dem Gefolge des Botschafters einer katholischen Macht angehörte. Das war nicht unwichtig in einem Augenblick, wo extreme und gemäßigte Puritaner um den Einfluß bei Hof in Fehde lagen und gleichzeitig das juridisch-dynastische Problem, ob die Protestantin Elisabeth I. aus dem Hause Tudor oder die gefangengesetzte Katholikin Maria

9 Vgl. Einleitungsschreiben, S. 6f. und S. 24.

aus dem Hause Stuart legitime Königin von England sei, jederzeit zu Krieg und Bürgerkrieg führen konnte. Ohne diese Steigerung insularen Mißtrauens gegenüber Ausländern in gefährliche religiöse und politische Spannungen – wie sie in ähnlicher Weise der politisch konsolidierte Protestantismus überall in Europa hervorrief – hätte Bruno wohl einen größeren Spielraum intellektueller Meinungsfreiheit zur Verfügung gehabt: In diesem Jahrhundert der Polemik und der Invektive wurden starke Töne nicht an und für sich zensiert, sondern ausschließlich unter dem Gesichtspunkt der Opportunität eines bestimmten Angriffs in einer gegebenen Situation.[10]

In jedem Fall trägt Bruno den heftigen Reaktionen auf sein erstes Londoner Dialogwerk Rechnung: In *De la causa* werden keine politischen Persönlichkeiten mehr genannt, und Bruno verzichtet auf jede Art von auf das England der Zeit beziehbarer Gesellschaftskritik. Nach wie vor sind einige Gesprächsteilnehmer bekannte Personen des Londoner Lebens, jedoch beschränkt auf die kulturelle Sphäre; unter ihnen ist zum Beispiel der erste Übersetzer von Montaignes *Essais* ins Englische und Verfasser von Lehrbüchern der italienischen Sprache, John Florio. Erhalten bleiben auch die Komödienfiguren des Pedanten und seines Gegenspielers, was die Dialoge szenisch auflockert, indem so dem »hohen« Gesprächston des philosophischen Diskurses eine »niedere« komödiantische Ebene an die Seite gestellt wird: Die Geplänkel zwischen dem Pedanten Polihymnio und seinem Freund-Feind Gervasio behandeln dieselben Themen, die zwischen dem Philotheo der Dialoge und seinen eigentlichen Gesprächspartnern diskutiert werden, und die-

10 Häufig wird Brunos Temperament und mangelnder Realitätssinn für die negativen Reaktionen verantwortlich gemacht. Aber dies ist sekundär im Verhältnis zur Frage, ob in einer Situation religiöser und sozial-politischer Spannungen überhaupt eine nicht religiöse, sondern philosophische Erneuerung, bei gleichzeitiger Kritik aller herrschenden philosophischen Strömungen und darüber hinaus der Universitäten, vorgeschlagen werden konnte, *ohne* in das Kreuzfeuer aller, ansonsten untereinander zerstrittenen Parteien zu geraten.

nen damit der literarisierten Darstellung – und Kritik – der pedantischen Form des Wissens.

Wie präsentiert sich nun *De l'infinito* im Vergleich mit den ersten beiden Dialogwerken?

Die Komödienfiguren und alle Verweise auf den »Nolaner« sind in *De l'infinito* verschwunden. Philotheo spricht in eigener Sache, d. h., er ist wieder eindeutig und im Sinne der Tradition Sprachrohr des Autors, auf den als »Nolaner«, außer in der Selbstbezeichnung Brunos auf dem Titelblatt der Schrift, nicht mehr Bezug genommen wird.

Alle Gesprächsteilnehmer haben italienische Namen, und durch dieses Fehlen der Londoner Zeitgenossen Brunos versinkt auch London als Hintergrund; wir werden durch die Namengebung gewissermaßen nach Italien versetzt, aber an keinen bestimmten Ort. Wir befinden uns auch nicht mehr im historischen »Jetzt«, sondern in einem »Jetzt« der Philosophie: So ist einer von Philotheos Gesprächspartnern der Arzt und Philosoph Fracastoro, der von 1483 bis 1553 in Verona lebte.

Daß Bruno seinen durch feindselige Reaktionen erzwungenen Rückzug aus Aktualität und intellektuellem Weltbürgertum nicht als bloßen Verzicht und eine augenblickliche Verlegenheitslösung bewertet, sondern positiv wendet in eine Bewußtwerdung seiner eigenen Wurzeln und seines italienischen Erbes, beweist die bereits erwähnte Schrift *De l'immenso* von 1591. Dort werden nicht nur lange argumentative Passagen aus *De l'infinito* übernommen: Auch der »italische« Hintergrund taucht dort wieder auf, als Landschaft und geistiger Raum der »Magna Graecia«. Die Bewunderung der gebildeten Engländer für die italienische Kultur ist darum für Bruno auch mehr als eine kulturelle Gegebenheit, der er als Autor Rechnung tragen muß. Sie ist ihm zweifellos Anlaß, diejenigen Elemente in den Vordergrund zu stellen, die ihm in dieser Umgebung dienlich sein können (und die er aus der Studienzeit vor dem Eintritt ins Kloster in seinem Gedächtnis verwahrt, das nichts wieder losläßt, was es einmal ergriffen hat). Aber einmal ins Spiel gebracht, werden diese Kulturinhalte seiner Interpretation unterworfen, im Dienste seines Verständnisses von der Rolle als philosophischer Neuerer – einer Rolle, die dasjenige Moment von Aktualität und direkter Reaktion auf die Krise seiner Zeit darstellt, auf welches Bruno in seinen Werken nie verzichtet, selbst da nicht, wo diese sich in den Gleisen des akademischen Lehrbetriebs bewegen.

Was tritt an die Stelle der eliminierten literarischen Dimensionen?

De l'infinito – ein scholastischer Traktat

Unter den erhaltenen Werken in italienischer Sprache sind die Dialoge über das Unendliche das geradlinigste. Die im vorangegangenen Werk, *De la causa, principio et uno*, dargestellte Philosophie eines unendlichen, materiell einheitlichen Universums wird nach ihrer astronomisch-kosmologischen Seite untersucht, in der Form einer Widerlegung des Aristoteles und seiner Anhänger. Wie im Einleitungsschreiben angekündigt,[11] kommen die von Aristoteles in der *Physikvorlesung* und in der Schrift *Über den Himmel* vorgetragenen Argumente zur Sprache, darüber hinaus haben wir Ausblicke auf die *Metaphysik*. Bruno konnte kein Griechisch, und der Aristoteles, den er bekämpft, ist der *Aristoteles latinus* des Mittelalters, der Aristoteles der Schulen, dessen Lehre vom endlichen Kosmos Bruno deshalb so anstößig ist, weil sie immer noch die akademisch herrschende ist. Immer wieder werden berühmte »Peripatetiker« genannt; aber da die Gegenwartsphilosophie, die eigentlich in Frage steht, in viele »Aristotelismen« zerfällt, bedient Bruno sich des Kunstgriffs, sie alle gemeinsam in den Prinzipien zu kritisieren, die für ihn philosophisch relevant sind.

11 Vgl. S. 15.

Aber neben der Auseinandersetzung mit dem »Fürsten der Peripatetiker« und seiner Gefolgschaft kündigt das Einleitungsschreiben auch die Fortsetzung der Darstellung von Brunos eigener Philosophie an.[12] Während jedoch die Demontage des Aristoteles systematisch durchgeführt wird, erscheint es viel schwieriger, eine eigene Systematik in dem zu entdecken, was Bruno positiv entwickelt, es sei denn, man sähe ein Resultat in der Tatsache, daß sich zeigt, wie keine Notwendigkeit ersichtlich ist, die dazu zwänge, ein endliches Universum anzunehmen. Diese Schwierigkeit wird einerseits damit zusammenhängen, daß wir heute nur weniges von der Naturphilosophie der Renaissance als für die Philosophie bedeutsam anerkennen, so daß es uns schwerfällt, Brunos Akzentsetzungen zu folgen und ihn auch in diesen Fragen in einer Situation und Tradition lebendiger Auseinandersetzung zu sehen. Ein zweiter Grund ist jedoch der, daß das Übergewicht der Auseinandersetzung mit der aristotelischen Kosmologie erdrückend ist.

Die Dialogform scheint auf weiten Strecken nur ein Vorwand, eine stilistische Auflockerung, um eine trockene Doktrin ein wenig gefälliger zu machen, was darüber hinaus weniger zu gelingen scheint als in den vorangehenden beiden Dialogwerken. Aber bei genauerem Hinsehen wird deutlich, daß nicht einfach auf bestimmte formale Elemente von *La cena de le Ceneri* und *De la causa* verzichtet wird, sondern daß andere an ihre Stelle treten.

Kopernikus ist abwesend, nachdem er im ersten Londoner Dialogwerk, *La cena de le Ceneri*, eine zentrale Stellung eingenommen hat. Aristoteles beherrscht das Feld, wenn auch als Gegner; – und doch lesen sich die fünf Dialoge über das Unendliche wie eine Antwort auf einen Satz aus Kopernikus' *De revolutionibus*: »sive igitur finitus sit mundus, sive infinitus, disputationi physiologorum dimittamus.«[13]

12 Vgl. S. 27.

13 »Ob denn also die Welt endlich oder aber unendlich ist, wollen wir dem Streit der Physiologen überlassen.« (Nicolai Copernici *De revolutionibus orbium caelestium libri* I,8. – Übers. von der Hrsg.)

»Ob die Welt endlich ist oder unendlich ...« – das ist das Thema, das unsere Schrift sich setzt, prägnant eingeführt schon durch die ersten Sätze des ersten Dialogs; und *physiológoi* – Bruno übersetzt *fisici* (»Physiker«)[14] – nennt Aristoteles die vorsokratischen Naturphilosophen, die Bruno gegen ihn verteidigt und als deren Erneuerer und Fortführer er, insbesondere zu Beginn des fünften Dialogs, dargestellt wird. Nur daß die Diskussion nicht *zwischen* »physiológoi« geführt wird, sondern von ihrer Position aus gegen die »Peripatetiker«, als Widerlegung dessen, was ein konsequent aristotelisch argumentierender Zeitgenosse gegen die Unendlichkeit der Welt vorbringen könnte.

Die Auseinandersetzung um diese Frage (von Kopernikus aus der Astronomie hinausverwiesen und von Bruno als solche, nämlich von der Philosophie zu lösende, aufgenommen) wird »scholastisch« geführt. Wenn man im Einleitungsschreiben zu dem Abschnitt über den Inhalt des ersten Dialogs gelangt, bemerkt man sofort, wie der Ton wechselt: An die Stelle der breit fließenden Kadenz literarischer Prosa und der Farbigkeit der Bilder tritt das trockene Aufzählen von Argumenten [*raggioni*], die – von wenigen rhetorischen Ausbrüchen abgesehen – abstrakt zusammengefaßt werden. Einen solchen Gebrauch macht Bruno von dem Stilmittel des *argumentum* (zur Zusammenfassung von Abschnitten durch die alexandrinische Tradition ausgebildet) bereits in den vorangegangenen beiden Dialogwerken. Der Unterschied besteht darin, daß er in *La cena de le Ceneri* und in *De la causa* dadurch eine argumentative Struktur ins Licht stellt, die in den Mäandern der Dialoge selbst nicht immer ersichtlich ist. In *De l'infinito* dagegen beherrscht diese Form des schulmäßigen Vortrags von Argumenten weite Strecken der Dialoge selbst. Dabei werden auch durchaus einzelne Argumente wiederholt, da sie in unterschiedlichen argumentativen Kontexten auftreten und

14 Vgl. 2. Dialog, S. 62.

Bruno besonders wichtig sind. Die Hartnäckigkeit und Ausführlichkeit, mit welcher der Autor der Tradition hier zusetzt, erschöpft den Leser nicht weniger als das Thema.

In anderen Werken schreibt Bruno spritziger, sprunghafter, synthetischer, und selbst in unserer Schrift mangelt es nicht an Passagen, wo mit Witz und Eleganz ein Problem präsentiert wird, das darum nicht weniger eine langwierige theoretische Vorgeschichte hat. – Was gewinnt Bruno in dieser Frage mit seiner Insistenz, mit seinen Wiederholungen?

Zunächst weist er Philotheo, und damit sich selbst, als einen philosophischen Lehrmeister aus: Er ist nicht nur einer, der anders denkt als Aristoteles, sondern auch in der Lage ist, zu lehren, wie ein Autor kritisch zu lesen ist, wie man die Geschlossenheit seines Systems aufbrechen kann: Seht, sagt Philotheo, hier begeht er eine *petitio principii*, hier haben wir es mit einer Unterstellung zu tun, hier überträgt er ein mathematisches Verfahren auf einen Gegenstand, dem dies nicht angemessen ist. – Und vor allem immer wieder die Nachprüfung der Frage: Gibt es einen Grund, der uns hindert, das Gegenteil anzunehmen? Unter diesem Aspekt ist *De l'infinito* ein Lehr- und Kabinettstück zum Thema »Schwierigkeiten beim Paradigmenwechsel« und eine Illustration zu der Frage, die auch Thomas Kuhn beschäftigte, als er seine Studien zur »Struktur wissenschaftlicher Revolutionen« betrieb, nämlich danach, was eigentlich die ungeheure Zählebigkeit des aristotelischen »Paradigmas« bewirkt hat – gegen so zahlreiche Kritiken von so vielen Seiten und in so vielen Fragen.[15] Bei Bruno erscheint eine ganze Reihe von Faktoren, die diese einzigartige historische Rolle des Aristoteles beleuchten: die Macht der Seh- und Denkgewohnheiten, die Widerständigkeit des systematisch Geschlossenen gegenüber Detailkritik, die automatische Reproduktion des institutionalisierten Wissens.

Parallel zur Lektion in wissenschaftlicher Kritik gibt es

15 Vgl. T. S. Kuhn, *The Essential Tension*, Chicago 1977, Kap. 1.

eine weitere Grundformel, die sich wiederholt: Es wird unterstrichen, daß die Argumentation gegen Aristoteles mit den Mitteln der von diesem geschaffenen und von der Schulwissenschaft bewahrten und weiterentwickelten Syllogistik erfolgt. Der »Fürst der Peripatetiker« bleibt also für Bruno der Meister der Regeln der wissenschaftlichen Rede. In der Überwindung des Aristoteles, im Zuge der Erneuerung der Philosophie darf dieser Gewinn nicht verlorengehen. Eine »Rückkehr« zu den wahreren Prinzipien der vorsokratischen Naturphilosophen genügt nicht: Auch der erreichte argumentative Standard muß erhalten bleiben. Indem Philotheo zeigt, daß er in der Lage ist, die Methode gegen ihren Schöpfer selbst zu wenden, unterstreicht er – über seine eigene philosophische Meisterschaft hinaus – auch die Bedeutung einer Methode, die nicht »aktuell« ist, vielmehr gerade alles andere als neu oder revolutionär, die aber als Form gewahrt und bewahrt bleiben soll.

Seinem höfisch-städtischen Publikum – das sich als weltoffen und dem Neuen aufgeschlossen versteht und daher den traditionellen Universitäten mit ihrer konservativen Eigendynamik nicht eben gewogen ist – bietet Bruno das dar, was für ihn das Beste dieser universitären Tradition der Wissensbewahrung ist: das in ihren Methoden beschlossene Potential der Selbstkritik des Wissens und der Weiterentwicklung durch Selbsterneuerung. Vielleicht könnte man auch sagen: Er mutet seinem Publikum dieses Erbe der Universitätstradition zu.

Ein Motiv im Hintergrund: der Aufstieg zur Erkenntnis

Wenn Aristoteles im Durchbruch zur neuen Philosophie bei Bruno eine Rolle behält, so ist diese doch untergeordnet im Verhältnis zur Wahrheit, dem Ziel des Wissens. Wieder erweisen sich die Eingangsseiten des ersten Dialogs als programmatisch pointiert; auf die Frage, wo die Wahrheit ihren Sitz hat, antwortet Philotheo:

> Ne l'oggetto sensibile come in un specchio, nella raggione per modo di argumentazione e discorso, nell'intelletto per modo di principio o di conclusione, nella mente in propria e vera forma.[16]

Das heißt, daß der logische Diskurs eine Wahrheit der *raggione*, der *ratio*, zum Ausdruck bringt, die der Wahrheit, wie sie dem Intellekt und dem Geist zugänglich ist, untergeordnet ist. Um zu der letzteren zu gelangen, müßte Aristoteles der Fähigkeit des Geistes, ins Unendliche fortzuschreiten, einen theoretischen Stellenwert zubilligen, was er ebensowenig zulassen kann wie den Gedanken, daß die Welt sich bis ins Unendliche ausdehnen könnte. – Gentile verweist an dieser Stelle auf das im Jahr darauf entstandene Werk *De gli eroici furori*, in dem deutlich wird, wie die (im Ansatz von Cusanus übernommene) Aristoteles-Kritik zusammenhängt mit der (wiederum bei Cusanus entwickelten) Konzeption des Geistes, der die Wahrheit im Übersteigen des Endlichen suchen muß.[17]

Es ist charakteristisch für den Gang von *De l'infinito*, daß dieser Zusammenhang im Hintergrund bleibt zugunsten der Abrechnung mit der Tradition und der akkuraten Umstürzung der gewohnten Sichtweise auf den Kosmos. Für den gebildeten zeitgenössischen Leser konnte der Verweis auch durchaus hinreichen: *raggione* steht für »Grund«, »Argument« ebenso wie für *ratio*, und das Insistieren auf den *raggioni* der Peripatetiker im Einleitungsschreiben gibt dem Leser einen Hinweis, den Aspekt der aristotelischen Philosophie, den Bruno behandelt, mit der *raggione* als Erkenntnisform in Zusammenhang zu bringen.

16 Vgl. S. 34f.
17 (Anm. 2) Bd. 2, S. 997f., S. 1062f., S. 1137ff.

Bruno geht noch einmal an einer thematisch wichtigen Stelle des Werks in dieser verkürzt-verweisenden Form vor, und zwar im dritten Dialog: Burchio – der durchaus gutwillig, wenn auch verständnislos den Gründen und Gegengründen gefolgt ist – gerät in Unruhe, denn ihm gehen die Folgen auf, welche die neue Philosophie für sein Weltbild mit sich bringt. Er fordert nun den für ihn wesentlichen Aspekt dieses Weltbilds von seinen Gesprächspartnern ein:

> Ove è dunque quel bell'ordine, quella bella scala della natura, per cui si ascende dal corpo più denso e crasso, quale è la terra, al men crasso, quale è l'acqua, al suttile, quale è il vapore, quale è l'aria puro, al suttilissimo, quale è il fuoco, al divino, quale è il corpo celeste? dall'oscuro al men oscuro, al chiaro, al più chiaro, al chiarissimo? dal tenebroso al lucidissimo, dall'alterabile e corrottibile al libero di ogni alterazione e corrozione? dal gravissimo al grave, da questo al lieve, dal lieve al levissimo, indi a quel che non è né grave né lieve? Dal mobile al mezzo, al mobile dal mezzo, indi al mobile circa il mezzo?[18]

Das Aufsteigen des Geistes, seine Erhebung zum Göttlichen hatte in der Tradition eine genaue Parallele in der räumlichen und materiellen Hierarchie der Elemente und des Universums. Nicht nur ein Burchio mag sich ängstigen, wenn dies verlorengehen soll: der Trost und die Vergewisserung, daß das Geistige im Menschen und das Göttliche in der Welt wirklich, da unmittelbar sichtbar ist. Gott ist nicht »oben«, von wo uns das Licht der Sonne scheint, noch hat er uns Lichter am Himmel aufgesteckt, die nicht auch »Materieplunder« wären. Noch hat er sich in der Geschichte einer einzelnen der unzähligen Welten oder gar einem Volk offenbart, sondern er ist der zugleich im Universum offenbare und dabei unendlich verborgene Gott der Philosophen.

18 Vgl. S. 106f.

Auf Gott als das Unendliche, Unbedingte, Eine, Einfache verweist alles Endliche, Bedingte, Vielfältige, Zusammengesetzte. In diesem Sinn ist die Welt nach wie vor wie eine Stufenleiter angeordnet, und der »Aufstieg« bleibt im Geistigen bestehen. Der »heroische« Geist vergewissert sich seiner selbst in der Erhebung von einer Erkenntnisstufe zur anderen, hin zum Einen, zum Absoluten, zur Freiheit. In *De la causa* hat Bruno in diesem Zusammenhang den Ausdruck »Stufenleiter der Natur« gebraucht.[19] Aber hier verweist nur der Ausdruck *scala della natura* auf diesen Kontext, als Schlüsselwort für den gebildeten Leser. – Nur für ihn, und das muß ihm schmeicheln, denn in der Folge wird unterstrichen, daß diese Art des Aufstiegs nichts für den Pöbel ist: Dem Burchio, dem der Zusammenhang entgehen muß, versagt Bruno die Antwort und sich selbst jede Abschweifung von der kosmologischen Thematik. Er läßt Fracastorio mit provozierender Abfälligkeit antworten: »Volete sapere ove sia questo ordine? Ove sono gli sogni, le fantasie, le pazzie.«[20] Ebenso lapidar Bruno im Einleitungsschreiben: »un gentil sogno ed una baia da vecchie ribambite«.[21]

Dies führt uns zu dem dramatischen Höhepunkt des Werks im dritten Dialog: zum Ausschluß Burchios aus dem Gespräch.

De l'infinito – ein humanistischer Dialog

Nicht genug damit, daß Bruno sich als Hüter des Erbes der Universitäten anbietet, als argumentativer Sieger über Aristoteles, als Erneuerer der Philosophie der *physiológoi* und als philosophischer Testamentsvollstrecker in der von Ko-

19 Vgl. *Über die Ursache, das Prinzip und das Eine*, den Abschnitt über den Inhalt des 4. Dialoges sowie den 4. Dialog selbst.
20 Vgl. S. 106f.
21 Vgl. S. 17.

pernikus aus der Astronomie herausverwiesenen Frage nach der Verfaßtheit des Kosmos: Er bringt in diesem Dialogwerk stärker und deutlicher als in den beiden vorangegangenen auch die Tradition des humanistischen Dialogs zur Geltung.[22]

Wir haben es also bei *De l'infinito* mit einer Verdoppelung der Gesprächsebenen zu tun, die der doppelten Leistung der Philosophie entspricht: Der argumentative Diskurs führt hin zur theoretischen Einsicht in die wahren Prinzipien der Philosophie; die humanistische Gesprächsführung artikuliert die gesellschaftliche Seite des Philosophierens.

Das Gespräch war in den Kreisen der humanistischen Elite der italienischen Stadtstaaten eine aufmerksam zu pflegende Form des sozialen Umgangs, nicht nach Belieben zu führen, sondern strengen Regeln unterworfen. Eine Ethik des verbindlichen Gesprächs war erforderlich, wenn eine zweifache Aufgabe zu erfüllen war: erstens, einem Problem auf den Grund zu gehen, und zweitens, dies im gemeinsamen Bemühen zu tun. – So durfte niemand den Fortgang der Behandlung des Gegenstandes behindern, sein persönliches Gesprächsinteresse oder Geltungsbedürfnis über das gemeinsame Interesse stellen, das Gespräch an sich reißen und so fort. Dies verlangte auch, daß eine eventuell entstehende Polemik, auch wenn sie in der Sache scharf war, ohne persönliche Kränkung des Gegners geführt wurde, und ebenso, daß der Anstand auch im größten Eifer nicht in Vergessenheit geriet.

Aber der humanistische Dialog war nicht nur in der Form ein Modell des richtigen gesellschaftlichen Umgangs und der Vermeidung von Konflikten, er hatte auch wesentlich das Gesellschaftliche zum Inhalt. Die Gesprächsteilneh-

22 Vgl. hierzu E. Garin, *Storia della filosofia italiana*, 3 Bde., Turin 1947, 3. Aufl. 1978, Bd. 1, Teil 2, Kap. 3: *Il mondo degli uomini*, und die Hinweise zur Sekundärliteratur. In deutscher Sprache hierzu insbesondere die Forschungen von S. Otto und E. Kessler.

mer traten zugleich als Träger bekannter Namen, sozialer Typen und spezifischer Gesprächsrollen auf, und das gelehrte Gespräch war ein Ausdruck des Bemühens, für eine in raschem Wandel befindliche Stadtkultur geistige Orientierungen und moralische Verbindlichkeiten zu finden. Im humanistischen Dialog stellt sich eine geistige Elite dar, die den Anspruch erhebt, in einer werdenden Gesellschaft die Kräfte, die der Prozeß der Umschichtung freisetzt, miteinander zu vermitteln. Die Beschleunigung des gesellschaftlichen Wandels begünstigt den Aufstieg von Individuen aus dem Mittelstand in die Führungsschicht, die im Rückgriff auf das Schrifttum der Stadtkulturen der Antike eine Sprache ausbildet, welche diese Vermittlung leisten soll. – Nicht zufällig heißt bei Bruno das gesellschaftliche Zusammenleben insgesamt *civil conversazione*. – Teilnahme am gesellschaftlichen Einfluß setzte mehr als heute die Fähigkeit zur sprachlichen Vermittlung voraus: Die Institutionen und Apparate, welche die Kontinuität der Machtausübung gewährleisten, waren wenige, und sie waren krisenanfällig. Die Formen persönlicher Beeinflussung – Predigt und Rede, Verhandlung und Übermittlung von Botschaften – hatten dadurch ein ungeheures Gewicht.

Die Ethik der gemeinsamen Wahrheitsfindung und die Frage nach den Werten, die in der Gesellschaft gelten sollten, verbanden sich so wie selbstverständlich mit dem Anspruch einer Bildungselite auf gesellschaftlichen Einfluß.

Zu Brunos Zeit ist auch der humanistische Dialog bereits eine Form der Vergangenheit, weder aktuell noch revolutionär – nicht anders als das scholastische Disputieren. Aber Bruno übernimmt daraus das Modell für die Führung eines philosophischen Gesprächs: Die Regeln des konstruktiven Gesprächsverhaltens werden von Bruno von Anfang an explizit eingearbeitet. Ihre mehrfache Wiederholung im Verlauf der Auseinandersetzung mit Elpino erlaubt Bruno dann im dritten und fünften Dialog, die Dialogform zu sprachlichen und inhaltlichen Höhepunkten zu führen.

Einen Beleg für die Wichtigkeit des Themas bietet wieder der Beginn der Schrift:

> ELPINO. Come è possibile che l'universo sia infinito?
> THEOPHILO. Come è possibile che l'universo sia finito?
> ELPINO. Volete voi che si possa dimostrar questa infinitudine?
> THEOPHILO. Volete voi che si possa dimostrar questa finitudine?
> ELPINO. Che dilatazione è questa?
> THEOPHILO. Che margine è questa?
> FRACASTORIO. Ad rem, ad rem, si iuvat; troppo a lungo ne avete tenuto suspesi.
> BURCHIO. Venite presto a qualche raggione, Philotheo, perché io mi prenderò spasso de ascoltar questa favola o fantasia.
> FRACASTORIO. Modestius, Burchio: che dirai, se la verità ti convincesse al fine?[23]

Gleichzeitig mit der Einführung des Themas wird angezeigt, daß wir in ein bereits im Gang befindliches Gespräch eintreten. Der erste Ordnungsruf durch Fracastorio ergeht an Theophilo und Elpino, die an einem toten Punkt der gegenseitigen Provokation angelangt sind, der zweite an Burchio, da er es an der notwendigen Ernsthaftigkeit fehlen läßt. Damit ist der erste Hinweis auf die Position Burchios gegenüber dem Gespräch gegeben, und binnen kurzem erweist er sich als zu ungebildet, um diesem wirklich folgen zu können. Nicht zufällig fehlt es ihm denn auch an der guten Erziehung, an den aristokratischen Manieren der Gesprächsführung, als es im dritten Dialog zum Konflikt um die Lehre Philotheos kommt.

Die Grobheiten, die Burchio seinen Gesprächspartnern sagt, sind im Grunde nur allzu verständlich: Sie müssen ihm

23 Vgl. S. 33.

weniger schwerwiegend erscheinen als die Ehrabschneidung, welche zuvor – in seinen Augen – durch Philotheo, Fracastorio und Elpino an den geehrten Autoritäten der Tradition begangen worden ist. Der feine Unterschied, der zwischen theoretischer, rhetorisch pointierter Polemik gegen tote Autoren – unter der stillschweigenden Voraussetzung der Anerkennung ihrer Größe – und der Beschimpfung lebender Anwesender besteht, entgeht ihm, da ihn nichts an eine gegenwärtige Bildungselite bindet, zu der er nicht gehört, alles aber an die Tradition, aus der er seine Sicherheiten schöpft.

Auch unserer heutigen Vorstellung von einem »Dialog« entspricht es nicht, Abwesenden, die sich daher nicht wehren können, weniger Respekt zu erweisen als den zufällig Anwesenden; wie es auch unserer Vorstellung von einem »Dialog« nicht entspricht, einem Erwachsenen, der einem Gespräch nicht folgen kann, zu verstehen zu geben, er solle entweder glauben, was Gescheitere als er ihm sagen, oder wenigstens still sein. Aber das sind effektiv die einzigen Möglichkeiten, die ein Burchio hat, wenn er mit Leuten vom Schlag seiner Gesprächspartner auskommen will. Sollten wir uns aber über die Ironie und höfliche Arroganz entrüsten, mit welcher diese Gesprächspartner ihre gute Erziehung dazu benutzen, den naiven Burchio außer sich zu bringen, so ist doch seine Reaktion ebenso erschreckend. Denn die Logik der Verhältnisse würde es Burchio berechtigt erscheinen lassen, daß er schlecht behandelt wird, vorausgesetzt, er entdeckte an denen, die dies tun, die Zeichen von Macht und Einfluß. Da sie aber nur gebildeter sind, nicht aber reicher oder mächtiger, gestattet er sich vor seinem Rückzug eine Schimpftirade, die in einem Detail zeigt, daß Burchio sehr wohl weiß, wie man in Zeiten geistiger Krisen den Siebengescheiten beikommt: Man kann sie als »der Ketzerei Verdächtige« bei den Mächtigen denunzieren, die mit einem Burchio nur das gemeinsam haben, daß auch sie extrem interessiert sind an der Verteidigung des Bestehenden gegen jede Art von Abweichung durch das geschriebene oder gesprochene Wort oder durch fehlenden Respekt vor den Kirchenbräuchen.[24]

Wir sind in jedem Sinn weit vor dem *siècle des lumières* und vor jedem Vertrauen in ein »natürliches« Licht der Vernunft, das prinzipiell in jedem Menschen zum Leuchten gebracht werden kann. Die Linie, die Bruno zieht, ist genau markiert und läßt sich nicht beschönigen: Wer keine theoretische Einsicht hat, muß durch die Autorität Einsichtiger regiert werden. Wer Einsicht besitzt, ist zum Herrschen befähigt, und daher ist Sorge zu tragen, daß die Herrschenden Einsicht haben und daß die richtigen Prinzipien sie in ihrem Handeln leiten.

Die Unversöhnlichkeit, mit der Bruno jede Art des Pedantentums verfolgt, hat hier ihre Wurzel: Da nun einmal Wissen Einsicht in Gut und Böse beinhaltet und zudem gleichbedeutend mit Macht ist, hat der Gebildete die volle Verantwortung für den richtigen Gebrauch des Wissens und wird gemessen an dem Kriterium, wie weit er sich der Wahrheit verpflichtet fühlt. Unter diesem Gesichtspunkt sind alle Formen des Wissensverrats gleich verächtlich, es handele sich darum, die Universitätsbildung materiell auszubeuten, sich als Pädagoge sexuell an den Schülern zu vergehen, oberflächliche Kritik an Aristoteles zu üben, unkritisch der Tradition zu folgen, für die Phänomene nicht uner-

24 In einem 1990 in Neapel gehaltenen Vortrag hat T. Gregory dargestellt, wie die – von ihm so benannte – *crisi del sacro* im 16. Jahrhundert mit sich brachte, daß nicht so sehr die Wissenschaft als solche verfolgt wurde, als vielmehr die Verhaltensweisen, die sie in den einzelnen bewirkte: Wer ein Erdbeben »natürlich« erklärte und nicht als Strafgericht Gottes, fühlte sich durch Naturkatastrophen nicht zu Bußübungen veranlaßt. Ebenso war nicht so sehr verdächtig, wer verbotene Bücher besaß, sondern wer z. B. das Gebot des Fastens nicht einhielt, da damit, allen sichtbar, ein schlechtes Beispiel gegeben wurde. – So war es für Brunos Zeitgenossen – und in gewissem Sinn auch für seine Richter – aufgrund des Symbolwerts solcher Handlungen sehr schwerwiegend, daß Bruno mit Protestanten Umgang gehabt und an Freitagen Fleisch gegessen hatte.

müdlich die richtigen Prinzipien aufzusuchen, oder auch darum, den Wissensschatz der Vergangenheit nur im Hinblick auf »schöne« rhetorische Formeln und gefällige Gedichte auszuplündern.

Bruno hat eine interessante Auffassung von der »Verantwortlichkeit des Intellektuellen«, die untrennbar ist von seinem Anspruch auf Beteiligung an der Ausübung der Macht und deren Pendant die grundsätzliche geistige Nicht-Verantwortlichkeit des Nicht-Intellektuellen darstellt.

Burchio ist, als der unbelehrbar Unwissende, aus jedem Gespräch der Wissenden von vornherein auszuschließen. Er gehört zu denjenigen, welchen auf ihre Fragen und Probleme mit den Lehren der Religion zu antworten ist: Auch in diesen sind die wesentlichen Inhalte der Philosophie ausgesprochen, aber ohne den einfachen Menschen den Kopf zu beschweren. Diese alte Doktrin hat Bruno bereits ausführlich in *La cena de le Ceneri*, zu Beginn des vierten Dialogs, dargelegt. Sie ist alles andere als sekundär: Denn nur die Religion kann denjenigen, dem es an Einsicht fehlt, darin anleiten, sich selbst – über die negative Bindung des Gesetzes, kein Unrecht zu tun, hinaus – zum Tun des Guten zu bestimmen, und ihn darin zu seiner wahren Menschlichkeit erheben. Sie kann sich nicht im Geistigen und der diesem eigenen Moralität entfalten, aber ihm bleibt die Moralität der positiven Religion.

In diesem Zusammenhang geht Bruno so weit, daß er der kirchlichen Autorität recht gibt, wenn diese dagegen einschreitet, daß dem »einfachen Mann« philosophische Doktrinen vermittelt werden,[25] deren Schädlichkeit dann an Burchio demonstriert wird, der nicht so weit gelangt, eine philosophische Überzeugung an die Stelle seines religiös-metaphysischen Weltgebäudes zu setzen, und dem dadurch nur die Möglichkeit zur inneren Erhebung verlorenginge.

Aber hier wird, zusammen mit dem Drama Burchios,

25 Vgl. S. 49.

auch das Drama Brunos deutlich: Wenn die Kirche recht hat mit ihrem Verbot, den einfachen Verstand mit philosophischen Doktrinen zu vergiften, dann muß dies das Schweigen der Philosophen zur Folge haben. Denn in der Zeit des Buchdrucks, der Zeit des Flugblatts und des rapiden Zirkulierens neuer Ideen in ganz Europa kann kein Autor von sich behaupten, er habe sich nur an die Gelehrten gewandt.

Dem Gespräch zwischen Philotheo und Fracastorio über die Notwendigkeit, daß die Philosophen dem Gemeinwohl nützen, indem sie die Religion fördern, will Elpino ein Ende machen: »Genug dieser Beteuerung [*protestazion*]«, mit einem Ausdruck, der auch vor Gericht verwandt wird, wenn man sich selbst für nicht schuldig erklärt. Elpino, der jung und unerfahren ist, geht es nur um die beweisende Rede, Bruno und Fracastorio ermessen die darin verborgene Problematik der Beziehung zwischen Herrschenden, Gelehrten und Ungelehrten, zwischen ethischen Regeln für das menschliche Zusammenleben und Denkfreiheit in einer Zeit geistiger Krisen, in welcher die Kirche einziger Garant der inneren gesellschaftlichen Ordnung ist.

Um die Werte des Gemeinwohls aufrechtzuerhalten, macht Bruno hier Zugeständnisse, die auch die gewaltsame Unterdrückung aller Sekten, einschließlich der protestantischen Reformatoren, rechtfertigt – und seine eigene Verurteilung durchaus konsequent erscheinen läßt.

De l'infinito – Teil einer philosophischen Anamnese

Wie die Philosophie nach Bruno die Herrschaft über Menschen nicht selbst ausüben, sondern nur anleiten soll, so ist auch die Philosophie nicht selbst Naturforschung, sondern sie gibt dieser die Prinzipien vor.

Vielleicht ist das, was Bruno als den Fortschritt in der Entwicklung seiner eigenen Lehre im Einleitungsschreiben ankündigt, der im dritten und vierten Dialog unternommene Versuch, die Ergebnisse von philosophierenden Naturforschern wie eben Girolamo Fracastoro in die Lehre von der Unendlichkeit der Welt und der unendlichen Zahl von Weltkörpern einzubeziehen. – In diesem Sinn fällt auf, daß der Kusaner nicht als Anreger für wesentliche spekulative Begriffe Brunos zitiert wird, sondern in der Frage der Elemente, als eines Bereichs, in dem noch keine »mathematischen« Spekulationen angebracht seien,[26] eine Ebene, die für Bruno erst mit den Atomen erreicht ist, welche allein spekulativ, und das heißt in diesem Fall: geometrisch, zugänglich ist.

Diesen Weg beschreitet Bruno am Ende seiner Laufbahn, in den 1591 in Frankfurt veröffentlichten Werken *De triplici minimo* (»Über das dreifache Kleinste«) und *De monade numero et figura* (»Über die Monas, die Zahl und die Figur«). – So sehr man auch geneigt ist, einen Akt historischer Gerechtigkeit darin zu sehen, daß Galilei, der Stammvater der modernen Wissenschaft, den Lehrstuhl für Mathematik in Padua erhielt, den Bruno vermutlich anstrebte, als er an dieser Universität alte und neue Schüler um sich sammelte und die geometrischen Schriften verfaßte, die von G. Aquilecchia wiederentdeckt wurden: Der Unterschied zwischen beiden liegt nicht auf dem Gebiet der Anschauung des Verhältnisses von Natur und Idee, Natur und Mathematik; das viel zitierte »Buch der Natur« des Galilei ist nicht in mathematischen Formeln für mechanische Abläufe geschrieben:

> La filosofia é scritta in questi grandissimo libro che continuamente ci sta aperto dinanzi agli occhi, ma non si può intendere se prima non si impara ad intender la lingua, a conoscer i caratteri, nei quali é scritto. Egli é

26 Bruno benutzt im vorliegenden Werk vom Kusaner nachweislich außer dem Traktat *Von der belehrten Unwissenheit* noch die Dialogschrift *Gespräch über das Seinkönnen.* – Ein Vergleich der theoretischen Inhalte, sowie der Dialogstruktur in beiden Werken wäre sehr aufschlußreich.

scritto in lingua matematica, e i caratteri sono triangoli, cerchi, ed altre figure geometriche, senza i quali mezzi é impossibile a intenderne umanamente parola; senza questi é un aggirarsi veramente per un oscuro labirinto.[27]

Gerade hier erweisen sich beide als gemeinsame Erben eines Pythagoreismus, den Bruno systematisch in Erinnerung ruft, durch den Galilei noch philosophisch geprägt ist und den die moderne Naturwissenschaft ebenso systematisch vergessen wird, wie Bruno ihn wachzuhalten versucht.

Zwischen den nur philosophisch zugänglichen Bereichen des unendlich Großen und unendlich Kleinen kommt der Bereich des empirisch Zugänglichen philosophisch so weit in Betracht, wie, negativ, seine falsche Auffassung einer unendlichen, homogenen Welt aus Atomen in Widerspruch gerät und, positiv, seine richtige Erfassung die einzelnen *artes*, vor allem die Medizin, durch die konsequente Anwendung der darin wirkenden, von der Philosophie formulierten Prinzipien weiterführen kann. Hier ist Fracastoro, der philosophierende Arzt und Naturforscher, für Bruno wichtiger als der Kusaner, der Philosoph mit Neigung zur Naturforschung, denn Fracastoros Vorstellung von der *sympathia et antipathia rerum*[28] fügt sich ein in Brunos

27 Die Philosophie steht in diesem überaus großen Buch geschrieben, das von nun an ständig offen liegen wird, aber man wird es nicht verstehen können, wenn man nicht zuvor lernt, die Sprache zu verstehen und die Buchstaben zu erkennen, in denen es geschrieben ist. Es ist in einer mathematischen Sprache geschrieben, und die Buchstaben sind Dreiecke, Kreise und andere geometrische Figuren, ohne die es unmöglich ist, ein Wort nach menschlichem Ermessen zu verstehen, ohne die es ein wahrhaftes Umherirren in einem dunklen Labyrinth ist. (Galileo Galilei, *Il saggiatore* I. – Übers. von der Hrsg.)

28 Vgl. Girolamo Fracastoro, *Opera omnia*, Padua 1739. – Weiterhin vgl. *Scritti inediti di G. Fracastoro*, hrsg. und eingel. von F. Pellegrini, Verona 1955, und Girolamo Fracastoro, *Syphilidis sive morbi gallici libri tres*, hrsg. und übers. von E. A. Seckendorf, Kiel 1960.

chemisch-organische Auffassung vom Kosmos, in welchem die Beziehungen nach den Prinzipien der Selbsterhaltung und der Interaktion in beständigem Formwandel geregelt sind.

Die Bedeutsamkeit der Thematik für Bruno drückt sich darin aus, daß auch Albertino, dem scholastisch gebildeten Kontrahenten und *dottore approvato da mille accademie*, zusammen mit der Widerlegung des Aristoteles auch die Ergebnisse des dritten und vierten Dialogs verkürzt vorgetragen werden.

Die Einführung der Figur des »Albertino« ist also keine Verlegenheitslösung, um die restlichen Argumente des Aristoteles zu bewältigen (zumal wir gesehen haben, daß die Konzentrierung der Polemik auf Aristoteles durchaus funktional ist und den gegenständlichen und methodischen Horizont abstecken soll, in den die Kritik an den diversen Aristotelismen der Epoche einzuordnen ist). »Albertino« ist vielmehr der Erbe der Scholastik, ein »kleiner Albert«, als der er aufgrund der aus Alberts des Großen Aristoteles-Kommentar stammenden Argumente, die er vorträgt, zu identifizieren ist.[29] Seine enthusiastische Zustimmung zu dem, was er hört, ist nicht in erster Linie Ausdruck von Brunos Wunschdenken, endlich einmal auf Billigung und nicht Widerstand zu stoßen, sondern die Formulierung

29 Zur Interpretation der Namen der Dialogteilnehmer siehe G. Bruno (Anm. 2) Bd. 1, S. 367f., Anm. 1, und S. 496ff., Anm. 1; sowie D. Waley Singer, *Giordano Bruno. His Life and Work*, New York 1950, Kap. 4. – Die hier gegebene Deutung der Namen »Fracastorio« und »Albertino« als zweier typischer Vertreter bestimmter philosophischer Richtungen führt dazu, auch die Namen »Burchio« und »Elpino« im Sinne von Prototypen zu interpretieren. »Elpino« wäre demnach, auf der Grundlage des griech. Wortes für »Hoffnung«, der zu schönen Hoffnungen berechtigende »Hoffnungsvolle«, »Burchio«, nach einem mittellat. Wort für »Esel«, der unverbesserliche Ignorant. – Damit ist nicht ausgeschlossen, daß zusätzlich die Namen bestimmter Personen, die Bruno getroffen hat, einen Einfluß ausgeübt haben und daß diese Assonanzen Brunos engeres Publikum, dem diese Bezüge bekannt waren, sehr amüsiert haben.

eines Anspruchs: Die scholastische Theologie ist es, deren Systemcharakter zu überbieten ist, und ein würdiger Vertreter derselben wird eingeführt, um den Erfolg des Unternehmens zu sanktionieren. Gott und Natur, wie sie das Mittelalter erforscht hat, werden angemessener erfaßt, wenn der Bogen unter dem Zeichen der neuen Philosophie weiter gespannt wird: von den *physiológoi* bis zu den Naturforschern des eigenen Jahrhunderts.[30]

Brunos Philosophieren war von Anfang bis Ende begleitet von Studien zur Gedächtniskunst, die immer neue Publikationen auf diesem Gebiet im Gefolge hatten. Alles spricht dafür, daß für Bruno die Gedächtniskunst keine reine Technik, sondern eben *ars* war, das heißt: nach philosophischen Prinzipien zu strukturieren.

Hier führt eine weitere Linie zurück ins Mittelalter, über den Kusaner zu Ramòn Llull, oder Raimundus Lullus, für den ein enger Zusammenhang zwischen philosophischer Spekulation und Mnemotechnik bestanden hatte.[31]

Die Gedächtniskunst, auf die in unserer Schrift mit keinem Wort Bezug genommen wird, erscheint im Lichte des Gesagten als ein organisierendes Prinzip am Grunde des Dialogwerks: Gegenüber der geistigen Krise seiner Zeit ruft Bruno die Elemente aus der Vergangenheit herauf, die, in Bezug gesetzt, eine einheitliche Orientierung des Denkens und im Denken ermöglichen sollen. Reform der Philoso-

30 Noch weiter spannt Bruno den Bogen im Anschluß an die Aufwertung der hermetischen Tradition durch M. Ficino, der, noch bevor er Platon und Plotin übersetzte, das *Corpus hermeticum* übersetzte, das, aus dem 2. nachchristlichen Jahrhundert stammend, sich auf eine Weisheitstradition beruft, die mit Moses – oder gar noch vor Moses – einsetzen sollte. – Vgl. *Hermetica*, hrsg. von W. Scott, 4 Bde., Oxford 1924–36; oder A. J. Festugière, *La Révélation d'Hermès Trismégiste*, 4 Bde., Paris 1949–54.

31 Raimundus Lullus, *Opera Latina*, Palma de Mallorca 1959ff., jetzt in: *Corpus Christianorum, Series Latina, Continuatio mediaevalis* 34–39, Turnhout 1966.

phie als Heilmittel für eine zerrissene Zeit, ein Heilmittel, das nur in der bewußten und umfassenden Übernahme des gesamten Erbes der Theorie- und Weisheitslehre der Vergangenheit wirksam sein kann.

Durch seine erste Ausbildung mit den »humanae litterae« vertraut, dann Angehöriger des »aristotelischsten« unter den Mönchsorden, danach Universitätslehrer und Interpret der akademischen Tradition, aktiviert Bruno alle Elemente des vergangenen Denkens, die ihm zukunftsweisend erscheinen, durchläuft sie immer wieder aufs neue und kombiniert sie in verschiedenen Schriften in unterschiedlicher Weise.

Wenn für die vorliegende Schrift deutlich geworden ist, daß mehr darin am Werk ist als eine Aristoteleskritik, begleitet von rhetorischem Beiwerk und kühnen Visionen, ist der Zweck dieser Seiten erreicht.

Inhalt